新发展理念下长江经济带产业研究

董昕灵 著

河海大学出版社
HOHAI UNIVERSITY PRESS
·南京·

图书在版编目(CIP)数据

新发展理念下长江经济带产业研究 / 董昕灵著. --南京：河海大学出版社，2023.12
ISBN 978-7-5630-8552-1

Ⅰ.①新… Ⅱ.①董… Ⅲ.①长江经济带－产业发展－研究 Ⅳ.①F127.5

中国国家版本馆 CIP 数据核字(2023)第 236980 号

书　　名	新发展理念下长江经济带产业研究
书　　号	ISBN 978-7-5630-8552-1
责任编辑	齐　岩
特约校对	王春兰
封面设计	徐娟娟
出版发行	河海大学出版社
地　　址	南京市西康路 1 号(邮编:210098)
网　　址	http://www.hhup.com
电　　话	(025)83737852(总编室)　(025)83722833(营销部)
经　　销	江苏省新华发行集团有限公司
排　　版	南京布克文化发展有限公司
印　　刷	广东虎彩云印刷有限公司
开　　本	787 毫米×1092 毫米　1/16
印　　张	14.75
字　　数	263 千字
版　　次	2023 年 12 月第 1 版
印　　次	2023 年 12 月第 1 次印刷
定　　价	69.80 元

目录

第一章　绪论 ··· 001
　1.1　问题提出 ··· 001
　1.2　概念界定 ··· 005
　　1.2.1　区域分工 ····································· 005
　　1.2.2　发展与发展理念 ······························· 005
　　1.2.3　创新、绿色、协调与开放发展内涵 ··············· 006
　1.3　研究思路、框架与研究方法 ························· 008
　　1.3.1　研究思路 ····································· 008
　　1.3.2　研究框架 ····································· 009
　　1.3.3　研究方法 ····································· 011
　1.4　可能的创新与不足 ································· 012
　　1.4.1　可能的创新 ··································· 012
　　1.4.2　不足之处 ····································· 013

第二章　文献述评 ······································· 014
　2.1　区域分工测算与政府作用 ··························· 014
　　2.1.1　区域分工的测算方法 ··························· 014
　　2.1.2　区域分工演化规律 ····························· 014
　　2.1.3　区域分工中的政府作用 ························· 015
　　2.1.4　区域分工的影响因素 ··························· 016
　2.2　区域分工与发展 ··································· 016
　　2.2.1　区域分工与创新发展 ··························· 016

2.2.2　区域分工与开放发展 ·· 017
　　　2.2.3　区域分工与绿色发展 ·· 019
　　　2.2.4　区域分工与协调发展 ·· 020
　2.3　长江经济带相关研究 ··· 021
　　　2.3.1　长江经济带区域分工现状 ··· 021
　　　2.3.2　长江经济带区域分工与发展 ······································ 022
　2.4　文献评价与本文的切入点 ·· 024

第三章　研究框架构建 ·· 026
　3.1　相关理论与模型梳理 ··· 026
　3.2　多重战略下的区域分工与发展研究框架构建 ·························· 027
　　　3.2.1　多重战略下的区域分工与创新、协调发展研究框架
　　　　　　 ·· 029
　　　3.2.2　多重战略下的区域分工与绿色发展研究框架 ·············· 030
　　　3.2.3　多重战略下的区域分工与开放发展研究框架 ·············· 031
　3.3　总结 ··· 033

第四章　长江经济带多重国家战略与区域分工 ················· 034
　4.1　区域分工程度测度方法与数据来源 ····································· 034
　　　4.1.1　地区专业化水平与产业地方化水平 ·························· 034
　　　4.1.2　地区功能分工水平 ·· 035
　4.2　多重战略下区域分工特征性事实 ·· 036
　　　4.2.1　多重战略下的地区专业化水平 ································· 036
　　　4.2.2　多重战略下的产业地方化水平 ································· 038
　　　4.2.3　多重战略下的地区功能分工水平 ····························· 040
　　　4.2.4　提出研究假设 ·· 042
　4.3　国家战略对区域分工影响的实证检验 ·································· 043
　　　4.3.1　计量模型设定 ·· 043
　　　4.3.2　变量说明与模型检验 ··· 043
　　　4.3.3　回归结果分析 ·· 045

4.4　总结与政策建议 ··· 047

第五章　长江经济带区域分工与创新发展 ······················· 049
5.1　创新驱动成发展新优势 ··· 049
　　5.1.1　绿色技术成创新主引擎 ································· 049
　　5.1.2　绿色产业成升级新方向 ································· 050
　　5.1.3　绿色金融成改革新领域 ································· 050
　　5.1.4　绿色新政成增长新引擎 ································· 051
5.2　城市间创新创业水平 ·· 052
5.3　国家战略影响下区域分工与创新发展的实证检验 ········· 054
　　5.3.1　计量模型设定 ·· 054
　　5.3.2　变量说明与模型检验 ···································· 055
　　5.3.3　回归结果分析 ·· 057
5.4　总结与政策建议 ··· 058

第六章　长江经济带重化工业分工与绿色发展 ·················· 059
6.1　绿色发展相关指标测度 ··· 060
　　6.1.1　变量选取 ··· 060
　　6.1.2　研究范围与数据来源 ···································· 061
6.2　长江经济带重化工业分工与绿色发展水平分析 ············ 062
　　6.2.1　重化工业分工水平 ·· 062
　　6.2.2　绿色发展水平 ·· 063
　　6.2.3　绿色发展水平变化中战略的作用 ···················· 067
6.3　重化工业分工与绿色发展的模型设定与选择 ··············· 070
　　6.3.1　全局空间自相关检验 ···································· 070
　　6.3.2　计量模型设定 ·· 070
　　6.3.3　模型检验与选择 ·· 071
6.4　重化工业分工与绿色发展模型的回归结果分析 ············ 076
　　6.4.1　重化工业分工对地区绿色发展的影响 ·············· 076
　　6.4.2　国家战略对地区绿色发展的影响 ···················· 076

6.4.3　其他控制变量的影响 ·············· 077
6.5　总结与政策建议 ·············· 077

第七章　长江经济带区域分工与经济协调发展 ·············· 080
7.1　区域分工与经济协调发展的实证检验 ·············· 080
　　　7.1.1　计量模型设定 ·············· 080
　　　7.1.2　变量说明与模型检验 ·············· 081
　　　7.1.3　回归结果分析 ·············· 083
7.2　区域产业协调发展国际经验 ·············· 084
　　　7.2.1　以协调为目的的产业扶植政策 ·············· 084
　　　7.2.2　以协调为目的的产业优化布局 ·············· 085
　　　7.2.3　以协调为目的的节能环保政策 ·············· 086
7.3　区域产业协调发展国内经验 ·············· 087
　　　7.3.1　以协调为目的的产业扶植经验 ·············· 087
　　　7.3.2　以协调为目的的产业布局经验 ·············· 087
　　　7.3.3　以协调为目的的能源优化经验 ·············· 088
　　　7.3.4　以协调为目的的环境治理经验 ·············· 088
7.4　总结与政策建议 ·············· 090

第八章　长江经济带资源—产业—绿色协调发展 ·············· 091
8.1　产业协调发展衡量体系与测度 ·············· 091
　　　8.1.1　指标体系构建 ·············· 091
　　　8.1.2　数据标准化与指标权重计算 ·············· 092
　　　8.1.3　综合发展水平与耦合协调度 ·············· 093
8.2　长江经济带产业协调发展的特征及问题 ·············· 093
　　　8.2.1　长江经济带的地区间资源配置 ·············· 093
　　　8.2.2　长江经济带的地区产业关联 ·············· 097
　　　8.2.3　长江经济带的绿色发展 ·············· 108
8.3　区域资源—产业—绿色协调发展分析 ·············· 115
　　　8.3.1　资源—产业协调分析 ·············· 115

  8.3.2 产业—绿色协调分析 …… 115
  8.3.3 资源—绿色协调分析 …… 116
  8.3.4 资源—产业—绿色协调分析 …… 117
 8.4 结论与政策建议 …… 118
  8.4.1 本章结论 …… 118
  8.4.2 政策建议 …… 119

第九章 长江经济带区域分工与对外开放 …… 122
 9.1 分工视角提升地区对外开放的影响机制 …… 123
  9.1.1 区域分工的作用 …… 123
  9.1.2 地理区位的作用 …… 123
 9.2 长江经济带对外开放程度与水平分析 …… 124
  9.2.1 出口规模与结构分析 …… 124
  9.2.2 投入产出表法测算地区参与 GVC 的程度 …… 125
  9.2.3 地区参与 GVC 相对程度的时序性特征 …… 131
  9.2.4 地区在 GVC 中相对地位的时序性特征 …… 132
  9.2.5 地区参与 GVC 的相对程度与地位中战略的作用 …… 133
 9.3 多重战略下区域分工与对外开放的实证模型 …… 135
  9.3.1 模型设定 …… 135
  9.3.2 模型检验 …… 136
 9.4 多重战略下区域分工与对外开放的实证结果分析 …… 141
  9.4.1 区域分工的影响 …… 141
  9.4.2 国家战略与地理区位的影响 …… 142
  9.4.3 其他控制变量的影响 …… 142
 9.5 总结与政策建议 …… 143

第十章 中游地区内外需产业分工与要素流动 …… 145
 10.1 国内国际双循环文献支撑 …… 146
 10.2 需求拉动视角下产业分工的影响机制 …… 147

  10.2.1 以扩大内需为目的的内需型产业分工深化的影响机制
·············· 147
  10.2.2 以融入国际市场为目的的外需型产业分工深化的影响
机制 ·············· 148
 10.3 中游地区的需求拉动型产业选择 ·············· 149
  10.3.1 中游对周边区域市场的产品支撑 ·············· 149
  10.3.2 中游的内需型与外需型产业选择 ·············· 152
 10.4 要素流动与产业分工深化的实证模型 ·············· 157
  10.4.1 模型设定 ·············· 157
  10.4.2 变量说明 ·············· 157
  10.4.3 模型检验 ·············· 158
 10.5 要素流动与产业分工深化实证的回归结果分析 ·············· 162
  10.5.1 基准回归结果 ·············· 162
  10.5.2 地理区位的影响 ·············· 163
 10.6 总结与政策建议 ·············· 166

第十一章 成渝城市群区域分工与资源配置 ·············· 169
 11.1 城市群相关文献评述 ·············· 169
 11.2 分工视角下成渝城市群相关指标测算与分析 ·············· 171
  11.2.1 成渝两地的功能分工演化 ·············· 171
  11.2.2 成渝城市群与外部地区中间品贸易往来 ·············· 172
  11.2.3 成渝城市群31个产业部门专业化水平 ·············· 173
 11.3 城市群分工深化的动因与机制：产业内迁视角 ·············· 178
  11.3.1 原发型产业 ·············· 178
  11.3.2 嵌入型产业 ·············· 179
 11.4 资源配置与分工深化双向促进作用实证 ·············· 180
  11.4.1 变量设定 ·············· 180
  11.4.2 模型筛选与检验 ·············· 182
 11.5 结果分析 ·············· 182
  11.5.1 资源配置对分工深化的影响 ·············· 182

  11.5.2 分工深化对资源配置的影响 …………………… 189
 11.6 总结与政策建议 ………………………………………… 190

第十二章 研究结论与政策建议 ………………………………… 193
 12.1 主要结论 ………………………………………………… 193
  12.1.1 长江经济带有关分工水平及演化的结论 ………… 193
  12.1.2 长江经济带区域分工与发展的关系结论 ………… 194
  12.1.3 国家战略对长江经济带区域分工与发展的影响结论
      ……………………………………………………… 195
 12.2 政策建议 ………………………………………………… 195
  12.2.1 长江经济带整体的政策建议 ……………………… 195
  12.2.2 不同区域的政策建议 ……………………………… 197

参考文献 ………………………………………………………… 201
附表 ……………………………………………………………… 217

第一章

绪 论

1.1 问题提出

伴随长江经济带上升为国家战略,长江经济带的区域分工问题,特别是区域分工与区域发展的协调问题也逐渐被学者们所关注。近年来,围绕长江经济带的区域分工现状与演化趋势的研究成果已经较为丰富,但观点上仍然存在一定的分歧:有观点认为长江经济带各省市工业趋同现象有所上升(王玉燕,汪玲,2018),上中下游相对专业化指数呈下降趋势(成艾华,喻婉,2018),也有观点认为上海和江苏的专业化指数在上升(王玉燕,汪玲,2018);有观点认为长江经济带各省市已形成了各自的优势产业,区际产业发展的互补特征鲜明(陈雁云,邓华强,2016;曾鹏,李洪涛,2017),中上游地区特色产业突出(徐长乐等,2015),下游长三角区域的产业集聚度明显上升,但产业仍以均衡分布为主,优势产业的数量普遍减少(王春萌等,2016);有观点认为长江经济带下游地区的服务业发展较为完善,上海、江苏和浙江形成了各自的产业发展特色(楚明钦,2016),但经济带生产性服务业的相对专业化程度总体较低,产业同构现象比较普遍(孙克等,2018)。那么长江经济带区域分工的现状与演化趋势是怎样的?是否不同的测度方法、不同的测度对象会形成不同的分工结果?这是研究长江经济带区域分工首先需要探讨的问题。

长江经济带横跨中国东中西三个区域,同时叠加西部大开发、中部崛起和长三角一体化战略。在五大发展理念的引领下,长江经济带战略主要任务中有四项与创新、协调、开放与绿色发展理念直接相关(见图1-1)。在区域性国家战略任务中,都涉及了开放与绿色发展,但是区域间的发展方向与重点存在差异。西部大开发战略中的高质量发展,落脚点在打好三大攻坚战,特别是打赢脱贫攻坚战;中部崛起战略中,开放发展的目标是实现全方位开放;

长三角一体化战略中,长三角不仅要成为改革开放新高地,还要成为高质量发展样板区。围绕四大战略任务中创新、开放、绿色、协调四个发展关键词,结合各区域自身战略发展的重点与差异,长江经济带各区域分工与四个发展间是怎样的关系?如何协调长江经济带各区域分工与四个发展间的关系?这是当前长江经济带区域分工与发展问题研究中需要重点关注的内容。

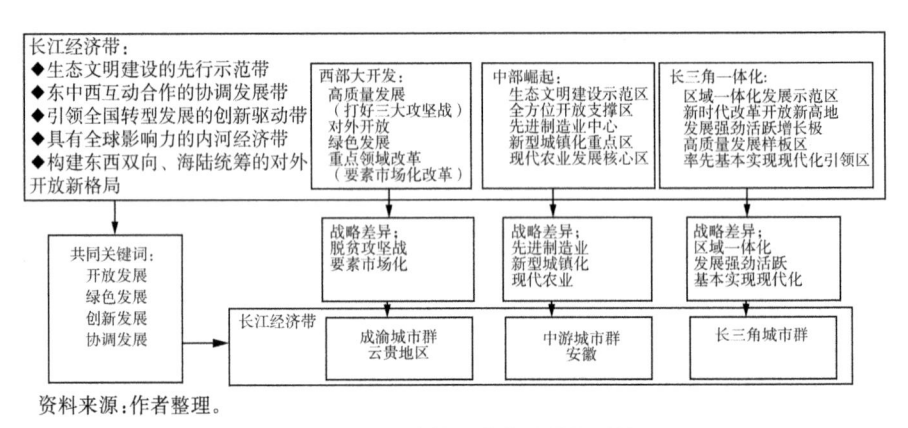

图 1-1 长江经济带国家战略叠加结构图

资料来源:作者整理。

对区域分工与创新发展关系研究,已有文献主要从分工专业化与多样化两个视角进行考察,结论存在较多的分歧,主流观点认为专业化集聚更有利于区域技术创新(Paci,Usai,2000a;刘忠生,2010;胡彩梅,2012),也有观点认为分工多样化有利于区域技术创新(Feldman,Audretsch,1999)。对于生产性服务业,有学者认为层级分工专业化和多样化集聚都会对区域创新产生促进影响(雷振丹,陈子真,2019)。为引领全国高质量发展、向经济注入强劲动力,针对长江经济带内部区域间创新发展不平衡不充分、创新尚未成为区域发展的主动力等问题,在多重战略背景下,深入研究长江经济带区域分工对区域创新发展的影响,有利于使长江经济带实现合理的产业竞争和分工格局,成为中国创新活力迸发的黄金经济带。

对区域分工与开放发展关系研究,已有文献主要从对内开放、对外开放两个视角进行。与对内贸易开放关系相关的研究显示:一方面,国内区际分工有助于统一市场,促进国内流通活动发展,形成基于产业链的地区间生产分工,有效提升产业整体竞争能力(沈剑飞,2018),促进对外贸易(赵永亮,才国伟,2009);另一方面,对外贸易也会促进区域间贸易发展、地区专业化和产业集聚(黄玖立,2011)。与对外贸易关系相关的研究显示:区域分工对对外贸易具有显著的推动作用(唐海燕,张会清,2009;Memedovic,2004;Kam,

2013；Li，2015；邱斌等，2012；李建军等，2019)、显著的抑制作用(Lall 等，2005；李建军，孙慧，2016；杨春等，2018)及存在行业异质性(王岚，2014；李强，郑江淮，2013)。为加快形成国内国际双循环相互促进的新发展格局、深入推进长江经济带经济高质量发展，长江经济带的开放发展现状与趋势如何？面对长期存在的区域间内外需产业分工不明、东中西开放程度与水平不协调等问题，在多重战略背景下，明确长江经济带的区域分工能否促进区域的开放发展，有利于加快构建长江经济带东西双向对外开放新格局。

与要素开放关系相关的研究显示：一方面，劳动成本(徐康宁，王剑，2006；林理升和王晔倩，2006)、人力资源质量和数量(卢福财，罗瑞荣，2010)、外商资本(冼国明，文东伟，2006)、资本密集度(邓慧慧，2009)、技术水平和资源禀赋结构(孙慧文，2014)等要素会对区域分工水平产生不同的影响。另一方面，国内区际分工有助于提高国内资源配置效率(钟昌标，2002)；通过降低资本门槛和优化劳动力结构，区域专业化分工可以在资本配置过度和劳动力配置不足时改善资源错配(季书涵等，2016)。垂直专业化提高了劳动生产率和产业技术水平(张小蒂，孙景蔚，2006)，但在中低技术行业最为明显，其次是高技术行业(刘庆林等，2010)；中国沿海制造业专业化分工促进了区域人力资本水平的提升(王春晖，2019)。城市群空间功能分工可以通过削弱行政区划壁垒与强化产城融合提高资源配置效率(刘胜，2019)。为加快构建现代化经济体系，针对长江经济带仍然存在的区域间产业资源错配、要素流通不畅等问题，在多重战略背景下，尽早明确要素流动与区域分工双向作用的重要性，有利于长江经济带合理统筹区域内资源，实现资源的有效配置，助推长江经济带一体化。

对区域分工与绿色发展关系研究，已有文献主要从污染排放水平、碳排放水平、能源消耗水平三个视角进行，同样主要存在三种不同的观点：即区域分工对绿色发展具有显著的推动作用(Dean，Lovely，2008；倪晓觎，俞顺洪，2011；许冬兰等，2019)、显著的抑制作用(丘兆逸，2012；Arce 等，2012；余娟娟，2017)及两者之间具有非线性关系(张少军，李东方，2009；王玉燕等，2015；徐博等，2020)。为践行绿色发展理念，针对长江流域污染严重、生态环境恶化等问题，在多重战略背景下，研究长江经济带的重化工产业分工现状与趋势，以及其是否会制约区域内的绿色发展，有利于使长江经济带成为中国生态文明示范带。

对区域分工与协调发展关系研究，梁琦(2004)发现中国经济发展速度与分工指数的变化率呈正向变化，但同时，中国区域经济非均衡发展的现象更加突出。黎峰（2018）进一步研究发现，国内价值链分工有利于实现区域协调，但基于内生能力的国内价值链分工加大了区域收入差距。对于区域分工与协调发展的关系，已有文献更多是立足于"中心-外围"理论，研究制造业集聚与地区差距间的关系，大致存在几种观点。一种观点认为制造业集聚会使中心和外围的地区差距扩大（Fujita，Krugman，Venables，1999；Baldwin 等，2003）；一种观点认为并不一定会引起地区差距的扩大（侯杰，张梅青，2020），以及存在钟状曲线式的倒 U 形关系（Combes 等，2008）。在多重国家战略背景下，研究长江经济带如何形成整体"一盘棋"的区域产业分工格局，有利于促进长江经济带成为东中西互动合作的协调发展带。

深入推动长江经济带发展，要充分利用长江经济带资源、人口、市场、产业、城市集中等方面的发展优势，通过地区间竞相开放和统一市场建设，实现合理的产业竞争和分工格局，使之成为引领我国经济高质量发展的生力军（刘志彪，2019）。本书基于区域间投入产出表、地区投入产出表、《中国工业统计年鉴》、对外贸易数据库等数据，研究区域分工与发展问题，不仅对区域分工的开放、创新、绿色发展效应相关理论作出补充，也可为制定科学政策、更好地推动长江经济带产业分工与协调发展提供实践参考。在此目标导向下，本书重点解决以下问题：

——长江经济带区域分工发展现状。由于产业基础、要素禀赋和地理位置等差异，不同区域不同产业的地区专业化水平和发展状况也存在显著差异，这些就要求在推动长江经济带一体化建设过程中，针对不同区域的不同产业采取差异化举措。本书基于已有研究和相关数据，对长江经济带区域产业分工、功能分工等的现状与趋势进行研究，为错位与协同分工路径的设计提供基础。

——长江经济带区域分工的发展作用分析。为构建东西双向、海陆统筹的对外开放新格局，建设绿色经济带，扎实推动经济高质量发展，应立足于不同战略目标考察区域分工的作用。为此在分析长江经济带对内对外开放、环境污染的现状基础上，以高水平开放、全方位开放、生态文明示范带为建设目标，以经济带工业、服务业、重化工业为分析重点，基于区域间投入产出表、中国工业经济数据等，采用定量与定性相结合的方法，分析区域分工水平对开放发展、创新发展绿色发展和协调发展的作用，针对不同目标下区域分工的作用差异，提出长江经济带建设过程中上中下游间错位和协同发展的方向和可行路径。

——长江经济带产业分工的影响因素分析。作为一个长线工程，在有限资源等条件约束下,应结合不同地区的产业发展特性,从关键突破点出发。为此,在分析长江经济带中游对内开放、成渝功能分工的现状基础上,以促进中部崛起、西部大开发、沿"一带一路"向西开放为抓手,以中游城市群、成渝城市群为分析重点,基于投入产出表、工业和服务业细分产业部门数据,采用定量与定性方法探究关键驱动因素,特别是要素流动和地理位置的作用,针对不同产业专业化水平的关键差距,提出未来长江经济带建设过程中上中游错位和协同发展的方向和可行路径。

——长江经济带错位和协同分工的政策建议。在相关研究成果基础上,综合长江经济带区域产业分工、功能分工的发展现状和趋势,区域分工的四个发展效应和产业分工的影响因素等,从长江经济带全局与不同区域的视角提出针对性、可行性政策建议。

1.2 概念界定

1.2.1 区域分工

在考察经济活动的空间分布时,经常要使用到分工与集聚两个概念。Gordon和McCann(2000)阐述了两个概念的联系:不同产业聚集到不同地方即形成区域分工,即各个产业的空间异质性构成了区域分工。Brakman,Garretsen和Marrewijk(2004)阐述了两个概念的区别:集聚考察的是经济活动的某些部分,作为一个整体在空间上是如何大规模地分布;分工则是解决一个地点在比如飞机制造或服装生产中所占的份额与其他地点相比是否相对大一些的问题。在此基础上,樊福卓(2009)将区域分工的内涵阐述为一种状态:对经济活动某个较大部分(例如工业或制造业),不同的地区在细分行业的分布上存在的或大或小的差异性。如果所有的地区在细分行业的分布上完全一致,则没有区域分工发生;反之,如果不同地区生产的产品各不相同,则处于完全分工状态。基于上述讨论,本书以樊福卓(2009)所定义的区域分工进行长江经济带区域产业分工研究。

1.2.2 发展与发展理念

发展,原指事物由小到大、由简到繁、由低级到高级、由旧质到新质的变化过程。伴随着人类的活动实践,发展的概念也在不断拓展,其中不同学科对发展的理解也不尽相同。在经济学中,发展主要是指经济增长的过程。

为了更好地认识世界、改造世界,作为人们对发展的理性认识,发展理念应运而生,内容包括社会的发展目标、道路、战略等,发展理念也在不断完善和自我发展。党的十八届五中全会提出:"实现'十三五'时期发展目标,破解发展难题,厚植发展优势,必须牢固树立并切实贯彻创新、协调、绿色、开放、共享的新发展理念。"结合中国国情与本书的研究范畴,本书所提及的发展是作为"发展理念"中的"发展",特指《中共中央关于制定国民经济和社会发展第十三个五年规划的建议》中提出的开放、创新、绿色、协调、共享五大发展理念。

1.2.3　创新、绿色、协调与开放发展内涵

1. 创新发展

1912年,熊彼特在其出版的《经济发展理论》中首次提出"创新"的概念。他提出,"创新"是把一种新的生产要素和生产条件的"新结合"引入生产体系。主要包括引入新产品,引入新生产方法,开辟新市场,获得原材料或半成品的新供应来源,新组织形式。熊彼特对创新的认识不仅涉及技术性变化,也涉及了非技术性变化。后面的学者对熊彼特提出的创新进行了补充和发展,并将创新的内容主要区分为技术创新与制度创新两个方面。

经济学领域主要侧重于对技术创新的研究。Freeman(1982)指出,技术创新是指新产品、新过程、新系统和新服务的首次商业性转化。美国国家科学基金会(National Science Fundation)在1976年的 *Science Indicator* 中将技术创新定义为:技术创新是将新的或改进的产品、工艺或服务引入市场。经济合作与发展组织(OECD)认为:技术创新包括新产品和新工艺,以及技术上有重大改进的产品和工艺。技术创新的实现是指它被引入市场(产品创新)或应用于生产工艺(工艺创新)。因此,创新包括了科学、技术、组织、金融和商业的一系列活动。R. Mueser 在20世纪80年代,对学术界有关技术创新的定义进行系统整理与分析的基础上,认为技术创新是以其构思新颖性和成功实现为特征的有意义的非连续性事件(Mueser,1985)。新古典经济学家将技术进步纳入新古典经济学的理论框架,主要成果就是新古典经济增长理论和内生经济增长理论,系统证明了技术进步对经济增长的重要作用。

根据党的十八届五中全会报告,创新发展包括理论、制度、科技和文化创新,表明了中国提出的创新发展理念外延更广,内涵更加深厚。

限于篇幅与本人的研究方向,本书主要研究创新发展中与区域产业发展最直接相关联的区域技术创新发展,并以 Freeman(1982)的定义作为本文技

术创新的概念界定。

2. 绿色发展

由于经济发展阶段的不同,各国对绿色发展的理解也存在差异。中国正处于工业化发展阶段,环境污染问题仍旧严峻,因此对绿色发展的理解也更多地侧重于经济发展与生态环境保护问题。绿色经济是指同时产生环境效益和经济效益的人类活动(夏光,2010),绿色发展应更加强调经济发展与环境保护的协调统一(胡鞍钢,2010)。根据本书的研究对象与内容,本书以胡鞍钢(2010)所定义的绿色发展概念进行分析,主要以经济发展过程中能源消耗、污染排放、碳排放等的效率提高作为发展目标。

3. 协调发展

协调发展是一个区域经济学概念,完整表述为区域经济协调发展。自20世纪90年代初以来,区域经济协调发展持续受到中国区域经济学界及相关学科的关注,早期的代表性文献集中反映了当时区域经济学界对于区域经济协调发展的认识①。上述文献的核心思想是要重视和控制区域经济差异,引导区域之间合理分工、共同发展,但是并没有对区域经济协调发展作出定义。覃成林等(2011)在以往区域经济协调发展概念认识的基础上,将区域经济协调发展定义为:在区域开放条件下,区域间经济联系日益密切、依赖关系日益加深、发展关联正向促进,各区域经济规模持续增长、经济差异逐渐缩小的过程。根据本书的研究内容,本书以覃成林等(2011)所定义的协调发展进行分析,主要以区域间相对经济规模的缩小作为区域协调发展的衡量标准。

4. 开放发展

经济学中的开放,原指开放型经济,即一国与国外有着贸易、金融等方面的经济往来。由此可知,开放型经济原指对外开放,是与封闭型经济相对立的概念。中国提出的开放发展理念,核心是解决发展内外联动问题,目标是提高对外开放质量、发展更高层次的开放型经济。即开放发展理念指代的是对外开放型经济建设。

但是作为经济的力量载体,一国的市场不仅包括国际市场,还包括国内市场,并且国内市场的开放程度,特别是中国国内市场的开放程度仍然不够充分。当前,世界保护主义上升、经济持续低迷、全球市场萎缩,不稳定不确

---

① 刘再兴.九十年代中国生产力布局与区域的协调发展[J].江汉论坛,1993(02):20-25.
蒋清海.论区域经济协调发展[J].开发研究,1993(01):37-40.
国务院发展研究中心课题组.中国区域协调发展战略[M].北京:中国经济出版社,1994:1-63.

定因素显著增多,传统意义上对外开放型经济发展受约束严重,必须充分发挥国内市场优势,通过繁荣国内经济、畅通国内循环为我国经济发展增添动力。因此,从理论研究与现实背景两个视角出发,本书所研究的开放发展不仅包括对外开放,还包括向内开放,具体是指要素、商品与服务可以较自由地跨国界、跨区域流动。

由上文分析可知,从经济学的视角,创新发展是经济增长的动力来源,绿色发展是经济增长的质量要求,协调发展是经济增长的平衡要求,开放发展是经济增长的市场支撑(见图1-2)。

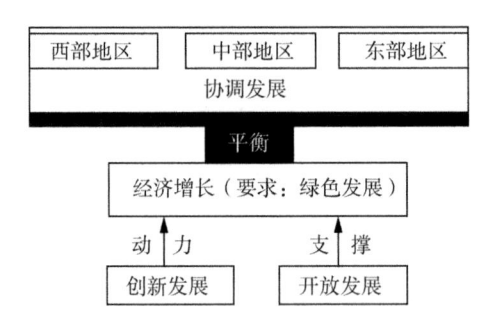

图1-2 经济增长与创新、绿色、协调、开放发展的关系

1.3 研究思路、框架与研究方法

1.3.1 研究思路

虽然长江经济带是中国综合实力最强、战略支撑作用最大、对外开放水平最高的区域之一,但是经济带区域间的产业分工不明、开放发展不协调、创新发展不平衡不充分、产业资源错配、要素流通不畅、流域生态环境恶化等问题依然突出。为此,本书将以国家多重战略为指引,研究长江经济带区域产业分工的现状、发展效应与影响因素。同时,本书大体沿循着提出问题、分析问题和解决问题的逻辑思路展开研究。

本书首先对已有的区域分工理论进行梳理,特别是回顾了分工与创新、绿色、协调、开放发展关系的相关模型。在已有理论基础上,构建了多重战略下的区域分工与四个新发展理念关系的研究框架。在研究框架下,本书先对长江经济带各地区工业与服务业两部门分工水平、城市群功能分工水平进行定量测算与比较,找出各区域产业专业化发展的差异,并实证分析了国家战略对区域分工的影响,以及区域分工对创新发展的影响。随后立足于把长江经济带建设成为生态文明的先行示范带目标,着重以重化工业为研究对象,考察区域分工对绿色发展的影响。立足于推进长江经济带区域协调发展的目标,考察区域分工对经济协调发展的影响,并提供了国内及国际相关发展经验。将区域资源、产业发展与绿色发展作为一个投入产出体系,分析这个体系整体的协调情况,并提供政策建议。立足于推动东西双向的对内对外开放目标,着重以工业、服务业为研究对象,考察区域分工对开放发展的影响。立足于"一带一路"、中部崛起和西部大开发三个战略目标,以中游地区、上游地区为研究对象,考察要素流动、地理区位等因素对不同性质的产业专业化分工影响。最后结合既有文献与本书的研究结论,对长江经济带区际产业分工协调、选择与定位提出若干政策建议。

本书研究目的在于从对接国家多重战略目标的视角,对长江经济带各区域的产业分工与发展关系有个全面的理解和认识,对影响各区域产业专业化发展的因素进行深入剖析,明确各因素的作用机理和作用程度,在此基础上提出符合各区域产业错位发展与协调发展的路径和政策建议。

1.3.2 研究框架

基于上述的研究主题、逻辑思路和研究目的,本书分为十二章,具体内容如下,研究框架和技术路线见图1-3。

第一章为绪论部分。主要内容包括:问题的提出、核心概念的界定、研究框架与研究方法、可能的创新与不足。

第二章为文献述评。本章对区域分工测算方法与演化规律、区域分工中的政府作用、分工与发展间的关系、长江经济带的相关研究文献进行梳理、概括与提炼,基于本章的研究视角对文献做简要的评述,在评述基础上提出本书研究的切入点与研究假设。

第三章为研究框架构建。本章先对经典的区位理论、分工与贸易理论进行梳理,对分工与四个发展理念关系的相关模型进行回顾,最后在理论与模型的基础上,构建多重战略下的区域分工与发展问题的研究框架,分别对分工开放、绿色、创新、协调发展的子研究框架进行阐述,为后文研究长江经济带分工与发展问题打下理论基础。

第四章为多重战略下的经济带产业分工。本章先是测算各地区工业和服务业两部门的分工水平、城市群功能分工水平及演变特征,然后在数据横纵向比较的基础上,提出本章的研究假设。随后建立面板数据模型,检验国家战略对不同区域不同产业分工的影响。

第五章为长江经济带产业分工与创新发展。本章先从技术、产业、金融、政策四个方面介绍了长江经济带绿色创新发展,对城市间创新创业水平进行横纵向比较。随后在前章基础上建立面板数据模型,实证分析区域分工、国家战略对地区创新水平的影响。

第六章为长江经济带重化工业分工与绿色发展。本章先分析长江经济带重化工产业分工、绿色发展水平总体特征,通过构建空间面板杜宾模型,考察长江经济带重化工业分工对地区环境污染、碳排放以及能源消耗水平的影响,明确在建设生态文明示范带过程中,长江经济带重化工业分工的作用。

第七章为长江经济带产业分工与经济协调发展。本章先实证分析国家战略、地区专业化分工对区域协调发展的影响,随后分别介绍了国际、国内在促进区域协调发展方面的扶植政策、产业布局与节能环保等建设经验。

第八章为长江经济带资源—产业—绿色协调水平。在前文的研究基础上,将地区资源配置、产业发展、绿色发展纳入一个投入—产出系统,运用耦合度函数和耦合度协调函数测算相互间协调水平并进行分析。

第九章为长江经济带产业分工与对外开放。本章先是从两个方面分析长江经济带的对外开放程度,一是分析各区域2005—2016年的出口规模与结构变化;二是将参与全球价值链作为高水平开放的现实衡量指标,利用投入产出表测算地区参与全球价值链的程度、利用出口贸易数据测算地区参与全球价值链的相对程度与地位。而后通过构建空间面板杜宾模型,探讨长江经济带区域工业和服务业产业分工对提升地区对外开放程度与水平的影响,明确在构建东西双向海陆统筹的对外开放新格局中,长江经济带产业分工的作用。

第十章为中游地区产业分工与要素流动。本章首先在分析中游对周边区域市场的支撑作用、东部外向型产业基础上,对中游地区的内外需型专业化分工产业进行选择;其次通过构建面板数据模型,考察经济带内要素流动对中游内需型与外需型产业分工深化的影响,力图为中游地区实现全方位开放提供具体的产业发展方向。

第十一章为成渝城市群产业分工与资源配置。本章首先测算成渝城市群承接外部中间投入、产业专业化水平并进行分析,随后从产业转移的视角分析城市群产业专业化分工的动因与机制,在此基础上构建计量模型分析产业资源分配与城市群产业专业化水平双向促进作用。

第十二章为本书的研究结论与政策建议。在相关研究成果基础上,从长江经济带全局与不同区域的视角提出针对性、可行性政策建议。

```
                    ┌─────────────────────┐        ┌─────────────────────┐  ╲
                    │  第一章：现实背景    │        │  第二章：文献述评   │   │ 提
                    └──────────┬──────────┘        └──────────┬──────────┘   │ 出
                               │                              │              │ 问
                               └──────────────┬───────────────┘              │ 题
                                              ▼                              ╱
                    ┌────────────────────────────────────────┐
                    │        第三章：研究框架构建             │
                    └────────────────────────────────────────┘
```

```
┌─────────────────────────────────────────────────────┐  ╲
│ 第四章:长江经济带多重国家战略与区域分            │   │
│ 工、多重战略与区域分工关系                        │   │
├─────────────────────────────────────────────────────┤   │
│ 第五章:长江经济带区域分工与创新发展区            │   │
│ 域分工、多重战略与创新发展关系                    │   │
├─────────────────────────────────────────────────────┤   │
│ 第六章：长江经济带重化工业分工与绿色发           │   │
│ 展区域分工、多重战略与绿色发展关系                │   │
├─────────────────────────────────────────────────────┤   │ 分
│ 第七章：长江经济带区域分工与经济协调发           │   │ 析
│ 展区域分工、多重战略与经济协调发展关系            │   │ 问
├─────────────────────────────────────────────────────┤   │ 题
│ 第八章：长江经济带资源—产业—绿色协调             │   │
│ 发展资源、产业、绿色相互间协调水平                │   │
├─────────────────────────────────────────────────────┤   │
│ 第九章：长江经济带区域分工与对外开放区           │   │
│ 域分工、多重战略与对外开放关系                    │   │
├─────────────────────────────────────────────────────┤   │
│ 第十章：中游地区内外需产业分工与要素流           │   │
│ 动要素流动、多重战略与特定产业分工关系            │   │
├─────────────────────────────────────────────────────┤   │
│ 第十一章：成渝城市群区域分工与资源配置、         │   │
│ 资源配置与分工深化相互作用关系                    │   │
└─────────────────────────────────────────────────────┘  ╱
```

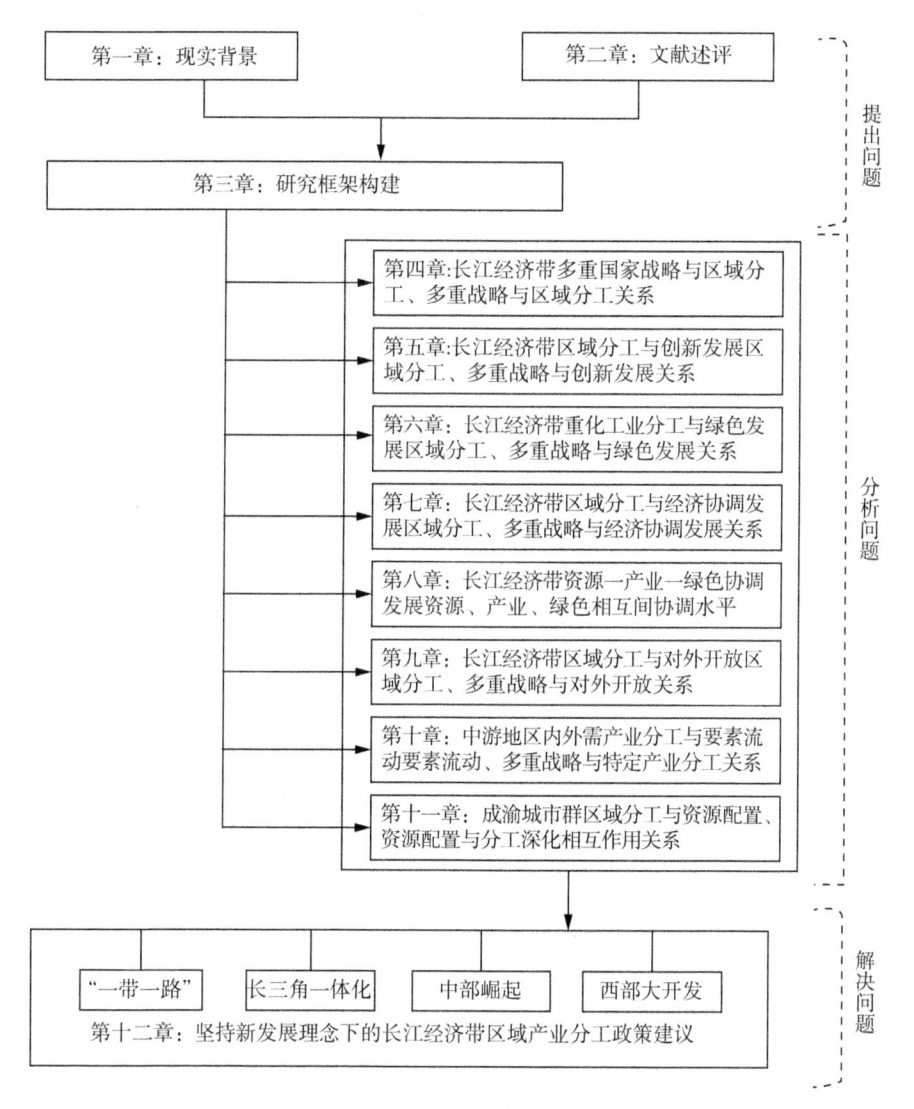

```
┌────────────────────────────────────────────────────────┐  ╲
│  "一带一路"   长三角一体化   中部崛起   西部大开发     │   │ 解
│                                                          │   │ 决
│  第十二章：坚持新发展理念下的长江经济带区域产业分工政策建议 │   │ 问
└────────────────────────────────────────────────────────┘  ╱  题
```

图 1-3　研究技术路线图

1.3.3　研究方法

本书运用产业经济学、国际贸易学、发展经济学、计量经济学、区域经济学等学科的基本理论与工具，分析、研究长江经济带产业分工与发展问题。主要包括以下几种方法：

第一，定性分析与定量分析相结合。本书首先运用定性分析构建了由区域分工与创新、协调发展，区域分工与开放发展，区域分工与绿色发展共同组

成的系统性研究框架。运用樊福卓（2007）、张少军（2009）、赵勇和白永秀（2012）等的方法定量测算长江经济带中各地区制造业、服务业、重化工业专业化水平，区际中间品与最终品的贸易往来，地区参与全球价值链的程度与地位，地区主要污染物与碳排放水平、不同产业的专业化水平等指标，以及各区域不同的国家战略对区域分工、开放水平、绿色发展产生的影响。其中有特色的研究方法包括：在第四章中，根据定量分析区域分工水平的演化，判定各区域不同国家战略对区域分工产生影响的年度节点；在第十章中，基于区域间投入产出表定量分析中游对周边区域市场的支撑能力，考察中游地区参与国内循环的水平与方向。

第二，结构分析与比较分析相结合。本书运用了结构分析方法测算长江经济带制造业与服务业分工水平、各区域主要制造业的出口规模占比、地区间中间品与最终品贸易往来占比、污染物排放水平占比、经济发展规模占比等，对这些定量测算的指标结果与计量回归结果，都运用了相应的横向与纵向比较分析方法。其中有特色的研究方法包括：在第九章中，同样基于区域间投入产出表定量考察了长江经济带各地区参与全球价值链的程度和水平，并引用了时间序列数据进行对比分析；在第六章中，将经济带内重化工细分产业2005年、2016年产值占比按行业排序分别绘图比较，直观显示长江经济带重化工业的产业间分工水平变化；在第四章、第六章和第九章中，通过分阶段的指标变化率对比，考察战略对不同地区相关指标的影响。

第三，实证分析与规范分析相结合。在实证分析方面，分别运用省级面板数据、空间面板数据考察国家战略对不同产业不同区域分工的影响，并引入交叉项，进一步考察战略影响下的区域分工与创新、协调、开放、绿色发展关系。在实证分析的基础上，结合多重国家战略的发展要求，规范分析了长江经济带一体化建设与构建更高水平东西双向对外开放新格局的路径与措施。其中有特色的研究方法包括：基于定量分析的结果提出假设，在第四、六、九章中，设定国家战略虚拟变量，对各区域不同国家战略对区域分工产生的年度节点影响进行实证检验。

1.4 可能的创新与不足

1.4.1 可能的创新

本书在前人对区域分工问题研究的基础上，做了一定程度的拓展，边际贡献可能有：第一，以往对长江经济带区域分工与发展问题的研究多是相对孤立的，本书在既有理论与数理模型的基础上构建了一个相对全面的区域分工与发展研究分析框架；第二，运用较为成熟的研究方法，对经济带工业、重化工业、服务业地区进行分工，对功能分工水平进行综合考察，并利用投入产出等数据考察地区对内对外开放发展、绿色发展的现状与演化趋势，并着重考察了国家战略在其中的重要性，得出互为补充、较为全面的，在宏观战略影响下的长江经济带产业分工与发展关系；第三，以往在对区域分工和发展问题的研究中，考察区域分工与协调发展、绿色发展关系的较少，考察要素流动与特定类型产业专业化关系的较少，从服务业的视角研究区域分工与发展关系的较少。本书对上述的研究内容均做了力所能及的补充，得出的研究结论也具有一定的现实意义。

1.4.2 不足之处

尽管本书做了很多努力，但仍有无法回避的不足和问题存在，主要的不足有以下几个方面：

第一，对长江经济带区域分工与发展问题的研究不够聚焦，仍然缺乏深度。本书虽然构建了区域分工与发展的研究框架，并对区域分工与创新、协调、开放、绿色发展的关系进行了研究。但因笔者研究领域与能力的限制，研究内容不够深入，也缺乏对分工与共享发展关系的讨论，这些将留待未来进一步研究。

第二，在考察多重国家战略对长江经济带区域分工与产业发展的作用时，受到数据与政策时滞性的影响，仅对西部大开发、中部崛起和长三角一体化战略三个区域性战略进行了初步的实证检验，难以从长江经济带全局视角对长江经济带战略的政策效果进行实证检验，这是未来进一步研究的方向。

第三，长江经济带中各个区域的中心城市研究缺乏考察。长江经济带作为横跨11省市的区域经济带，沿线包括若干区域中心城市。中心城市的功能分工与未来产业发展定位，将对周边区域产业发展起到引领带动作用，但本书尚未对中心城市的分工与发展问题进行针对性考察。这也将留待未来进一步研究。

第二章

文献述评

2.1 区域分工测算与政府作用

2.1.1 区域分工的测算方法

区域分工水平存在差异,从空间视角考察即是产业的集聚与分散。当产业不断在某一国家、某一区域聚集,表明区域分工趋向不均衡,垂直一体化程度加深;相反,当产业不断在某一国家、某一区域趋向扩散,表明国际或区际分工趋向均衡,垂直一体化程度减弱。各个产业的空间异质性构成了区域分工(Gordon,McCann,2000)。

测度区域分工的方法主要有两类:第一类主要运用区位指数、行业分工指数、DO指数、地区专业化系数等指标;第二类是利用E-G指数来估算产业间的协同集聚程度。前一种方法忽视了服务业,难以全面反映区域分工水平;后一种方法因缺乏细分产业分工的统计数据,之前只用于进行案例分析。针对上述问题,考虑到地区间出现的价值链分工等新型分工形式,Duranton和Puga(2005)提出城市功能分工的概念,构建新的城市功能专业化指数,反映区域分工程度。

2.1.2 区域分工演化规律

19和20世纪,美国的制造业区域专业化经历了先上升后下降的过程(Kim,1995,1998),下降的过程一直持续到20世纪90年代末(Midelfart-Knarvik等,2002)。与美国不同,从20世纪70年代开始,欧洲经历了先下降后上升的专业化过程(Midelfart-Knarvik等,2000),并同样持续到了90年代末(Ezcurra等,2006)。美国制造业聚集程度的下降和专业化的下降同时出现,欧洲聚集程度下降和专业化上升同时出现,并且美国两个指标都高于欧洲(克鲁格曼,2002;Midelfart-Knarvik 等,2002)。

Zhang 和 Kanbur(2001)、范剑勇(2004a)、路江涌和陶志刚(2006)等、樊福卓(2007)相继运用 1980—2007 年各阶段的数据证实了中国地区专业化程度在不断提高。在对服务业的地区专业化研究中,程大中和黄雯(2005)基于 LQ 指数、RCA 指数和 K-spec 指数,测算得出整体服务业及其分部门的地区间差异要小于省际差异。王勤和黄光锋(2015)的研究表明中国在产品内国际分工中处于加工装配和出口最终产品的地位,在国际分工与贸易中获取的价值有限。但随着中国参与产品内国际分工的程度不断加深,出现沿着产业链向上移动的趋势。李跟强和潘文卿(2016)发现,在 1997—2007 年中国各区域垂直专业化生产逐渐由内向型转向外向型,沿海区域显著高于内陆区域。黎峰(2016)借助全球价值链的分析框架分析国家价值链分工,结果显示中国大体形成了西部地区占据上游、中部地区位居中游、沿海地区位居下游的国家价值链分工格局。王三兴和董文静(2018)利用世界投入产出表,测算全球 44 个主要经济体的行业上游度和显性比较优势,根据中国制造业分工地位和国际竞争力的特征,将其分别划分为淘汰行业、基础行业、战略行业以及黄金行业。赵勇和白永秀(2012)通过测度中国城市群的功能分工水平发现,中国城市群存在明显的区域差异,东部高于中西部,并且差距在逐渐拉大。

2.1.3 区域分工中的政府作用

在对中国区域分工影响因素的研究中,白重恩等(2004)运用对数据集的动态估计方法,研究发现地方保护主义对区域分工的作用仅次于历史影响,但是超过了外部经济性和规模效用。路江涌和陶志刚(2007)的研究再次证实了这个结论。Catin 等(2005)和金煜等(2006)研究发现出口和沿海导向的开放政策加剧了沿海地区的制造业集聚。戴翔和郑岚(2015)从理论上分析了制度质量影响价值链分工的微观机制。在此基础上,利用 1993 年至 2010 年我国区域层面的面板数据进行实证,结果发现:制度质量的完善程度对于中国攀升全球价值链具有显著的正面影响。张玉和胡昭玲(2016)采用中国 2002—2011 年制造业面板数据,检验制度质量改进与价值链分工地位之间的关系,研究发现:通过激励和保障研发创新的投入,制度质量的改进能够间接促进价值链分工地位的提升。黄先海和余骁(2018)文章运用 GTAP 模型模拟"一带一路"倡议对中国及沿线各国经济发展的影响,研究发现在"一带一路"倡议的带动下,中国的全球价值链分工地位将获得显著提升。

2.1.4 区域分工的影响因素

对经济活动中区域分工现象的形成原因,研究结果是较为丰富的。例如资源禀赋理论(Ohlin,1933)强调地区之间资源禀赋的差异性对区域专业化的影响;传统的比较优势理论在新古典经济学假设的基础之上,强调外生的技术差异(Ricardian Model)和外生的要素禀赋差异(Heckscher-Ohlin Model)对区域分工的决定作用;规模经济理论强调规模报酬递增的行业将生产集中在少数的地方是一种自然的趋势(Krugman,1991a),规模报酬不变或者规模报酬递减的行业可能因为区域其他企业的溢出效应,造成生产集中(Marshall,1920)。对于各种原因(包含历史的和偶然的因素),即使不具有比较优势的地区,仍可能集聚一些产业(Krugman,1991c)。对此,新经济地理学(New Economic Geography)在不完全竞争、规模报酬递增、差异产品、生产要素可以自由流动等假定条件之下,认为造成产业非均衡分布和产业集聚的力量还受到运输成本、市场规模以及关联效应等因素的影响(Krugman,1991a;Krugman, Venables, 1995; Fujita, Thisse, 1996; Puga, Venables, 1996; Fujita, Krugman,Venables,1999;Fujita,Krugman,2004)。

在对中国区域分工影响因素的研究中,Hu(2002)通过构建一个空间集聚模型,指出凭借国际贸易的地理优势,中国沿海地区成为中国制造业最初集聚的地区,规模报酬递增的正反馈机制使沿海地区最初的产业集聚得到进一步加强。Ge(2003)、黄玖立和李坤望(2006)借鉴 Midelfart-Knarvik 等(2000a)的计量模型,发现对外贸易成为推动中国产业集聚的重要力量,较好地证实了 Hu(2002)的空间集聚模型。冼国明和文东伟(2006)则指出,在沿海地区集聚的制造业外商资本,是推动中国制造业向沿海地区集聚的重要力量,而且这一力量正变得越来越强大。

2.2 区域分工与发展

2.2.1 区域分工与创新发展

对区域分工与区域创新的关系,已有文献主要从分工专业化与多样化的视角进行考察,主流的观点认为专业化集聚更有利于技术创新,例如 Paci 和 Usai(2000a)基于对欧盟 109 个区域的研究实证,发现产业专业化与区域技术创新之间存在正相关关系,刘忠生(2010)、胡彩梅(2012)的研究也都支持该观点。基于2004—2016年的中国地级市数据，雷振丹、陈子真(2019)研究发现生产性服务业的分工专业化、多样化集聚都会促进区域创新。Feldman和Audretsch(1999)认为互补性行业越多，即分工多样化有利于创新产出，Andersson和Quigley(2005)持相反的观点。吴玉鸣(2007)运用空间计量分析表明，MAR溢出与区域创新活动间存在正相关关系，Jacobs溢出相反。但是Greunz(2004)、Paci和Usai(2000b)认为MAR溢出和Jacobs溢出对创新的影响都非常显著。在对中国的研究实证中，张若雪(2009)认为通过发挥中心和周边城市的专业化优势，城市群功能分工能够促进城市群的技术进步和经济增长。李子明(2010)指出在统筹各区域发展的过程中，区域自主创新与区域分工协作之间存在一定的矛盾。谢莉娟和王诗桴(2017)认为中国国内市场规模庞大，发展国内区际分工和贸易，可以促进产业链延伸与分工深化，提升创新水平和区域整体竞争力。

2.2.2 区域分工与开放发展

1. 区域分工与内外贸易

在马克思主义关于生产和流通领域的分析中，以及古典学派、新古典理论中，都暗示着调整国内区域分工对提高资源配置效率、国际竞争力的巨大作用(钟昌标，2002)。区域分工近似、产业结构趋同导致的国内区际贸易壁垒(市场分割)，造成了价格扭曲、竞争欠缺、市场范围受约束，使各地生产不能顺畅地发挥比较优势，形成规模经济，进而无法形成生产专业化和市场分工体系(钟昌标，2002)。统一市场是产业链延伸与价值链分工深化的基础，通过促进国内流通构建统一市场，形成基于产业链的地区间生产分工，能够有效地提升产业竞争力(沈剑飞，2018)。但是当前中国统一的国内市场尚未形成(地方保护的存在)，不仅导致以要素价格均等化为标准的国内资源配置效率难以实现，而且造成具有比较优势和潜在国际竞争力的产品，只能以较高的价格进入国际市场(钟昌标，2002；孙慧文，2014)。具体到东部地区的制造业，当沿海的外贸优势非常大时，国内区际贸易壁垒对东部的制造业集聚(专业化分工)不构成影响。但是当工业中资本密集度提高、规模报酬递增时，统一市场会进一步促进东部的制造业专业化分工(邓慧慧，2009)。只有在地方保护消失、区域间存在技术转移时，区际贸易才能达到帕累托分工与交换的最优状态，区域经济趋于收敛(赵永亮，才国伟，2009；孙慧文，2014)。另一方面，对外贸易也会促进区域间贸易发展，影响着区域间贸易的流量和流向，并通过产业空间转移和结构转换，促进地区专业化和产业集聚，并且对外贸易开放对统一市场的影响呈现"先抑后扬"的 U 形特征(黄玖立,2011)。

区域分工对开放水平的影响,主要从分工对国家在全球价值链攀升的作用方面进行研究,但研究结论仍存在分歧。主要有三类不同的观点:第一类观点认为,产品内国际分工对于价值链提升具有显著的推动作用。Memedovic(2004)、唐海燕和张会清(2009)、Kam(2013)、Li(2015)、邱斌等(2012)、李建军等(2019)通过对亚洲"四小龙"、马来西亚、中国大陆、"丝绸之路经济带"沿线国家等经济体的研究表明,通过规模经济的实现、生产成本的降低,参与产品内分工能助推地区在全球价值链中的地位攀升。李建军等(2019)则认为,产品内分工促进全球价值链攀升,主要是通过经济增长、物质资本积累以及 FDI 技术溢出三种传导途径实现,同时,产品内分工也通过人力资本"挤出效应"和制度质量"弱化效应"对发展中国家全球价值链攀升形成了阻碍。

与第一类观点相反,Lall 等(2005)、杨春等(2018)的研究指出,参与产品内分工不利于发展中国家攀升全球价值链。Lall 等(2005)的研究显示,南亚地区的部分国家因过度依赖纺织品出口,而长期停留在全球价值链的低端环节,并且相比东亚、拉丁美洲等地区的发展中国家,这些国家的国际分工地位出现了较大幅度的下滑。

第三类观点是参与产品内分工对价值链提升的影响具有行业异质性。王岚(2014)的研究表明,中国的低技术制造业实现了全球价值链攀升,而高技术行业却存在显著的被"锁定"。李强和郑江淮(2013)基于中国制造业 24 个行业的面板数据实证表明,参与国际分工的程度对总体制造业及其他类型制造业的价值链攀升作用显著,对劳动密集型制造业影响不显著。

2. 区域分工与要素流动

20 世纪 30 年代,伯尔蒂尔·俄林在《地区间贸易和国际贸易》中首次强调了地区之间资源禀赋的差异性对区域分工的影响。Midelfart-Knarvik 等(2000)发展的估计模型在比较优势思想基础上进行了扩展,即密集使用某要素的产业,倾向于分布在该要素丰富的地区。徐康宁和王剑(2006)运用国际中间产品的进出口贸易数据研究发现,处在国际分工地位高端的发达国家,具有相对丰裕的资本技术要素和稀缺的劳动力要素。劳动成本是决定垂直分工的关键因素,但其影响力在相应下降。冼国明和文东伟(2006)指出,推动中国制造业向沿海地区分工深化的重要力量,是在沿海地区集聚的制造业外商资本,并且这种力量正变得越来越强大。林理升和王晔倩(2006)通过构建经济地理的分析框架,研究发现运输成本差异和高劳动力流动成本,形成了沿海高成本压力而内地收入低下并存的新矛盾,这将妨碍沿海和内地产业的分工与均衡发展。邓慧慧(2009)在新经济地理学的框架下建立一个空间均衡模型,研究发现:资本密集度的增加促进制造业集聚,并且在一个较大的市场,贸易成本更低时,资本的集聚倾向大于劳动力的集聚倾向,反之则资本的集聚程度低于劳动力的集聚程度。卢福财和罗瑞荣(2010)基于中美数据分析显示,在全球价值链分工条件下,第二产业人力资源是影响第二产业内分工水平的直接因素。人力资源的质量对产业内分工水平起促进作用,数量起抑制作用。孙慧文(2014)研究发现技术水平和资源禀赋结构会导致区域分工效率低下。余子鹏和袁玲丽(2019)利用WTO数据测算我国制造业国际竞争力,研究发现:研发投入和技术进步、资本成本、管理费用适度提升对制造业国际竞争力具有显著的正向影响,金融过度虚拟化和国有资本份额下降、人力资本对制造业国际竞争力产生负面作用。

另一方面,区域分工对要素聚集、资源配置也会产生影响。拥有要素,培育动力机制,并不断地将要素转化为竞争优势,是产业集群发展的内在逻辑(刘恒江,陈继祥,2005)。刘胜(2019)利用中国工业企业和城市面板匹配数据实证,研究发现:城市群空间功能分工主要通过削弱"行政区划壁垒"与强化"产城融合效应"来提高其资源配置效率。张小蒂和孙景蔚(2006)研究认为,垂直专业化可以提高劳动生产率和产业技术水平。王春晖(2019)通过实证研究发现,中国沿海区域的制造业集聚显著促进了其区域人力资本水平的不断提升,但对于内陆区域表现不显著。季书涵等(2016)的研究表明:区域专业化分工(产业集聚)可以通过降低资本门槛和优化劳动力结构,在资本配置过度和劳动力配置不足时改善资源错配,并且对集聚程度较高的东部地区改善效果更好,对集聚程度较低的中西部地区改善范围更广。

2.2.3 区域分工与绿色发展

已有对绿色发展的研究,主要从环境污染、碳排放、能源消耗三个方面展开。在对区域分工与环境污染关系的研究中,已有文献更偏重从全球开放经济视角,探讨国际分工与环境污染的"空间转移"。但研究结论同样存在着分歧,主要有三类不同的观点:第一类观点认为,分工抑制了环境污染。Dean和Lovely(2008)实证分析了国际生产分割对中国对外贸易污染强度的影响,研究发现国际生产分割促进了中国对外贸易污染强度的下降。倪晓觅和俞顺洪(2010)研究发现产品内贸易能够促进环境质量的改善。戴翔(2010b)认为对于发展中国家来说,融入全球生产网络下的产品内分工体系,其比较优势会体现在某些结构层次更高的产品生产阶段上,进而参与产品内分工所进行的生产环节是相对清洁的。王艳华等(2019)基于中国污染排放数据分析发现,多样性集聚比专业化集聚更有利于降低工业污染排放强度。与第一类观点相反,另一类观点认为国际分工,特别是发展中国家参与国际分工导致环境污染水平上升。陆旸(2012)通过文献回顾认为,国际分工作为主要原因,使"南一北"之间存在了多纬度的"环境不平等",即"穷国"将成为污染品的净出口国;而"富国"将成为污染品的净进口国。Arce 等(2012)指出,主导全球价值链的发达国家会将污染密集型的生产环节转移至发展中国家,造成其生产并出口大量高污染型产品。余娟娟(2017)研究发现,嵌入全球价值链能够改变要素密集度,提升企业全要素生产率,但总体上增加了中国企业的排污强度。张可和汪东芳(2014)运用2002—2011年中国地级及以上城市的数据实证表明:经济集聚会加重环境污染,环境污染又对经济集聚形成反向抑制,两者间的影响机制均与劳动生产率密切相关。与上述两种观点不同,吕康娟和蔡大霞(2020)运用2003—2017年长三角城市群数据研究发现,功能分工与工业污染排放强度呈 U 形关系;功能分工结构效应和工业技术进步均能够显著降低工业污染排放。

在对区域分工与碳排放关系的研究中,王媛等(2011)运用2007年中国对外进出口贸易数据分析得出:总体上中国是在替发达国家排放 CO_2。丘兆逸(2012)进一步指出国际垂直专业化分工会通过规模效应、结构效应以及技术效应三个渠道影响 CO_2 的排放,同样实证发现,国际垂直专业化分工导致了中国 CO_2 排放的增加。但是,许冬兰等(2019)基于2000—2015年中国33个工业行业的面板数据实证分析发现:全球价值链嵌入显著促进了中国工业低碳全要素生产率的增长。徐博等(2020)通过检验全球价值链分工地位对碳排放水平的影响,得出与上述结论不一致的观点,即全球价值链分工地位的上升与碳排放呈倒 U 形关系。

在对区域分工与能源消耗关系的研究中,王颖和马风涛(2011)发现,大多数部门出口产品的国内能源消耗强度在不断下降,中国参与垂直专业化分工有利于国内能源消耗强度的降低。但是,张少军和李东方(2009)的研究发现,转移效应和链中学效应的共同作用,会导致生产非一体化与单位增加值能耗之间呈 U 形关系。

2.2.4 区域分工与协调发展

1. 区域分工与地区差距

从经济学的角度研究区域协调发展,主要落脚点是地区间的经济差距。

从新经济地理学的视角，Krugman(1991c)首先指出产业集聚与地区差距紧密相关。Fujita 等(1999)进一步发现制造业集聚会使中心地区和外围地区的地区差距扩大。但是，侯杰和张梅青(2020)则认为制造业的集聚并不一定会引起地区差距的扩大。Combes 等(2008)在对上述研究整合的基础上，认为根据经济一体化程度的不同，产业集聚与地区差距之间存在钟状曲线式的倒 U 形关系。在对中国的实证研究中，梁琦(2004)指出中国经济发展速度与分工指数的变化率呈正向变化，但同时，中国区域经济非均衡发展的现象更加突出。黎峰(2018)认为嵌套于全球价值链的国内价值链分工有利于实现区域协调，而基于内生能力的国内价值链分工反而拉大了区域收入差距。侯杰和张梅青(2020)认为京津冀城市群错位发展、功能互补、多中心协同的分工格局尚未形成，不利于区域协调发展的推进。

2. 区域分工与经济增长

关于区域分工与经济增长，分工理论早已系统阐明了分工是经济增长的源泉(钟昌标，2002)。在对国外地区的实证中，Imbs 和 Wacziarg(2003)认为地区专业化与经济发展水平呈 U 形关系，Iara 和 Traistaru(2004)认为地区制造业专业化与经济发展速度正相关。在对国内地区的实证中，苗长青(2007)研究发现，1995—2004 年中国制造业专业化与省域经济增长呈正相关的关系。盛斌和毛其淋(2011)认为自改革开放以来，地区专业分工深化和市场规模扩大在中国经济保持高速增长中发挥关键作用。陈健和刘海燕(2013)的研究发现，相比产业间、产业内分工下所形成的地区专业化，产品内国际分工下的地区专业化发展，更显著促进了区域经济增长效率水平提升。张若雪(2009)发现，城市群功能分工有助于发挥城市的专业化优势，进而促进城市群的技术进步和经济增长。但是，蒋媛媛(2011)认为中国整体的地区专业化水平与经济发展水平存在倒 U 形关系。

2.3 长江经济带相关研究

2.3.1 长江经济带区域分工现状

近几年，对长江经济带的区域分工现状与差异研究，成为学术界的研究热点，学者们多方法、多视角的研究，使得相关领域的研究成果非常丰富。徐长乐(2015)认为长江经济带区际产业发展的互补特征鲜明，下游地区服务业发展较为完善，中上游地区特色产业突出；但也存在市场化程度发育偏低、要素流动不畅、行政区经济严重制约、中心城市产业高度偏低、区域创新能力不足等问题。陈雁云和邓华强(2016)通过运用区位熵指标测算,结果显示长江经济带的沿海地区主要形成了以资本密集型和知识技术密集型产业为主的产业集聚,中西部地区主要形成了以劳动力密集型和资源密集型产业为主的产业集聚。樊福卓(2017)从地区路径与行业路径对1985—2014年期间长江经济带工业分工予以测度与分析,结果发现,长江经济带工业分工水平大致呈现"下降—上升—下降"的变化态势。长江经济带不同地区间呈现出比较明显的"金字塔"形分布:高度专业化地区居少,而中度和低度专业化地区居多。曾鹏和李洪涛(2017)对中国十大城市群19个行业的产业分工进行比较研究,结果表明:中游和成渝城市群的产业竞争优势不断凸显,其中成渝城市群的竞争优势更为显著。成渝城市群的批发零售、住宿餐饮、居民服务行业的增长速度远高于其他区域;中游城市群在制造业和批发零售业上保持着较高的比较优势,该结论与黄庆华(2014)的研究结论较为一致。王玉燕和汪玲(2018)的研究发现:经过13年的发展,除上海和江苏外,长江经济带其他9个地区的工业专业化指数均有不同程度的下降,湖南和四川的降幅最高,工业趋同现象上升。成艾华和喻婉(2018)的研究结果表明:2006年以后,上中下游相对专业化指数呈下降趋势,且下降幅度较大。下游相对专业化指数高于中游和上游,上游相对专业化指数在大多年份高于中游。王春萌等(2016)采用区位基尼系数、产业专业化指数以及产业合作潜力模型等方法对长三角地级以上城市进行测度,研究表明:长三角区域产业集聚度明显上升,但各城市之间仍然存在一定的产业同构现象。

在对服务业区域分工的研究中,楚明钦(2016)的实证分析显示,上海已经成为长三角地区信息、租赁商务以及科技服务业的生产中心。孙克等(2018)的实证分析显示,生产性服务业的相对专业化程度总体较低,产业同构现象比较普遍,"中心—外围"格局导致的空间效应,主要表现为虹吸效应。

2.3.2 长江经济带区域分工与发展

1. 长江经济带分工与创新发展

长江经济带城市创新能力表现出非常显著的区域差异,且呈现出由渐进式集聚向缓慢扩散的发展趋势,长三角地区和中西部省会城市的创新能力较强(武晓静等,2017)。技术进步是产业集聚提升长江经济带、长三角经济发展质量的主要途径(黄庆华等,2020;陈建军,胡晨光,2008)。在长江上游地区,产业集聚能够发挥双重作用,既能促进技术进步,又能促进技术效率提升

(黄庆华等,2020)。管理和研发人员的集聚交流只有在功能分工水平较高的大城市,才能产生有效的知识溢出(魏玮等,2015)。在产业集聚的推动下,长江经济带整体,特别是下游地区的绿色创新会不断促进生态效率的提高(刘云强等,2018)。

长江经济带生产性服务业集聚也能够促进地区创新水平的提高,由于地理邻近地区存在空间竞争效应,集聚带来的空间溢出效应对创新产出的收益较低;大城市和中部地区多样化集聚能显著促进本地创新产出(李永盛,张祥建,2019)。长三角地区生产性服务业集聚对绿色全要素生产率均具有显著的正向促进作用,但中心城市的空间溢出特征及高端生产性服务业的作用效果相对更为明显;较之于绿色技术效率,现阶段生产性服务业的专业化集聚和高端化发展更利于绿色技术进步(陈晓峰,周晶晶,2020)。

2. 长江经济带分工与开放发展

吴福象和沈浩平(2013)认为在要素集聚和分散的自由流动中,长三角已经形成了合理的产业分工体系。曾冰和邱志萍(2017)认为2000—2015年长江经济带省际贸易结构逐步演化成两大贸易核心圈,城镇化、产业结构、基础设施、地方保护是重要的影响因素。毕学成等(2018)认为长江经济带产业专业化程度与区域间的合作,促进了区域产业分工,并且制造业区域产业分工更容易发生在对外开放程度与城镇化进程差异较大的地区之间,同时距离过近也不利于区域分工关系的形成。张治栋和吴迪(2018)则认为区域融合与对外开放也促进了长江经济带产业集聚,政府干预行为加剧了上述作用。王玉燕和汪玲(2018)认为人力资本、物质资本以及技术进步三大生产要素是产业分工状况不佳的主要决定因素,矿产资源的合理利用对提升产业分工效果有显著作用。

3. 长江经济带分工与绿色发展

在"大保护"背景下,长江经济带的生态环境与绿色发展成为学界广泛关注的话题,近年的相关研究成果较为丰富。在长江经济带绿色发展效率水平的研究方面,学者们通过构建不同的指标体系,得出结论:长江经济带的绿色发展效率整体水平不高(汪克亮,2015;卢丽文等,2016),上中下游地区的绿色发展效率呈明显的梯度分布(李华旭,2017;吴传清,宋筱筱;2018),但整体有逐步改善的趋势(卢丽文等,2016;李华旭,2017;舒扬,孔凡邦,2019;黄磊,吴传清,2019)。

在长江经济带绿色发展的研究方面,产业集聚在促进经济增长与质量提升的同时,也兼顾了环境保护(黄庆华等,2020)和绿色发展(舒扬,孔凡邦,

2019；黄磊,吴传清,2019)。分行业看,长江经济带制造业集聚与城市绿色效率之间呈U形关系,服务业集聚对城市绿色效率的提升具有显著的促进作用(张治栋,秦淑悦,2018)。长三角的功能分工与污染排放强度呈U形关系,功能分工的结构效应和工业技术进步可以降低工业污染排放(吕康娟,蔡大霞,2020),协同集聚能够促进工业二氧化硫强度的降低(申伟宁等,2020),经济集聚能够通过优化生产要素的空间分布与组合、共享治污基础设施等抑制雾霾污染汪聪聪等(2019)。苗建军和郭红娇(2019)研发认为,长三角制造业和生产性服务业集聚水平的提高会加重环境污染,而产业协同集聚则会降低污染程度。

4. 长江经济带分工与协调发展

对长江经济带分工与协调发展关系的研究成果相对较少,已有的成果包括:毕学成等(2018)基于江苏省市域面板数据分析得出,当区域间存在较大的经济发展差异时不利于制造业的区域分工；易淼(2019)指出应该在流域分工新格局构建中实现"共同利益—特殊利益"关系均衡,以之推进长江经济带的高质量发展。更多仍是以长三角地区为研究对象,考察区域分工与经济增长的关系。主流的观点认为长三角城市群的产业多样化和功能专业化对经济增长有积极作用(骆玲,史敦友,2015；魏玮等,2015；陈雁云,邓华强,2016),其作用的发挥依赖于大城市较高的功能专业化水平(魏玮等,2015)。长三角城市功能专业化对经济发展质量的积极作用受市场一体化影响,提高市场一体化与城市功能专业化程度,有助于缩小边缘城市与中心城市经济发展质量差距(黎文勇,杨上广,2019)。

2.4 文献评价与本文的切入点

根据上文对国内外文献的梳理,可知在对区域分工、区域分工与发展的研究方面,已经有较为丰富的研究基础,为长江经济带区域分工与发展问题的研究提供了很多有意义的思路和进一步的研究方向。

首先,对长江经济带区域分工的研究仍然存在一定的分歧:有观点认为,长江经济带各省市工业趋同现象有所上升,上中下游相对专业化指数呈下降趋势；也有观点认为,上海和江苏的专业化指数在上升；有观点认为长江经济带各省市已形成了各自的优势产业,区际产业发展的互补特征鲜明,中上游地区特色产业突出；也有观点认为,下游长三角区域的产业集聚度明显上升,但产业仍以均衡分布为主,优势产业的数量普遍减少。在服务业分工的研究方面,经济带下游地区的服务业发展较为完善,上海、江苏和浙江形成了各自的产业发展特色,但是生产性服务业的相对专业化程度总体较低,产业同构现象比较普遍。基于已有的研究结论,本书将以长江经济带为研究对象,从地区专业化、产业地方化、功能分工水平三个方面研究长江经济带各地区的分工现状与演化规律,研究对象涵盖工业、服务业、城市群、东中西部等当前长江经济带研究的主要分类视角,以使研究结论更加全面、有说服力。

其次,长江经济带区域分工与创新发展的研究成果显示:产业聚集通过提升技术进步,进而提升长江经济带经济发展质量,但是作用力存在区域和产业差异。与开放发展的研究成果显示:经济带的产业专业化程度与区域间的合作促进了区域产业分工,区域融合与对外开放也促进了长江经济带产业集聚,且政府干预行为加剧了上述作用;要素集聚和分散的自由流动促进了长三角形成合理的产业分工体系,最终实现不同层级城市的产业协同发展的内在机制,但不同要素流动所产生的作用存在差异。与绿色发展的研究成果存在较大的观点差异:一种观点是产业集聚在促进长江经济带经济增长、经济发展质量提升的同时,也兼顾了环境保护和绿色发展;一种观点是集聚水平的提高会加重环境污染程度;另一种观点是产业集聚与城市绿色效率之间、功能分工与工业污染排放强度之间呈 U 形关系。与协调发展的研究成果显示:产业多样化和城市功能专业化虽对经济增长发挥着积极作用,但作用的发挥主要依赖于大城市,当存在较大的区域经济发展差异时,不利于制造业的区域分工,提高市场一体化与城市功能专业化程度,能够有助于缩小边缘城市与中心城市经济发展质量差距。基于此,本书将在研究长江经济带区域分工现状的基础上,深入挖掘区域产业分工与创新、开放、绿色和协调发展间的关系,特别是国家战略政策对两者间关系的影响,以期提炼出有理论与现实意义的研究结论。

根据上述分析,提出本书的研究方向与重点:

(1) 长江经济带的区域产业分工水平是全部呈现弱化,还是部分地区呈现弱化;是工业和服务业都呈现弱化,还是只有工业呈现弱化;功能分工水平与产业分工水平的演化趋势是否一致。

(2) 长江经济带的区域分工与区域创新、开放程度、开放水平、要素流动、环境污染、碳排放、能源消耗、地区经济差距间的关系如何,是否存在产业、区域的异质性。

(3) 在上述关系探讨中,国家战略政策是否能够发挥作用,发挥怎样的作用,是否同样存在产业、区域的异质性。

第三章

研究框架构建

本章将基于绝对优势、比较优势、要素禀赋理论、新贸易理论、产品内分工理论,以及在杨小凯和黄有光(1999)模型、郝大江和张荣(2018)模型、戴翔(2010b)模型、黎峰(2018)模型结论的基础上,构建多重战略下的区域分工与发展问题的研究框架,并对分工与创新、开放、绿色、协调发展的子研究框架进行阐述,为后文利用以上框架研究长江经济带分工与发展问题打下基础。

3.1 相关理论与模型梳理

从古典阶段的绝对优势和比较优势理论,到新古典的要素禀赋理论,再到主要分析产业内分工的新贸易理论、20世纪70年代后的产品内分工理论(Helleiner,1973;Arndt,1997),分工理论已经跨越了200多年。

在这些理论中,不少学者发现,新机器及有关新技术的出现、贸易的增长有赖于分工的发展。(Ethier,1982)和罗默(1990)在解释中间产品种类数时,用的是CES(不变替代弹性)函数来内生消费品和中间产品种类数,因此某些产品的消费可以为零。而在Cobb-Douglas效用函数中,如果任一产品的消费为零,则总效用也为零。杨小凯和黄有光(1999)构建的新兴古典模型不但采用了他们的方法内生中间产品数,而且采用了超边际分析的方法,同时内生每个人的专业化水平。在新兴古典模型中,考察了专业化经济与技术进步的内在关系,以及专业化经济与国内贸易、国际贸易的内在关系,并得出结论:①交易效率或专业化经济越高,间接生产部门的相对重要性越高。即新中间产品和新技术的出现以及进入市场的中间产品种类的增加,是因为间接活动中分工的发展。②交易效率改进或专业化经济程度提高时,贸易额或总贸易需求的增长要比收入的增长快。

在新古典的Heckscher-Ohlin模型分析框架中,生产要素被假设为在一国国内可以自由流动,在两国之间完全不能流动,这与现实的经济存在一定的差距。要素根据自身性质不同,流动性存在差异,其中资本、技术和管理是极高流动性要素,高素质劳动力是较高流动性要素;一般加工型劳动力是低流动性要素,只有土地和自然资源是不具有流动性的(张幼文,2005)。此外,流动性生产要素是可以在国家间流动的。郝大江和张荣(2018)构建的模型分析非流动要素与流动要素的优化配置对专业化分工的影响,得出:在新的要素禀赋条件下,区域经济会有新的要素配置和集聚。专业化分工作为区域经济增长的动力,不仅是"长期的"而且也是动态可变的。

由于贸易和经济增长产生的专业化分工为污染的空间转移提供了可能性(陆旸,2012),一些学者认为发达国家(地区)在向发展中国家(地区)进行污染工业转移时,也将污染同步转移,即国际分工导致了"污染转移"与气候环境的恶化,而另一些学者认为发展中国家(地区)融入全球(国内)的产品内分工体系,比较优势也会体现在某些结构层次更高的相对清洁的产品生产环节,即分工促进了污染强度的降低与气候环境的改善(戴翔,2010b)。在 Copeland 和 Taylor(2003)构建的污染供给和需求模型基础上,戴翔(2010b)特别考察了纳入产品内分工的污染供给和需求,得出:地区污染主要受中间投入品、相对价格、地区要素禀赋、污染税(政府环境规制)等因素的影响制约。

对于分工与区域经济发展差距的关系,"中心—外围"模型在垄断竞争、规模报酬递增和正运输成本假设的基础上,得出了运输成本、产业集聚水平与区域经济差距之间的非线性关系(赵祥,2013)。黎峰(2018)在此基础上,构建区域分工与协调发展模型,得出:国内专业化分工能否促进区域协调发展,很大程度上取决于地区参与国内专业化分工而产生的技术进步和资源配置效应。

3.2 多重战略下的区域分工与发展研究框架构建

结合区域分工与四个发展理念的理论关系,兼顾不同学者对长江经济带分工与发展的关注点,以及多重国家战略的宏观背景,构建多重战略下长江经济带分工与发展问题的研究框架(图3-1)。

研究框架主要包括三条研究主线,分别是战略叠加下的区域分工与创新、协调发展,战略叠加下的区域分工与开放发展和战略叠加下的区域分工与绿色发展。其中战略叠加下的区域分工与创新、协调发展研究主线,描述了在创新发展理念和高质量发展战略导向下,长江经济带产业分工在受到国家多重战略影响后,对区域技术创新水平、进而对经济协调发展的影响与传导机制。战略叠加下的分工与开放发展研究主线,一方面从产品市场角度描述了在向东更高水平开放、向西沿"一带一路"开放的导向下,长江经济带产业分工对开展国内贸易、国际贸易的影响与传导机制;一方面从要素市场角度描述了在受到国家多重战略影响后,不同类型要素的相对流动与中上游地区具体产业专业化分工的相互影响与传导机制。战略叠加下的分工与绿色发展研究主线,描述了在"大保护"的背景下,长江经济带区域重化工业分工在政府环境规制的影响下,对绿色发展的影响与传导机制。

需要说明的是,虽然本书主要围绕三条研究主线进行研究,但三条主线之间,四个分工与发展的关系之间并非是完全独立的,而是可能存在着密切的联系。首先,多重国家战略不仅会影响区域产业分工,也会直接影响区域创新、开放、绿色和协调发展;其次,区域产业分工的变化可能会影响到区域创新、开放程度、开放水平、要素流动、绿色发展水平、协调发展,也可能会通过影响区域创新,进而影响开放水平、绿色发展水平,也可能会通过影响开放程度,进而影响区域创新、开放水平、要素流动、绿色发展水平、协调发展;最后,区域创新、开放程度、开放水平、要素流动也可能会影响到区域产业分工。因此,在后续的子研究框架构建与研究中,本书亦适当考虑了上述可能存在的多向关系,以期使研究更加全面、充分。

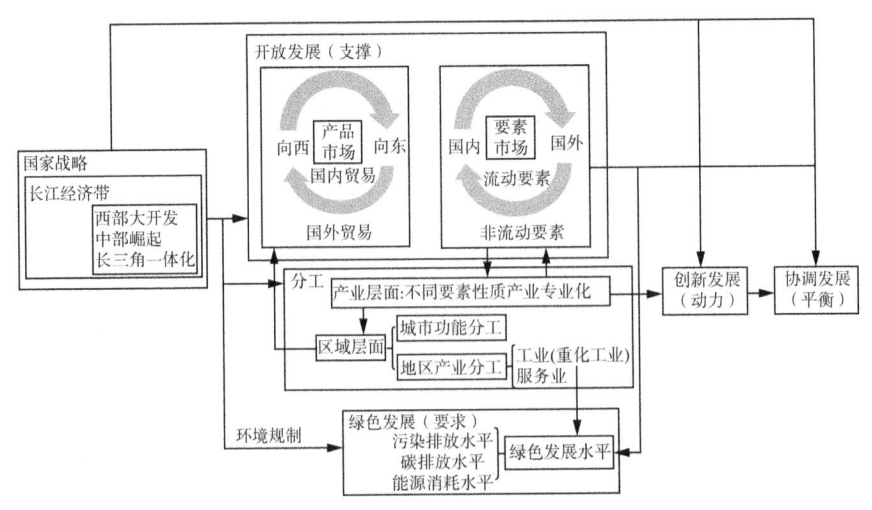

图 3-1 多重战略下长江经济带分工与发展问题的研究框架

3.2.1　多重战略下的区域分工与创新、协调发展研究框架

根据前文的理论模型,因为间接活动中分工的发展,专业化经济越高,新中间产品和新技术出现得越多,专业化分工能否促进区域协调发展,很大程度上取决于发达地区和欠发达地区参与国内专业化分工,从而产生的技术创新效应和资源配置效应。因此本书将区域分工与创新、协调发展的关系构建在一个研究框架内(图3-2)。在此框架中,当未提出创新、协调发展理念和相应的战略导向时,因要素价格的提升,在发达地区的企业取向于将中低端产业或者产业链中的部分环节转移至欠发达地区,这将促进欠发达地区参与国内分工,并逐渐形成与原发达地相似的产业结构。从区域整体看,承接转移的区域产业分工水平会弱化,产业转移不仅会随之带动区域内要素的同向流动,也会直接提升承接地实现更高的生产效率,即提升整体的技术创新水平。此外,包括中高端管理与技术性人才、资本、管理等在内的要素流入,也将间接地推动承接地技术创新。技术创新与要素流入最终会提升欠发达地区的经济发展水平。在这一过程中,产业转出的发达地区专注于进行高端产业的分工深化,不断提升地区自身的高端技术创新水平,进而提升本地区的经济发展水平。但是正如前文模型所显示的,随着区域间专业化分工的开展,区域间发展差距是否出现收敛,在很大程度上取决于发达地区和欠发达地区在国内专业化分工中的收益分配。

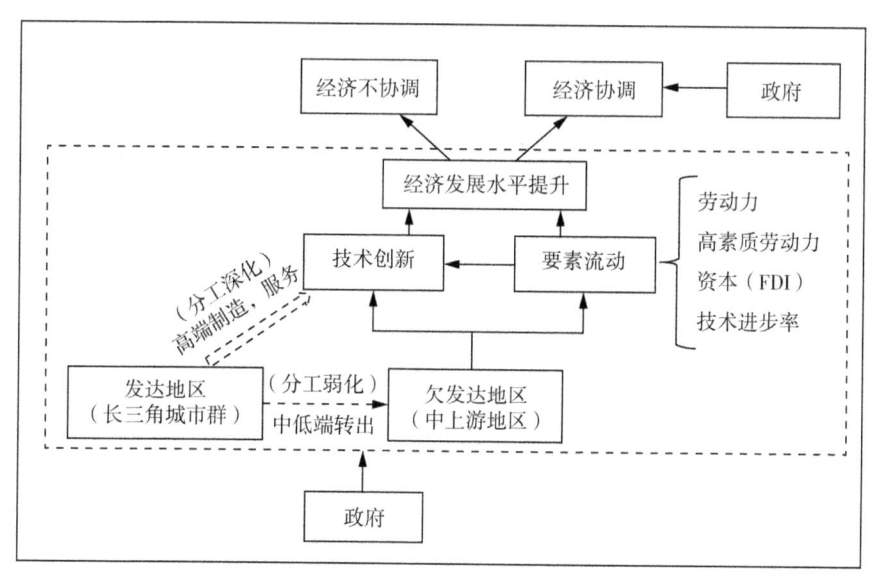

图 3-2　区域分工与创新、协调发展研究框架

在提出创新、协调发展理念和相应的战略导向后，政策措施将进一步加速相关产业的转移、区域分工的开展、创新水平的提升，最后加快东中西部实现经济协调发展的进度。

3.2.2 多重战略下的区域分工与绿色发展研究框架

前文的理论模型证明了地区的相对污染水平受到中间投入品、相对价格、地区要素禀赋、污染税（政府环境规制）等因素影响。因此，本节在OECD绿色增长战略框架（OECD，2011）基础上构建了战略叠加下的区域分工与绿色开放研究框架（图3-3）。框架中共有企业、自然基础、家庭、政府、海外五个部门。企业从自然界获取资源投入生产，并排放出污染物。在没有提出绿色发展理念和战略导向时，区域产业专业化分工不受绿色发展的目标约束，地区产业布局以及布局所形成的产业分工水平与污染排放、能源消耗的关系是市场竞争与选择的结果。在提出绿色发展理念和战略导向后，政府的战略可能会从两方面影响企业的污染物排放，一方面是影响企业研发的方向，在倡导绿色发展的背景下，企业对绿色技术的研发力度更大，致力于促进全社会实现低碳、低耗、循环经济；另一方面是影响企业管理的方向，对于新项目的选址，因需要符合地区的产业布局要求，可能会变更原计划投资的地区；对于老项目的治理，因需要符合地区的环境规制要求，可能导致企业关停并转。企业选址变化形成规模性，会呈现出不同的区域产业布局，进而影响到区域产业分工。企业的研发与管理进一步会影响到企业的生产环节，在绿色技术的支持与环境规制的要求下，对产品的生产环节进行了重新调整，原有的生产步骤可能增加，以符合污染排放的新标准，这一过程也是从原先高能耗高污染的产品内分工转变为低能耗低污染的产品内分工的过程。中间产品生产完成后，会通过两个渠道进入下一阶段，一是继续组装成最终产品作为内需流转至国内家庭，用于家庭消费；二是继续以中间产品的状态作为外需流转至国际市场，参与国际分工。在没有提倡绿色发展的时期，这一过程可能存在发达国家向发展中国家进行"污染转移"的困境，而在提倡绿色发展后，这一过程可能会被转移到其他环境规制门槛低的地区或国家。

家庭消费来自国内的最终产品或者来自国外的进口产品，消费的过程也在排放污染，在绿色发展理念的影响下，消费者的消费观念与消费习惯会发生变化，逐渐形成消费低碳环保型产品的偏好，从需求侧倒逼企业进行绿色产品的研发与生产。

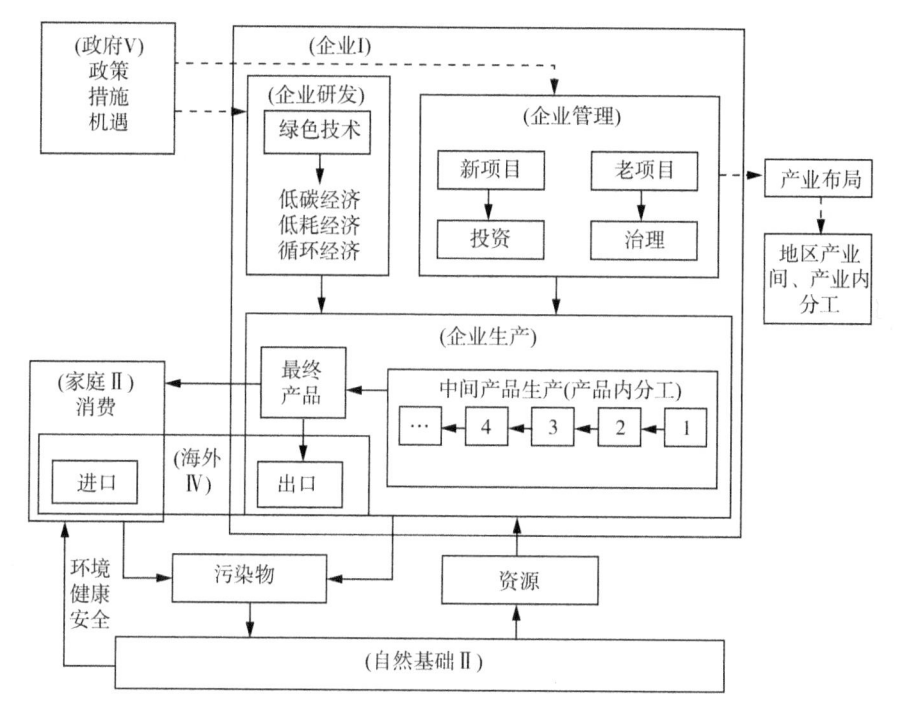

图 3-3 区域分工与绿色发展研究框架

3.2.3 多重战略下的区域分工与开放发展研究框架

1. 区域分工与产品市场开放研究框架

长江经济带横穿中国境内东中西三大区域,东部沿海、西部沿边,两端与全球生产体系连接,形成一个完整的国内外生产循环体系。其中,东部作为改革开放之后的对外开放门户,积累了丰厚的现代化工业生产基础与发展经验,参与国际分工的程度较深,但在国际分工中的地位难以提升;西部作为历史上重要的对外开放门户,受地形复杂、人才流失、现代化工业基础薄弱等现实条件的约束,虽与多国接壤,参与国际分工的产业长期集中在传统的手工、农产品等低附加值、劳动密集型产业,与东部相比,参与国际分工的程度仍然较低。

针对东西部在开放发展过程中存在的问题,本书构建区域分工与产品市场开放研究框架(图 3-4)。框架中,当未提出开放发展理念和相应的战略导向时,长三角将中低端的制造业逐步转移至中游地区、成渝地区与云贵地区,伴随产业的内向化转移,产业链不断由东部向中西部延伸。在这一过程中,中西部将逐渐从原先较为单一的产业内分工体系转变为多样化的产业内分工体系，地区专业化分工的程度将在短期内呈弱化趋势，由此生产出的规模化、机械化制成品，通过西南开放门户沿"一带一路"向南亚、东南亚等地区出口，实现向西开放格局的构建。长三角继续保留中高端生产能力，在原有产业基础上，不断深化分工，专注核心技术、产品的研发，提升已有产业的技术含量，逐渐从原先较为多样化扁平化的产业内分工体系转变为专一化精细化的产品内分工体系，专业化分工的程度将长期呈深化趋势，由此生产出的高附加值、低替代性制成品，通过东部开放门户向东亚、欧洲、北美等地区出口，实现更高水平开放格局的构建。

产业内向化转移至东西双向对外开放的过程，也是内外双循环体系构建的一种体现。产业虽从中部向中西部转移，但每个产业的相关上下游企业众多，短期内难以整体转移，而产业部分生产环节的转移为后期生产过程中中间品在区域间的流动创造了市场，即形成一个内循环体系。东西双向的对外开放，在参与国际分工体系的过程中，又形成一个外循环体系。

在提出开放发展理念和相应的战略导向后，政策措施将进一步推动长江经济带的国内国际双循环，以内需促外需，加深西部地区开放程度，提升东部地区开放水平，全面提高国际竞争力。

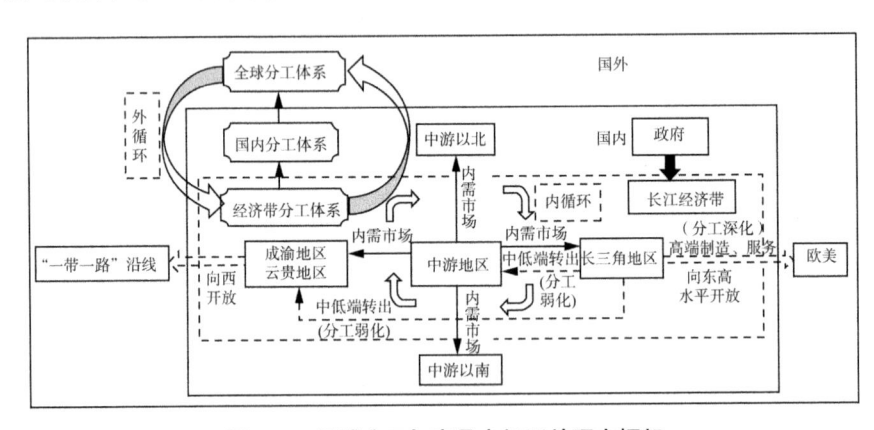

图 3-4　区域分工与产品市场开放研究框架

2. 区域分工与要素市场开放研究框架

前文的理论模型证明了当流动要素在区域经济体上集中，流动要素与非流动要素实现了最优配置并带来了效率提升，地区专业化分工不断深化，实现区域经济的报酬递增特征。在本书构建的区域分工与要素市场开放研究框架中（图 3-5），政府的多重战略一方面会促进长江经济带区域内原有的要素在上中下游间流动,形成新的要素配置格局,一方面会吸引长江经济带区域外的要素,特别是国外的要素流入经济带区域内,或者从经济带区域内流出到区域外,参与到新一轮的流动要素与非流动要素配置格局中。要素配置格局的形成与区域内不同类型产业的专业化分工具有直接的关联。从需求侧的视角,可以把区域发展的产业分为内需支撑型与外需融合型,内需支撑型产业主要面向国内市场的需求,参与国内价值链分工,外需融合型产业主要面向国际市场的需求,参与全球价值链分工。显然发展内需型与外需型产业对要素的配置要求存在差异。从供给侧的视角,又可以把区域发展的产业分为嵌入型与自发型,嵌入型产业是由外部规模化的要素流入所发展起来的产业,自发型产业是区域自身根据自有的要素禀赋自发形成的产业。显然不同要素的配置结构对不同类型产业专业化发展的影响不相同的。另一方面,不同类型的产业分工深化也会影响不同要素的配置结构的形成。这种相互影响的过程最终会形成不同的区域产业分工格局。

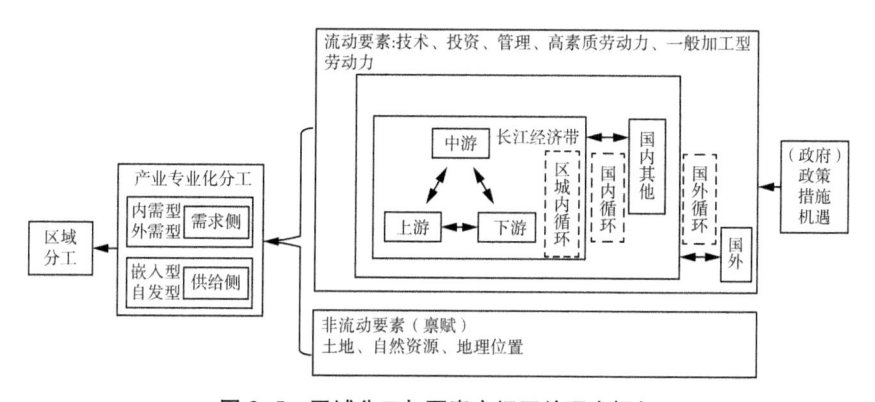

图 3-5　区域分工与要素市场开放研究框架

3.3　总结

本章围绕本书的研究内容,主要阐述了分工与创新、开放、绿色和协调发展的相关理论与数理模型结论。在理论与模型的基础上,构建了分工与发展问题研究框架,并将与长江经济带密切相关的四大国家战略加入研究框架,系统构建了本书的研究框架,为后文长江经济带区域分工与发展相关问题研究奠定理论基础。

第四章

长江经济带多重国家战略与区域分工

对多重国家战略下的长江经济带区域分工与发展问题进行研究,首先需要掌握长江经济带区域产业分工的现状与变化趋势,本章将从不同的视角测算各地区工业、服务业、功能专业化分工水平,着重考察多重国家战略实施后,区域专业化分工的演变特征,基于事实分析提出本章的研究假设。随后通过建立2组面板数据模型实证分析国家战略对长江经济带地区专业化分工的影响,为后文的研究奠定基础。本章内容安排如下:第一节介绍区域分工测算的方法与数据来源;第二节介绍长江经济带在多重国家战略下的区域产业分工特征性事实并提出研究假设;第三节构建面板数据模型实证分析国家战略对区域分工的影响;最后是本章总结与政策建议。

4.1 区域分工程度测度方法与数据来源

4.1.1 地区专业化水平与产业地方化水平

为了度量长江经济带各地区的专业化经济程度,理想的核算方法需要详尽的区际贸易数据,但按照中国的统计制度,较为完整的省际贸易数据很难获得(陈家海,1996)。因此,本书借助樊福卓(2007)的分析思路,首先假设:一、长江经济带处于封闭经济状态,没有对外经济联系;二、长江经济带各地区的需求结构是相同的。两个假设合并后,当地区间的产出结构存在差异,就会导致地区间贸易的发生,进而可以度量地区专业化水平和产业地方化水平[①]。

[①] 樊福卓(2007)同时也指出,一个国家实际的区际贸易水平是不存在封闭经济和需求结构一致假设的,因此,本章的两个假设只是为度量区域分工提供一个起点,其结果与实际的区际贸易水平并无必然的联系。

用 isi_i 表示地区 i 的专业化水平,反映地区 i 与其他地区间的产品与服务贸易相对规模,则有:$isi_i = \frac{1}{2}\sum_{k=1}^{K}\left|\frac{y_{ik}}{y_i}-\frac{y_k}{y}\right|$,其中,$y_{ik}$ 表示地区 i 产业 k 的产值,k 取值范围为 $[1,K]$,y 的范围为整个长江经济带。isi_i 值越大,代表地区 i 产业总体在区域中的专业化水平越高。

用 il_k 表示产业 k 的地方化水平,反映产业 k 发生的地区间贸易的相对规模,则有:$il_k = \frac{1}{2}\sum_{i=1}^{I}\left|\frac{y_{ik}}{y_k}-\frac{y_i}{y}\right|$,$il_k$ 值越大,代表产业 k 在区域中的地方化水平越高。

本节核算的产业范围包括工业与服务业,产业划分标准采用《国民经济行业分类标准》(GB/T 4754—2002),并且为保持统计口径的一致性,对 2012—2016 年产业数据按 2002 年标准合并或剔除,最终确定本章核算的包括 27 个工业部门和 6 个服务业部门。① 考虑到所涉数据的可得性,本章研究的数据范围为 2005—2016 年。工业销售产值数据来源于《中国工业统计年鉴》(2006—2017),服务业增加值数据来源于各地区统计年鉴(2006—2017)。

4.1.2 地区功能分工水平

基于 Duranton 和 Puga(2005)、Bade 等(2004)与苏红键和赵坚(2011)的思路,引用赵勇和白永秀(2012)的方法,以地区中"企业管理人员/生产人员"与长江经济带中"企业管理人员/生产人员"的比来测算地区功能分工,具体计算公式如下:

$$fs_i = \frac{\sum_{k=1}^{N}L_{ikm}/\sum_{k=1}^{N}L_{ikp}}{\sum_{k=1}^{N}\sum_{i=1}^{M}L_{ikm}/\sum_{k=1}^{N}\sum_{i=1}^{M}L_{ikp}}$$

其中,L 代表从业人数,m 代表管理人员,p 代表生产制造人员,i 代表地区,$i=1,2,\cdots,M$;k 代表地区中的产业,$k=1,2,\cdots,N$。若 $fs_i>1$,则表示在经济带范围内管理部门在该地区相对集中,表明该地区的功能专业化程度较

---

① 工业包括:煤炭开采和洗选业、石油和天然气开采业、黑色金属矿采选业、有色金属矿采选业、非金属矿采选业、农副食品加工业、食品制造业、饮料制造业、烟草制品业、纺织业、纺织服装、鞋、帽制造业、造纸及纸制品业、石油加工、炼焦及核燃料加工业、化学原料及化学制品制造业、医药制造业、化学纤维制造业、非金属矿物制品业、黑色金属冶炼及压延加工业、有色金属冶炼及压延加工业、金属制品业、通用设备制造业、专用设备制造业、交通运输设备制造业、电气机械及器材制造业、通信设备、计算机及其他电子设备制造业、仪器仪表及文化、办公用机械制造业、电力、热力的生产和供应业。服务业包括:批发和零售业、交通运输、仓储和邮政业、住宿和餐饮业、金融业、房地产业、其他行业。

高,反之,则较低。若 fs_i 趋于0,则表示该地区的生产制造部门集中程度非常高,表明该地区的功能专业化程度非常低。

考虑数据可得性,以研究范围内中高端服务业(含信息传输、计算机服务和软件业、金融业、房地产业、租赁与商务服务业、科学研究、技术服务和地质勘查业)的城镇单位从业人员数表示管理部门人员,以采矿业、制造业、电力、燃气及水的生产和供应业、建筑业的城镇单位从业人员数表示生产部门人员。考虑数据可得性,本节选取的时间跨度为2003—2018年,数据来源于《中国统计年鉴》(2004—2019)。

4.2 多重战略下区域分工特征性事实

4.2.1 多重战略下的地区专业化水平

1. 工业

现将长江经济带各地区2005—2016年的工业专业程度绘于图4-1,为示比较,长江经济带的西部地区以实线显示,中部地区以宽虚线显示,东部地区以细虚线显示。由图4-1可知,经济带内各地区的工业分工水平除四川外,上中下游间仍然存在鲜明的梯度差异。前文的理论分析框架阐明了专业化经济程度提高的正向重要作用,而长江经济带地区工业分工水平的分析显示,上海与江苏在加深,其余地区在以不同程度减弱。其中安徽与湖南弱化程度较大,其余地区弱化程度基本相当。可能是受政策、要素、资源等因素影响,下游沿海地区部分产业正在逐步地向中西部地区转移,促使中西部的部分地区逐渐形成了互为相似的产业格局,造成工业专业化水平普遍下降。但这种下降并非表明地区产业在逆专业化发展,更可能的原因是处于工业化初期向工业化中后期演变,是产业专业化发展的必经阶段。上海与江苏通过强化地区间主导产业的区分与凝聚,削弱了与其他地区间的产业同构现象,形成了一定的产业差异化、多样化发展格局,进而呈现出地区专业化水平不断提升的趋势。

当重点关注时间节点后发现,西部地区随时间演化差异最大。重庆最先于2007年呈现显著变化,后又与四川在2011年发生转折,贵州在2013年后才开始呈现显著的变化;中部地区大致在2007—2013年期间发生了显著的变化,东部地区呈显著变化的只有上海,在2013年以前一直逐年稳步上升。长江经济带各区域工业专业化程度的演化存在时间差异,影响因素是多方面的,包括地区要素禀赋、产业基础设施、地理位置等,本处则主要考虑国家战略的影响。在本节的考察期内,长江经济带内中西部地区的工业专业化程度变化更为显著,可能的原因是在测算区间内,中西部地区正在实施西部大开发战略(2001年出台)与中部崛起战略(2004年出台)。长三角一体化上升至国家战略虽是在2019年,但长三角一体化理念的提出可追溯至2010年《长江三角洲地区区域规划》的批准实施。但是即便在2010年以后,东部地区的工业专业化程度也未出现类似中西部地区的鲜明变化。另一方面,重庆作为西部最早参与经济带工业分工的地区,当呈现出显著成效时,西部大开发战略已实施了6年;中部地区呈现参与到区域工业分工的成效时,中部崛起战略已实施了3年。考虑到国家战略或政策实施的成效具有一定时滞性,"一带一路"倡议(2013年)、长江经济带战略(2016年)两个战略对区域内东部及中西部地区的工业专业化程度影响的现实叠加效应较大程度上在本节中尚难以体现。

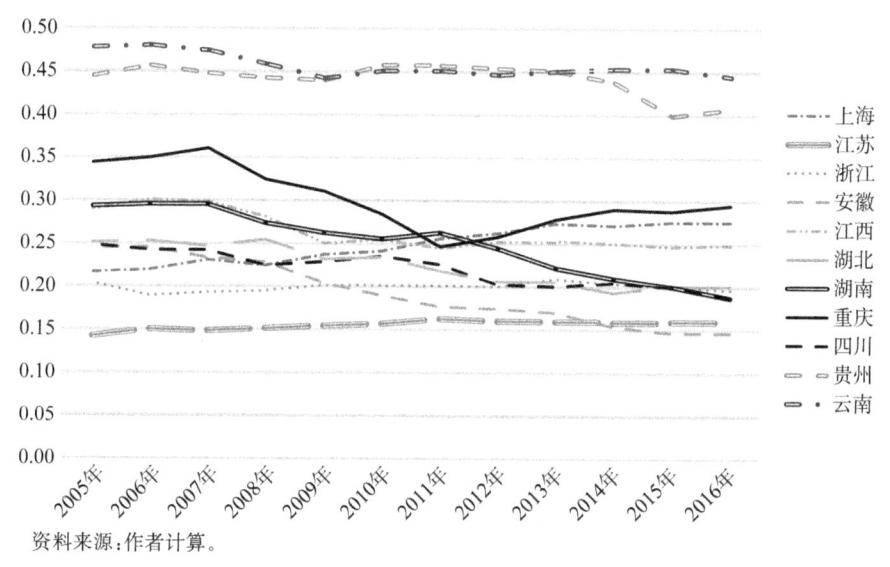

图4-1 长江经济带工业分工水平(2005—2016年)

资料来源:作者计算。

2. 服务业

现将长江经济带各地区2005—2016年的服务业专业化程度绘于图4-2,同样为示比较,长江经济带的各区域显示与图4-1相同。由图4-2可知,2005—2016年间,相比工业分工水平,经济带内各地区的服务业分工水平整体低于工业,均在0.2以内,且不存在显著的上中下游间梯度差异。值得关注的是,分工深化涉及东中西部5个省市,包括上海、湖南、重庆、贵州和云南。

当重点关注时间节点后发现,与工业相比,各地区的服务业专业化程度变化幅度更大,地区差异也更显著,不同的是东部地区也存在显著变化。中西部地区最早,大致在2007年及2010年前后出现拐点,此时西部大开发战略实施了6年;中部地区居中,大致在2008—2013年期间呈现显著变化,此时中部崛起战略实施了4年;东部地区最晚,在2010—2015年期间呈现显著变化,此时长三角一体化战略开始实施。

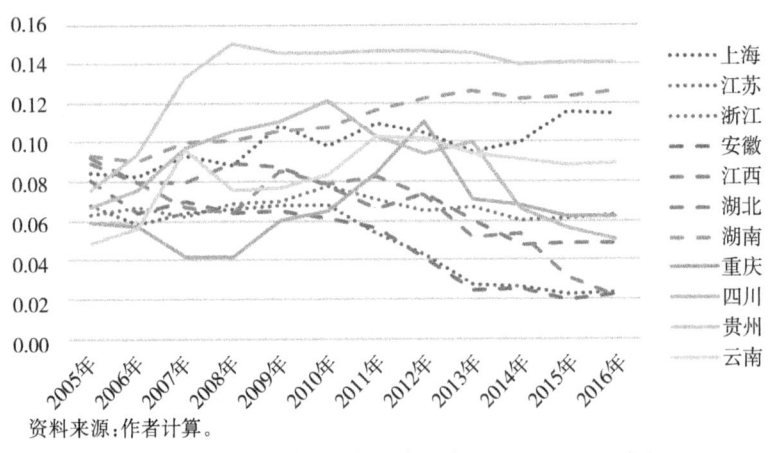

图 4-2　长江经济带服务业分工水平(2005—2016 年)

4.2.2　多重战略下的产业地方化水平

1. 工业

将长江经济带工业地方化水平 2005 年、2016 年截面数据列于表 4-1。整体看,长江经济带 2005 年有 8 个细分产业的地方化水平在 0.3 以上,其余均低于 0.3。在高于 0.3 的产业中,只有 i9、i16、i25 不属于采选业。至 2016 年,有 9 个产业高于 0.3,高于 0.3 的产业中增加了 i18、i26,减少了 i25。在 2005—2016 年间,下降幅度超过 20% 的产业有 i25、i13、i20、i18、i15,上升幅度超过 20% 的有 i16、i8、i26、i24、i17、i22。一方面表明,资源密集型、技术密集型产业趋于在特定地区聚集,专业化程度呈加深趋势;另一方面表明,劳动密集型、资本密集型产业趋于在不同地区扩散,专业化程度呈减弱趋势。

表 4-1　长江经济带工业地方化水平 2005 年、2016 年截面数据(含重化工业)

产业部门	产业序号	2005 年	2016 年	提高(%)
专用设备制造业★	i22	0.082 9	0.150 9	81.97

续表

产业部门	产业序号	2005 年	2016 年	提高（%）
非金属矿物制品业★	i17	0.122 9	0.210 2	71.02
仪器仪表及文化、办公用机械制造业★	i26	0.186 0	0.309 4	66.29
电气机械及器材制造业★	i24	0.136 4	0.195 1	43.05
饮料制造业	i8	0.286 4	0.400 3	39.75
化学纤维制造业★	i16	0.363 7	0.457 0	25.63
有色金属冶炼及压延加工业★	i19	0.243 9	0.286 1	17.30
黑色金属矿采选业★	i3	0.461 8	0.535 4	15.93
石油和天然气开采业★	i2	0.660 4	0.764 5	15.76
食品制造业	i7	0.209 8	0.241 8	15.20
电力、热力的生产和供应业★	i27	0.170 6	0.194 6	14.09
非金属矿采选业★	i5	0.312 0	0.351 5	12.67
农副食品加工业	i6	0.243 7	0.263 8	8.29
化学原料及化学制品制造业★	i14	0.101 0	0.100 1	−0.92
煤炭开采和洗选业★	i1	0.594 4	0.579 3	−2.55
通用设备制造业★	i21	0.141 5	0.136 7	−3.43
纺织服装、鞋、帽制造业	i11	0.237 1	0.228 9	−3.44
交通运输设备制造业★	i23	0.218 8	0.210 4	−3.84
有色金属矿采选业★	i4	0.653 0	0.614 7	−5.87
烟草制品业	i9	0.443 5	0.413 4	−6.79
造纸及纸制品业	i12	0.142 4	0.120 9	−15.09
纺织业	i10	0.289 7	0.242 7	−16.21
黑色金属冶炼及压延加工业★	i18	0.142 6	0.109 1	−23.50
石油加工、炼焦及核燃料加工业★	i13	0.218 8	0.142 7	−34.75
通信设备、计算机及其他电子设备制造业★	i25	0.343 6	0.205 6	−40.16
医药制造业★	i15	0.133 6	0.068 9	−48.42
金属制品业★	i20	0.163 0	0.081 7	−49.86

数据来源：作者计算。
注：★表示为重化工业。

2. 服务业

将长江经济带服务业地方化水平2005年、2016年截面数据列于表4-2。整体看，与工业地方化水平不同的是，长江经济带2005年、2016年没有产业的地方化水平在0.3以上。2005—2016年间，所有6个产业部门的地方化水平均在下降，最大降幅达到84.35%。说明服务业的专业化分工水平要远低于工业，并且伴随着中上游地区内需的不断扩大，服务业的专业化分工水平正趋于产业同构，专业化程度减弱。但是与前文服务业地区专业化的结论相悖的是，长江经济带中5省市的服务业整体分工程度呈反向的加深趋势，较为合理的解释为：在多种因素的推动下，长江经济带各地区的6种服务业虽然都在快速发展，呈现片地开花的扩散效应，但其中有5个地区的服务业发展速度更快、规模更大、重点更突出，进而形成服务业整体地方化水平下降与部分地区专业化水平上升同时并存的现象。

表4-2 长江经济带服务业地方化水平2005年、2016年截面数据

产业部门	产业序号	2005	2016	提高(%)
房地产业	i32	0.130 6	0.078 4	−39.97
批发和零售业	i28	0.107 0	0.061 8	−42.27
住宿和餐饮业	i30	0.252 4	0.123 8	−50.96
金融业	i31	0.185 5	0.088 1	−52.51
交通运输、仓储和邮政业	i29	0.231 8	0.092 7	−60.01
其他行业	i33	0.216 2	0.033 8	−84.35

数据来源：作者计算。

4.2.3 多重战略下的地区功能分工水平

1. 省市层面

利用长江经济带的相关数据测算各地区功能分工水平，绘于图4-3。由图4-3可知，除江苏、安徽、江西和云南外，其他地区的功能分工水平都在提升。上海及湖南以西的地区功能分工水平较高，上海、重庆、四川和贵州功能分工水平提升幅度较大。可能的原因主要有两个，一是受产业结构优化升级的影响，既定的地区就业人员从生产制造岗位向管理服务岗位转移，造成地区功能分工水平的普遍提升；二是地区利用自身的发展优势，相对多地虹吸周边地区的管理服务人员，造成地区间此消彼长的功能分工水平变化。而江苏等地功能分工水平的下降，一方面可能是由于培养和吸纳周边区域管理人

员、推动产业结构升级等方面成效不显著;另一方面可能是由于作为下游沿海地区的产业转出地,安徽和江西正在承接部分制造业产业转移,进而吸纳了相关生产人员。

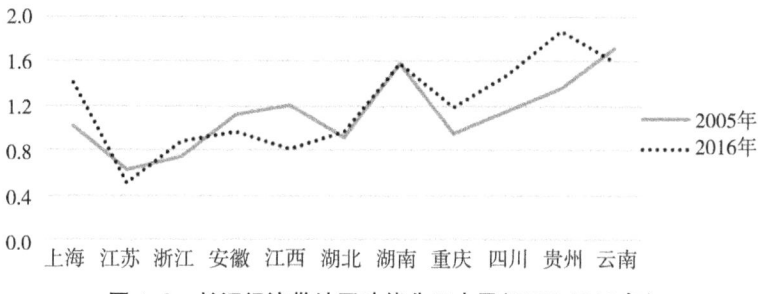

图 4-3　长江经济带地区功能分工水平(2005、2016 年)

2. 城市群层面

进一步将长江经济带按三大城市群分析区域的功能分工水平,绘于图 4-4。由图 4-4 可知,长三角的功能分工水平始终处于三个城市群中的最低水平,且一直保持在 0.8 上下浮动,说明从整体看,长三角仍然是长江经济带最重要的制造业集聚区,向服务经济转型的产业结构优化成效不够突出。与长三角不同的是,自西部大开发战略实施的第 3 年(2003 年)开始,成渝地区的功能分工水平便在持续小幅提升,至 2010 年超越中游,成为三大城市群中功能分工水平最高的区域。不仅如此,成渝地区从"一带一路"倡议提出的当年(2013 年)开始进入快速提升阶段,逐渐与中游地区拉开差距。相应的,中游地区的功能分工水平自中部崛起战略实施的第 4 年(2008 年)开始逐渐下降。2013 年之后,成渝地区与中游地区之间所呈现的此消彼长竞争关系,一方面可能是由于地理位置临近等原因,成渝地区虹吸了中游地区的管理从业人员,推动成渝地区功能分工水平的相对提升;另一方面可能是由于中游在承

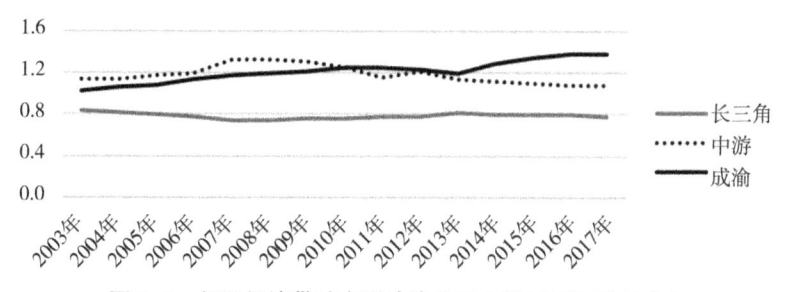

图 4-4　长江经济带城市群功能分工水平(2005、2016 年)

接来自下游的制造业产业转移,增加了大量的生产从业人员,造成中游地区功能分工水平的相对下降。

4.2.4 提出研究假设

前文分析了国家战略可能对地区专业化分工程度产生的影响,但并不能据此作因果推断,为了准确评估在地区专业化分工过程中,政府区域性发展战略的作用,现结合前文的分析提出本章的研究假设。

(1)将地区工业、服务业与功能分工可能受战略影响进行横向比较,可以发现相比服务业与城市功能分工,国家战略对地区工业专业化分工影响产生成效的时滞性相对更长,例如西部地区重庆、四川和贵州三地的工业专业化分工初显成效,是在实施西部大开发战略之后的6年、10年和12年,服务业专业化分工初显成效,普遍是在实施西部大开发战略之后的6年。可能的原因是,相比服务业,工业在发展专业化生产过程中,受产业转移、生产设施、资源禀赋等因素的影响较大。承接产业转移或自发形成产业专业化、规模化生产,都需要设备、产业配套设施等较长时间的积累。而服务业的专业化生产主要依赖人才、资金与健全的市场,其中人才与资金的积累时间相对较短。

基于此,提出假设1:相比服务业,国家战略对地区工业专业化分工影响产生成效的时滞性相对更长。

(2)综合比较不同战略对长江经济带各区域专业化分工的影响程度,可以发现,国家战略对中西部地区专业化分工的影响程度相对更深,例如东中西部地区工业专业化水平在战略实施期间变化率依次平均为12.13%、−27.71%、−13.41%,服务业专业化水平变化率依次平均为−9.94%、−40.28%、37.47%,可能的原因是,相比东部地区,中西部地区在国家战略实施前的产业基础薄弱,经济发展相对落后,人才与劳动力流失严重,伴随不同国家战略的相继出台与实施,政策、资金、大型基建项目向中西部地区倾斜,推动了中西部地区成效显著的承接产业转移、布局重点产业、发展地方经济。而东部地区相反,经济快速、领先发展主要来自地区的产业专业化,产业发展基础已经较为成熟、产业发展资源较为丰富,国家战略虽有一定推动作用,但难以呈现显著成效。

基于此,提出假设2:相比东部地区,国家战略对中部地区专业化分工的影响程度相对更深。

4.3 国家战略对区域分工影响的实证检验

4.3.1 计量模型设定

为检验假设4.1与假设4.2,选取国家战略作为影响地区专业化分工程度的主要解释变量。同时结合前文的理论分析框架,选取不同性质要素流动作为影响地区专业化分工程度的控制变量,故设定计量模型如下:

$$\lambda_{it} = \gamma_0 + \eta'_{it}\gamma + e_i + \nu_{it}$$

其中,λ_{it} 分别表示地区 i 时间 t 的工业分工水平($gisi$)、服务业分工水平($fisi$)、地区功能分工水平(fs),η'_{it} 为一系列解释变量,γ 为相应系数,e_i 为个体效应,ν_{it} 为残差。

4.3.2 变量说明与模型检验

1. 变量说明

国家战略变量:前文事实分析表明,国家战略对各区域专业化分工的影响作用显现可能存在3年或5年左右的滞后期,故分别设定滞后3年和滞后5年2个虚拟变量。由于西部大开发战略、中部崛起战略与长三角一体化战略的实施基年分别为2000年、2004年与2010年,因此长江经济带西部地区在已有数据范围内战略变量均为1;中部地区分别自2007年、2010年开始,滞后3年与滞后5年的战略变量为1,其余为0;东部地区分别自2013年、2015年开始,滞后3年与滞后5年的战略变量为1,其余为0。

要素流动变量:借用区位熵的计算方法来考察各种产业资源配置情况。选取地区矿产资源(mr)作变量,以地区石油、天然气、煤炭、铁矿、锰矿、铬矿、钒矿、原生钛铁矿储量之和在经济带中的比重与地区国内生产总值在经济带中的比重之熵来衡量;选取户籍人口数(pop)作变量,分别以户籍人口总数在经济带中的比重与地区GDP在经济带中的比重之熵来衡量;选取管理人员数(mq)作变量,以地区交通运输、仓储和邮政业及前文5个中高端服务业城镇单位就业人员总数在经济带中的比重与地区GDP在经济带中的比重之熵来衡量;选取服务人员数(tsq)作变量,以地区批发和零售业、住宿和餐饮业城镇单位就业人员总数在经济带中的比重与地区GDP在经济带中的比重之熵来衡量;选取资本存量(sok)作变量,以2005年价格计算的资本存量在经济带中的比重与地区 GDP 在经济带中的比重之熵来衡量,其中资本存量根据张军等(2004)提出的"永续盘存法"估算可比价格的每年资本存量,计算公式为 $K_{i,t}=I_{i,t}+(1-\delta)K_{i-1,t-1}$,使用以 2005 年不变价格计算的各省历年固定资本形成总额作为新增投资 $I_{i,t}$,δ 为经济折旧率,设定为 9.6%;选取技术进步率(tfp)作变量,采用序列 DEA 方法运用 Malmquist 生产率指数测算,其中资本和劳动的产出弹性 α_K、α_L 分别使用郭庆旺等(2005)计算结果:0.69 和 0.31,软件采用 DEAP 2.1。

地方保护变量:选取市场分割指数(seg)作为变量,参照张杰等(2010)、吕越等(2018)计算方法,采用 10 类商品的环比价格指数计算各省市的市场分割指数,后对各区域所含省市的市场分割指数进行加权平均得到区域的市场分割指数;选取财政预算支出($govs$)作变量,以地区财政预算支出在经济带中的比重与地区国内生产总值在经济带中的比重之熵来衡量。

基础设施变量:衡量城市群经济发展所需的物流、人流城际交通网建设,选取地区货物周转量($gtran$)、旅客周转量($ptran$)作变量,分别以地区货物周转量、旅客周转量在经济带中的比重与地区 GDP 在经济带中的比重之熵来衡量。

相关变量描述性统计报告于表 4-3。

表 4-3　国家战略对区域分工影响的模型相关变量描述性统计

变量	均值	标准差	最小值	最大值	观测值
$stra3$	0.757 8	0.430 2	0.000 0	1.000 0	132
$stra5$	0.651 5	0.478 3	0.000 0	1.000 0	132
$gisi$	0.268 9	0.096 1	0.142 1	0.480 1	132
$fisi$	0.080 1	0.030 6	0.019 3	0.150 7	132
fs	1.167 1	0.337 0	0.508 4	1.864 1	132
mr	1.168 3	2.448 0	0.000 0	8.331 0	132
pop	1.266 2	0.619 9	0.207 9	2.726 2	132
mq	1.113 4	0.314 0	0.541 6	2.132 1	132
tsq	1.143 7	0.469 4	0.505 6	2.616 0	132
sok	1.010 2	0.107 5	0.796 1	1.465 6	132
tfp	0.991 1	0.043 0	0.766 6	1.106 0	132
seg	0.000 4	0.000 3	0.000 0	0.001 5	132
$govs$	1.176 6	0.382 6	0.628 6	2.151 5	132

续表

变量	均值	标准差	最小值	最大值	观测值
gtran	1.021 8	0.901 0	0.319 1	4.089 2	132
ptran	1.159 5	0.511 3	0.159 6	2.092 5	132

资料来源：作者利用 STATA 软件计算。

2. 模型检验

对各组模型先做固定效应模型回归，回归结果显示：9组模型 F 检验的结果均通过了显著性检验，说明模型存在显著的个体效应，进一步对模型进行 Hausman 检验，其中 6 组通过 Hausman 检验，选择固定效应模型，3 组未通过，选择随机效应模型。表 4-4 报告了战略与产业资源对不同分工水平影响的回归结果。

4.3.3 回归结果分析

1. 国家战略对不同产业专业化影响的时滞性

由表 4-4 可知，国家战略滞后 5 年对整个长江经济带工业专业化程度影响显著，滞后 3 年对整个长江经济带地区功能分工程度影响显著，这一回归结果在一定程度上可以验证假设 1，即国家战略对地区工业专业化分工影响产生成效的时滞性相对更长。当区分东部与中部后的回归结果显示，国家战略滞后 3 年对长江经济带东部地区的工业专业化程度影响显著，滞后 5 年对长江经济带中部地区的工业专业化程度影响显著；滞后 5 年对长江经济带东部地区功能分工程度、中部地区服务业专业化程度影响显著。上述结论细化了假设 1，即国家战略对经济欠发达地区的工业、服务业专业化程度影响产生成效的时滞性都相对更长，对经济较发达地区的功能分工程度影响产生成效的时滞性相对更长。

2. 国家战略对不同区域专业化影响的程度

由表 4-4 可知，时滞 3 年的国家战略对东部工业专业化程度的影响弹性为 －0.010 5，时滞 5 年的国家战略对中部工业专业化程度的影响弹性为 －0.027 5。不论是时滞 3 年还是时滞 5 年，国家战略对东部服务业专业化程度的影响均不显著，而时滞 5 年的国家战略对中部服务业专业化程度的影响弹性为 0.018 4；时滞 5 年的国家战略对东部功能分工专业化程度的影响弹性为 －0.121，但不论是时滞 3 年还是时滞 5 年，国家战略对中部功能分工专业化程度的影响均不显著。上述回归结果在一定程度上可以验证假设 2：相比东部地区，国家战略对中部地区专业化分工的影响程度相对更深，但这一结论只限于对地区工业与服务业专业化分工的影响。

表4-4 国家战略对区域分工影响的面板数据模型回归结果

解释变量	长江经济带 gisi	长江经济带 fisi	长江经济带 fs	东部 gisi	东部 fisi	东部 fs	中部 gisi	中部 fisi	中部 fs
回归方法	FE	FE	FE	FE	RE	RE	FE	RE	FE
stra3	0.000 7 (0.005 8)	−0.008 8 (0.005 8)	0.094 1*** (0.031 6)	−0.010 5* (0.005 5)	−0.011 8 (0.009 3)	0.064 9 (0.066 5)	0.009 1 (0.006 2)	0.006 3 (0.008)	0.073 9 (0.045 6)
stra5	−0.011 6* (0.005 9)	0.002 9 (0.005 9)	−0.031 3 (0.032)	−0.005 3 (0.004 3)	0.001 8 (0.008 7)	−0.121* (0.062 4)	−0.027 5*** (0.007)	0.018 4** (0.009)	−0.078 4 (0.050 9)
控制变量	包含	包含	包含	包含	包含	包含	包含	包含	包含
常数项	0.256*** (0.059)	0.105* (0.059 5)	0.585* (0.322)	0.389*** (0.096 4)	−0.173 (0.131)	−0.243 (0.943)	0.534*** (0.145)	0.18 (0.145)	1.231 (1.059)
F检验	26.36*** (0.000 0)	13.71*** (0.000 0)	38.05*** (0.000 0)	15.60*** (0.000 1)			11.23 (0.000 0)		9.47 (0.000 1)
Hausman	42.48*** (0.000 0)	70.69*** (0.000 0)	20.09* (0.065 3)	10.84*** (0.000 0)	18.21 (0.109 4)	14.77 (0.254 0)	42.89*** (0.000 0)	9.21 (0.685 1)	33.01*** (0.001 0)
N	132	132	132	36	36	36	48	48	48
R^2	0.645	0.337	0.518	0.928			0.926		0.672

注：***、**、*分别代表回归系数在1%、5%、10%水平下通过显著性检验，括号内为p值。

资料来源：作者利用STATA软件计算。

3. 国家战略对不同产业专业化的作用方向

由表4-4可知,国家战略对整个长江经济带以及东部、中部地区的工业专业化程度影响:对东部地区功能分工程度均是负向的;对整个长江经济带地区功能分工程度、中部地区服务业专业化程度影响是正向的。上述回归结果表明,国家战略的出台与实施制约了长江经济带各个区域工业专业化分工、东部地区功能分工的深化,但促进了长江经济带其他地区的功能分工、中部地区服务业专业化分工的深化。

4. 回归结果的原因分析

国家战略对不同产业专业化影响的时滞性不同,可能的原因是,长江经济带中经济欠发达地区的产业基础条件一直相对薄弱、不完善,国家战略的实施,首先是在经济欠发达地区构建起基本的产业体系,例如大力发展基建、积极引入产业链上下游企业等,这些项目需要耗费较长的时间,故战略显现成效相对较慢。经济较发达地区的产业基础条件完善,国家战略的实施重点不在于构建产业体系,而在于优化、升级产业体系,产业局部调整的时间周期较短,故战略显现成效相对较快。但国家战略对经济较发达地区功能分工程度影响的时效性较长,说明经济较发达地区尚未完全将工业的发展重心转移至服务业,国家战略的推进作用稍显有限。

国家战略对不同区域专业化影响的程度不同,可能的原因是,在缺乏内生产业发展比较优势的前提下,国家战略对长江经济带中经济欠发达地区的推动,能够更有效地构建与完善区域相关产业链与产业体系。

国家战略对不同产业专业化的作用方向不同,可能的原因是,针对不同区域的国家战略相继出台与实施,推动了长江经济带工业由东部经济发达地区向中西部经济欠发达地区转移,中西部地区在工业发展初期,主要只能依靠模仿来推进产业发展,造成当前发展阶段各地区普遍存在工业同构现象,区域工业分工程度趋于弱化,这可能是长江经济带工业分工发展所必须经历的一个阶段,为后期的各区域工业专业化发展奠定必要的产业基础与技术储备。

4.4 总结与政策建议

本章首先分别测算了各地区工业、服务业、功能专业化分工水平,结果显示经济带内各地区的工业专业化程度除四川外,上中下游间仍然存在鲜明的梯度差异,上海、江苏的工业分工水平在加深,其余地区在以不同程度减弱。

相比工业专业化，服务业专业化程度普遍低于工业，不存在显著的上中下游间梯度差异，分工深化的地区涉及更多；地区功能分工程度除江苏、安徽、江西和云南外的地区都在提升。但是按三大城市群分析，长三角的功能分工水平始终处于三个城市群中最低水平，成渝城市群从2013年开始进入快速提升阶段，与中游城市群之间所呈现的此消彼长竞争关系。结合各区域相关国家战略出台时间，发现西部大开发战略对西部的分工专业化的影响可能在2007年、2010年、2013年三个年度节点显现，中部崛起战略对中部的分工专业化影响可能在2007年、2013年两个年度节点显现，长三角一体化战略对西部的分工专业化的影响可能在2013年、2015年两个年度节点显现。

结合理论与事实分析，本章提出2个研究假设，通过建立2组面板数据模型分别进行实证检验，结果显示：国家战略对经济欠发达地区的工业、服务业分工程度产生成效的时滞性都相对更长，对经济较发达地区的功能分工程度产生成效的时滞性相对更长。相比东部地区，国家战略对中部地区工业与服务业分工的影响程度相对更深。国家战略的出台与实施制约了地区工业、东部地区功能分工的深化，但促进了其他地区的功能分工、中部地区服务业分工的深化。

在多重国家战略背景下，为推动长江经济带形成整体"一盘棋"的区域产业错位分工与协同分工格局，成为中国创新活力迸发的黄金经济带与东中西互动合作的协调发展带，本章的启示有：(1) 相比东部地区，国家战略不仅应重点在中西部地区布局，而且应该重点向工业倾斜，向区域中心城市的现代服务业倾斜。中西部地区不仅需要警惕重商轻工的产业发展趋势，也要警惕因外资流入形成的工业规模快速增长的假象，积极发展自主可控的制造业。(2) 对于东部地区，可将战略实施重点放在推进区域工业的转出与生产性服务业的发展上，深化区域功能分工，为构建世界级城市群、全球总部经济奠定良好坚实的产业基础；(3) 为使各区域尽可能同步达成战略目标，实施战略的区域顺序可考虑自西向东、递进式推进。

第五章

长江经济带区域分工与创新发展

习近平总书记先后三次召开座谈会,为长江经济带发展谋篇布局、把脉定向。他曾强调要"坚定不移贯彻新发展理念","塑造创新驱动发展新优势",使长江经济带成为"引领经济高质量发展主力军"。然而,近年来受全球新冠疫情影响及国际贸易环境变化,国内企业的生存环境面临巨大挑战,宏观现实虽然不利于中国企业创新,但是更以前所未有的态势迫切要求中国企业创新。在这样的背景下,长江经济带辖内的各级地方政府围绕绿色高质量发展主动出击、积极作为,以技术创新、产业创新、金融创新、制度创新等赋能绿色高质量发展。

5.1 创新驱动成发展新优势

5.1.1 绿色技术成创新主引擎

在湖北武汉,位于东湖高新区的长飞公司已经发展成为全球唯一掌握三大主流预制棒制备技术并成功实现产业化的企业,企业已累计申请800多项国内外专利,专利申请量、授权量在光纤光缆行业遥遥领先。在湖南资兴,东江湖大数据中心里的3 000多个机架上高速运转着5万多台服务器,每个机架一年节省电耗1万度,相当于电费7 000元。在江苏常州,旭荣针织印染有限公司在生产线中的各个环节寻找"节能减排"的突破口,先后投入研发资金3 429万元,推出高效节能水洗机、太阳能预热水装置及污水余热回收等节能环保改造项目。在江苏苏州,亨通光导新材料有限公司自主开发了适用于光棒制造的能源环境管理系统,实现制造进度、质量、能耗等生产全过程"一目了然"。在江西南昌,江西水电积极开展"下边坡零扰动的施工方法"等专利申请,为项目建设提质增效提供科技支撑。2022年上半年,江西水电接连中标多个十亿级新能源项目。

2021年,长江经济带11省市共有获批国家级绿色工厂662家、占全国39%,绿色供应链管理企业43家、占全国40.2%,绿色设计产品436个、占全国44%。通过绿色制造示范企业创建、绿色设计产品开发,以点带面推进制造体系核心支撑单元的绿色创新。在被认定的国家绿色设计产品中,江苏、浙江、安徽与湖南四省份的产品占78.4%,湖北、重庆不足10个;从产品涉及的门类分析,浙江跨度最大,涵盖46个产品门类,安徽、江苏、湖南分别涵盖44个、34个、24个,四个省份产品涵盖不及4个门类,反映出经济带内部在绿色设计产品的总量、结构方面均存在较大不平衡。值得关注的是,工业强省广东有316件产品被认定,占全国总数的32%,超过江苏、浙江、安徽三省之和,涵盖30个产品门类,其中在印制电路板这一产品类别中,有111个产品被认定,说明广东的产业门类虽不及长三角齐全,但广东能在特定产业门类下以绿色发展精耕细作,值得长三角借鉴。

5.1.2 绿色产业成升级新方向

绿色创新不仅涉及企业个体,还应全面审视整个产业链体系及企业间的协同关联。建立产业链循环共生网络,推动物质和能源在产业链间闭路循环流动,是实现制造业产业链低碳转型的关键。2021年,长江经济带11省市共有获批国家级绿色园区28个、占全国53.8%,通过绿色产业园区培育,初步构建绿色制造产业体系。

湖南汨罗循环经济产业园,围绕产业共生规律及特征,通过对产业链中静脉企业和动脉企业进行精准定位和匹配,充分发挥产业链协同创新效应,形成了完整的再生资源综合利用产业集群,园区再生资源循环利用率达到90%以上,生活垃圾和工业固体废物综合利用率达到95%以上。

位于无锡高新区的江苏首个零碳科技产业园,培育了以博世、施耐德为代表的"灯塔工厂""绿色工厂"典范,打造了国内领先的光伏、动力电池、氢能源产业链条和节能环保、新能源产业集群。"十三五"期间,园区GDP增长35%,单位GDP能耗下降18%,万元GDP能耗及二氧化碳排放达到发达国家水平。

5.1.3 绿色金融成改革新领域

发展绿色金融是推动当前我国经济金融结构调整,实现经济和环境可持续发展的必然路径,是我国金融领域的一场创新与变革。

2021年10月,《上海加快打造国际绿色金融枢纽服务碳达峰碳中和目标的实施意见》正式发布。围绕一个"碳"字,上海的金融机构在绿色信贷、绿色保险方面不断创新,在股权、期货、指数等金融基础设施方面积极创新,支持绿色企业转型发展。2022年6月22日,上海通过《上海市浦东新区绿色金融发展若干规定》,提出"绿色项目库"概念,通过开展科学论证将绿色企业、绿色项目、绿色技术等入库,更好地促进绿色产融对接,发挥绿色产融协同作用。

2021年以来,湖北在碳金融领域推出多项具有首创性的碳金融产品,发放了全国首笔碳排放权质押贷款、可再生能源补贴确权贷款、新能源汽车积分收益权质押贷款等。湖北还积极做大多层次绿色金融市场规模,首创5支碳基金。2022年3月,作为全国落地的首批"绿保贷"业务,发放绿色企业保证保险贷款800万元。截至2021年末,湖北省绿色贷款余额7 015.33亿元,比年初增长27.81%,总量居中部六省首位。

截至2022年2月,作为国家绿色金融改革创新试验区的江西赣江新区推出创新成果22项,其中6项为全国"首单首创"。依托产业现状、规划,研究制定具有新区地方特色的绿色金融标准体系,出台《赣江新区绿色企业认定评价办法》、《赣江新区绿色项目认定评价办法》和《赣江新区企业环境信息披露指引》等文件,发布全国首个绿色票据标准、创新首个绿色信托成果等专项标准。

5.1.4 绿色新政成增长新引擎

实施"绿色新政",是以技术革命为核心的新一轮工业革命,目的是将发展绿色经济作为新的增长引擎,谋求确立一种长期稳定增长与资源消耗、环境保护"绿色"关系的新经济发展模式。

2021年6月,上海率先发布《上海市绿色制造体系建设实施方案(2021—2025年)》《上海市工业和通信业节能降碳"百一"行动计划》,明确"十四五"期间以"3+6"重点产业为引领,以绿色金融创新为支撑,以龙头企业供应链管理为推手,启动创建30家零碳示范工厂、5家零碳示范园区,形成跟跑效应。2022年4月,江苏发布《关于深入推进绿色认证促进绿色低碳循环发展的意见》,旨在以碳达峰碳中和目标为引领,增加绿色产品和服务供给,引导绿色生产和绿色消费,建立健全绿色低碳循环发展的经济体系,促进经济社会发展全面绿色转型。同月,江西率先相继出台关于碳达峰碳中和的实施意见、方案、决定文件各1项,此外重点行业领域专项方案即将印发实施,各个支撑保障措施加快制定,构建碳达峰碳中和"1+N"政策体系。2022年6月,湖南印发《湖南省制造业绿色低碳转型行动方案(2022—2025年)》,将工业清洁生产列入全省制造业高质量发展十大工程之一,提升湖南省清洁生产技术的研发投入力度和成果产出效率。7月,重庆发布《以实现碳达峰碳中和目标为引领深入推进制造业高质量绿色发展行动计划(2022—2025年)》。

此外,为贯彻落实国务院于2021年2月发布的《关于加快建立健全绿色低碳循环发展经济体系的指导意见》,2021年10月起,重庆率先,云南、江苏紧随其后相继发布了各自省内的加快建立健全绿色低碳循环发展经济体系行动计划、实施意见。2021年12月国家发布《"十四五"节能减排综合工作方案》(后文简称《方案》)后,2022年7—8月,安徽、四川、浙江相继发布相对应的工作方案,浙江在《方案》中建立经济社会宏观以单位GDP能耗、中观以工业增加值能耗、微观以行业能效技术标准为重点的能效创新技术体系。

长江经济带多数省份不仅对国家主导政策积极、快速响应,而且能结合自身的发展重点创新适应地方特色的地域性政策,但仍有些地方政府在节能降碳减排的顶层制度、政策设计上稍有迟缓,可看出地方政府间在执政效率上的差异。

5.2　城市间创新创业水平

为深入考察长江经济带各地区的创新创业水平,报告从中国区域创新创业指数(城市)[①]中提取长江经济带108个地级以上城市数据,利用Arcgis10.2作图进行比较分析。

为呈现2003—2020年期间长江经济带城市创新水平逐渐提升的动态趋势,图5-1刻画了长江经济带各城市创新指数的时序变化。2003年,长江经济带城市创新指数均值为49.5,有67个城市未超过均值,主要集中在中上游地区,有41个城市超过均值,主要集中在下游地区、中上游地区的省会城市以及中上游地区的中型城市,如马鞍山、宜昌、岳阳、绵阳等;2009年,创新指数均值提升到61.9,有62个城市未超过均值,包括重庆与浙江的衢州、丽水,41个城市未超过2003年均值,全部集中在中上游地区;2014年,长江经济带创新水平进一步提升,创新指数均值达到79,所有城市的创新指数均超过2003年均值,有57个城市未超过2014年均值,低于60的8个城市分布在四

---

① 中国区域创新创业指数(城市)由北京大学国家发展研究院与龙信数据研究院联合开发,能够客观反映中国城市层面创新创业活动。

川、湖南、湖北和云南境内;到2020年,创新指数均值提升到91,最低为湖北随州。总体看,观测区间内四个阶段的创新指数均值一直以超过15%的速度高速提升,地区间创新水平的差距也在不断缩小,说明生态优先、绿色发展的战略未制约长江经济带各城市的创新力增长。

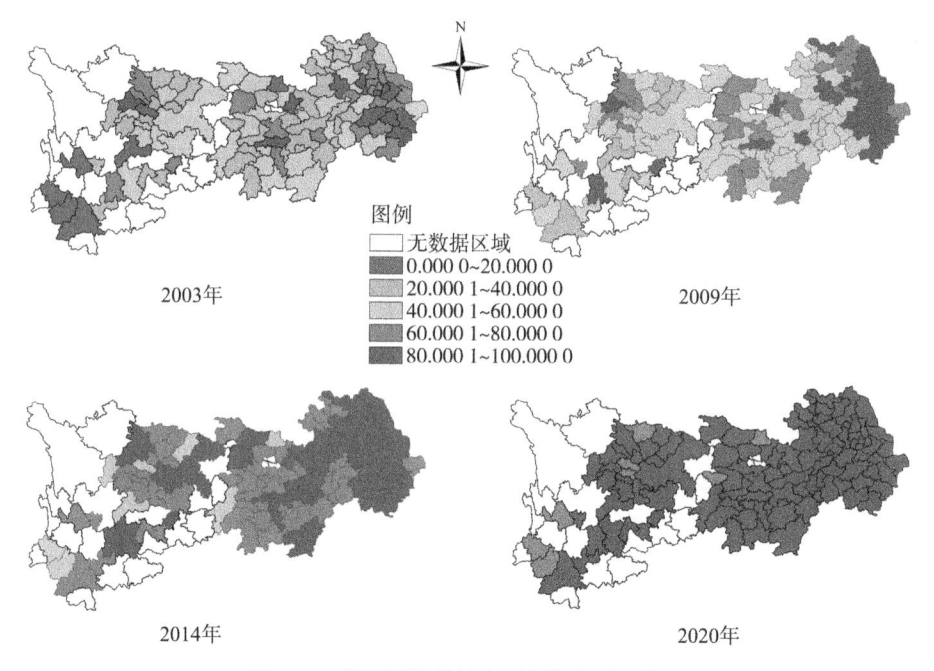

图5-1 长江经济带城市创新指数时序特征

根据Jenks自然断点法,将长江经济带108个地级以上城市的创新指数划分为5个等级(图5-2),以呈现长江经济带城市创新水平变化的空间特征。可以看出,长江经济带108个地级以上城市的创新水平仍然存在一定空间差异,2003—2020年,长江经济带创新水平较高的城市主要集中在下游和中上游地区的省会城市,而越往上游延伸,创新水平相对越低。2003年,创新水平相对较高的地区主要集中于苏南、浙北及中上游地区的省会城市,苏中、苏北、浙南以及四川、湖北、湖南的个别城市处于中等以上的水平,滇南、川北等城市则处于创新较低的水平;2009年,创新水平相对较高的城市扩散至苏中和浙南,中等以上水平的地区存在变化,其中长沙、昆明、重庆周边地区的创新水平在相对减弱,重庆创新相对水平在提升,创新水平相对低的地区数量在减少;2014年,创新水平相对较高的城市扩散至皖东、湖南南部,中游多数城市的创新水平进入中等以上水平,皖北、川北及滇西、滇北地区创新水平仍较低;2020年,创新水平相对较高的城市继续向西扩散至江西、皖西、重庆以南,昆明周边城市的创新相对水平在减弱,进入相对较低水平。总体看,观测区间内长江经济带具有较高创新能力的地区逐渐向中游地区扩散,同时也注意到上游部分地区的创新能力正被区域中心城市虹吸。

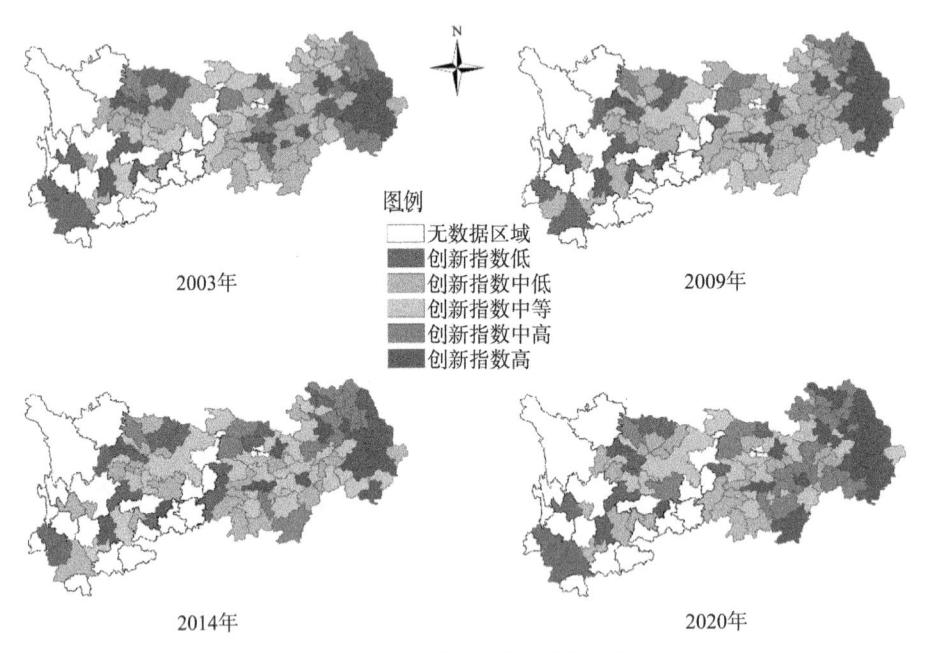

图 5-2　长江经济带城市创新指数空间特征

5.3　国家战略影响下区域分工与创新发展的实证检验

5.3.1　计量模型设定

在本书构建的区域分工与创新发展关系的研究框架中,当没有国家战略政策时,区域技术创新水平的提升会相继受到要素价格、要素流动、区域分工的影响。当国家战略出台后,激励政策将进一步加速相关产业的转移、区域间分工的错位、创新水平的提升。

因此在本书的理论分析框架下,为考察长江经济带产业分工对区域创新水平的影响,设定计量模型如下:

$$y_{it} = \alpha_0 + x'_{it}\alpha + c_i + \mu_{it}$$

其中，y_{it} 表示地区 i 时间 t 的技术创新水平(tec)，x'_{it} 为以区域分工为主解释变量的一系列解释变量，α 为相应系数，c_i 为个体效应，μ_{it} 为残差。

5.3.2 变量说明与模型检验

1. 变量说明

基于上文分析，本节的解释变量为工业、服务业、功能专业化分工水平。被解释变量中，技术创新水平(tec)选取经济带各地区专利授权比重衡量。

根据前文相关创新理论与文献实证结论，地区技术创新水平(tec)会受到区域产业分工、劳动力、高素质劳动力、物质资本等因素影响，本节对上述特征加以控制。其中：劳动力($labor$)选取经济带内地区就业人员规模相对比重衡量；高素质劳动力(edu)选取经济带内地区大专及以上受教育比重进行衡量；物质资本(k)选取经济带内地区固定资产相对比重衡量；国外资本(fdi)选取经济带内地区外商直接投资相对比重衡量。

考虑到区域创新发展可能还会受到产业结构、城市化水平、市场需求等因素影响，故对上述特征同时加以控制。产业结构指标(tis)选取第三产业增加值占GDP的比重衡量，以体现地区经济发展阶段；城市化水平($city$)选取城镇人口占总人口比重衡量；地区市场需求(fc)选取经济带内地区最终消费比重。变量涉及的相关数据来源于各地区统计年鉴(2006—2017)。以上变量描述性统计报告于表5-1。

表 5-1 区域分工与创新发展关系模型相关变量描述性统计

变量	均值	标准差	最小值	最大值	观测值
tec	0.090 9	0.104 7	0.006 7	0.397 4	132
$labor$	0.090 9	0.031 7	0.033 7	0.146 3	132
edu	12.151 6	8.794 1	3.005 7	46.400 0	132
k	0.090 9	0.048 7	0.025 4	0.226 2	132
fdi	0.090 9	0.148 2	0.000 2	0.501 7	132
tis	0.424 1	0.071 4	0.325 2	0.697 8	132
$city$	0.508 7	0.154 1	0.268 6	0.896 0	132
fc	0.090 9	0.047 6	0.033 9	0.227 9	132

资料来源：作者利用STATA软件计算。

2. 模型检验

对各组模型先做固定效应模型回归，回归结果显示：各组模型 F 检验的

p 值均等于 0.000 0,通过了固定效应模型的显著性检验,说明模型存在显著的个体效应,进一步对模型进行 Hausman 检验,p 值也均等于 0.000 0,说明固定效应优于随机效应,选择固定效应模型。表 5-2 报告了不同专业化程度指标对创新发展影响的固定效应模型回归结果。

表 5-2 区域分工与创新发展关系的面板数据模型回归结果

解释变量	tec		
组别	经济带	东部	中西部
回归方法	FE	FE	FE
$gisi$	−0.311** (0.138)	0.434 (0.789)	−0.185*** (0.065)
$fisi$	−0.182* (0.108)	2.039** (0.935)	−0.133*** (0.049 2)
fs	0.012 (0.018 4)	0.168** (0.062 1)	−0.021 5** (0.009 8)
$stra3$	−0.019 7*** (0.007 5)	−0.028 1 (0.027 5)	−0.000 2 (0.004 4)
$stra5$	−0.010 5 (0.007 6)	−0.027 6 (0.024 5)	−0.001 5 (0.004 3)
$labor$	−1.796 (1.354)	−17.16** (8.112)	−3.422*** (0.715)
edu	−0.000 8 (0.000 9)	−0.001 6 (0.003 2)	0.001 3** (0.000 6)
k	0.416* (0.214)	−0.521 (0.809)	−0.146 (0.204)
fdi	−1.138*** (0.152)	−2.007*** (0.681)	−0.389** (0.16)
控制变量	包含	包含	包含
常数项	0.354** (0.175)	1.810* (0.912)	0.395*** (0.080 3)
F 检验	23.67*** (0.000 0)	5.06** (0.016 0)	15.29*** (0.000 0)
Hausman	81.48*** (0.000 0)	7.48** (0.023 7)	48.53*** (0.000 7)
R^2	0.571	0.837	0.491
N	132	36	96

注:***、**、* 分别代表变量回归系数在 1%、5%、10%水平下通过显著性检验,括号内为 p 值。
资料来源:作者利用 STATA 软件计算。

5.3.3 回归结果分析

1. 不同专业化程度指标对创新发展的影响

经济带全区域的回归结果显示，工业、服务业与功能分工程度三个指标中，工业、服务业分工程度对技术创新的影响显著为负。说明从经济带全域看，区域工业与服务业分工弱化有利于区域创新水平的提升。形成上述结果的原因可能是，区域工业与服务业分工弱化的过程，是中西部地区承接经济发达地区产业转移并形成更为相似的产业格局的过程，亦是各种要素从东部向中西部流动的过程，这一过程将为产业承接地聚集更多的创新发展要素，逐渐提升区域的生产效率与创新水平。

东部与中西部分区域的回归结果显示，服务业、功能分工程度对东部的技术创新影响显著为正；工业、服务业、功能分工程度对中西部技术创新的影响显著为负。说明东部地区的服务业、功能分工弱化也不利于提升地区创新水平；而中西部地区的工业、服务业弱化可以提升地区创新水平，功能分工深化不利于提升地区创新水平。形成上述结果的原因可能是，东部地区的工业分工深化，意味着东部地区内部各地区间形成了鲜明的产业错位发展特色，但可能由于所涉及分工深化的产品层次有中低端与中高端之分，例如上海在产品价值链的高端不断深化，而江苏与浙江仍在产品价值链的中低端不断深化，这种分工深化造成了地区间经济差距的扩大。东部地区的服务业、功能分工弱化，表明服务业发展要素也在向中西部流动，制约了本区域的区域创新水平提升。

2. 国家战略对创新发展的影响

回归结果显示，国家战略滞后3年对整个长江经济带技术创新影响显著。说明从长江经济带全域看，国家战略对区域的技术创新发展都具有显著推进作用，且战略产生成效所需要的时间都较短。形成上述结果的原因可能是，区域性国家战略能够针对不同区域不同经济发展目标制定相应的产业发展政策，最终形成能够统筹兼顾的战略成效。

3. 要素流动对创新与协调发展的影响

回归结果显示，劳动力数量对东部、中西部技术创新影响显著为负；高素质劳动力对中西部技术创新影响显著为正，对东部地区影响不显著；资本对全域的技术创新影响显著为正，外资对全域的技术创新影响显著为负。以上说明，劳动力数量的增加阻碍了地区创新水平的提高，但高素质劳动力有利于提升中西部地区的区域创新水平；资本的相对增加有利于提升经济带区域的技术创新水平，其中外资从东部流向中西部会降低中西部地区的地区相对创新水平，但会提高东部地区的地区相对创新水平。

普通或者是中低素质劳动力的流入，例如产业工人从东部地区回流至中西部地区，并不能促进区域创新水平的提升。高素质劳动力的增加只能促进中西部地区区域创新水平的提升，对东部地区没有显著影响，说明东部地区区域创新水平的提升不是由高素质劳动力水平引致的。劳动力净流入地，包括高素质劳动力水平提升地通过虹吸经济带内其他地区的人力资源，推动地区经济增长。外资因要素价格上涨等因素相对地流入中西部地区，主要从事加工组装等价值链中低端环节的生产，制约了中西部地区进行自主创新发展，而外资相对地从东部地区流出，为应对经济风险、打破经济增长的瓶颈，东部地区会主动增强自主创新能力，提升区域自主创新水平。

5.4 总结与政策建议

近年来，在国家绿色新发展理念的指引下，长江经济带各地区从战略早期的治污防污、企业搬迁、产业转移等举措，逐渐转变到在技术、产业、金融、制度等创新方面不断突破，取得了实质性进展，为长江流域的绿色可持续发展提供长久动力。多渠道的创新行为也促进了地区能源消费结构的不断优化，低碳环保的生产、生活方式逐渐盛行。但同时也应注意到地区间的创新水平仍然存在着一定程度的不平衡，这种不平衡不再是原来的自上游、中游至下游的显著梯度级差，而是呈现出中游低、下游中、上游高的错位梯度级差。

在前文的研究框架下，本章构建了国家战略影响下的区域分工与创新发展关系模型，结果显示：国家战略对区域的技术创新具有显著推进作用；东部地区的服务业、功能分工弱化不利于提升地区创新水平；中西部地区的工业、服务业弱化可以提升地区创新水平，功能分工深化不利于提升地区创新水平；高素质劳动力有利于提升中西部地区的区域创新水平；外资流入中西部地区，不利于该地区提升区域相对创新水平，但会间接促进东部地区提升区域相对创新水平。

本章的启示有：①在技术创新领域，下游需要选取关键领域、重点领域专注开发，中游江西与湖北需加快绿色制造体系构建，追赶安徽、湖南；②在产业创新领域，引导产业链主体企业在地域、空间上合理布局以形成产业协同，打造循环型产业集群，实现绿色创新在产业链间共生与扩散；③在制度创新领域，鼓励各地方政府探索制定贴合本地实际的针对性强的政策，加强地区间政策制定与实施的交流。

第六章

长江经济带重化工业分工与绿色发展

经过多年经济效益当先的大发展,加之拥有天然良好的内河航道,长江经济带面临严重的"重化工围江"局面,对流域的生态环境造成了严重破坏。2016年,国家提出把修复长江生态环境摆在压倒性位置,对长江经济带"共抓大保护,不搞大开发"(后文简称"大保护")。这一政策的落实将直接引发经济带内重化工产业,向注重绿色环保、技术革新、提升质量的发展方式转变,并形成新的产业区域分工格局。第三章的理论分析证明:地区的相对污染水平受到中间投入品、相对价格、地区要素禀赋、污染税(政府环境规制)等因素影响。已有文献主要从产业空间布局的视角分析长江经济带产业集聚与绿色发展的关系,结论存在一定的分歧:产业集聚兼顾了环境保护(黄庆华等,2020)和绿色发展(舒扬,孔凡邦,2019;黄磊,吴传清,2019),与城市绿色效率之间呈U形关系(张治栋,秦淑悦,2018)、加重环境污染程度(苗建军,郭红娇,2019)。

考虑到造成地区环境污染、影响绿色发展的产业主要集中于重化工业,本章将在前文构建的多重战略下分工与绿色发展分析框架下,从区域分工的视角,研究长江经济带重化工业分工与绿色发展的关系。通过本章的分析,试图为产业分工与绿色发展的相关研究作出有益的补充,同时为区域重化工业产业政策的制定提供一些事实依据与可行建议。后续的安排如下:第一节介绍绿色发展相关指标的测度方法与数据来源;第二节基于截面数据对长江经济带重化工业分工、绿色发展水平的总体特征进行描述,并考虑国家战略的作用;第三节构建重化工业分工对绿色发展影响的空间计量模型,进行模型检验与选择;第四节为计量回归结果分析;第五节本章总结与政策建议。

6.1 绿色发展相关指标测度

6.1.1 变量选取

2006年,中国科学院提出了资源环境综合绩效指数(REPI),将能源消耗强度等4个资源消耗强度指标,单位GDP化学需氧量排放等3个污染物排放强度指标纳入指数体系。耶鲁大学和哥伦比亚大学联合在2006年发布的环境可持续性指数(ESI)的基础上,发展了环境绩效指数(EPI),主要包括环境健康和生态系统活力两个部分,22项分指标。2009年,联合国亚太经济与社会理事会构建了生态效率指标体系框架,包括资源消耗强度和环境影响强度两部分24个二级指标,同年,加州政府也编制出绿色创新测度体系,主要包括5个部分:低碳经济、能源效率、绿色科技创新、可再生能源和交通运输,18个分指标。

伴随"大保护"的发展导向,近年国内研究地区绿色发展水平的文献逐渐增多,其中一些学者也运用不同方法构建了绿色发展水平指标体系。比如陈晓雪和徐楠楠(2019)从环境承载力、环境管理力、环境友好性、环境抗压力、环境稳定性5个维度,构建了绿色发展水平评价体系;李华旭等(2017)利用经济增长绿化度、资源环境承载潜力、政府绿色政策支持度3个一级指标34个基础性指标构建绿色发展水平评价指标体系;何剑和王欣爱(2017)选择化学需氧量(COD)、工业烟尘排放量、工业废气排放量、工业固体废物产生量4个指标测算绿色效率指数。

基于本书的研究重点,本章在上述绿色发展水平指标体系构建的基础上,参考中国科学院提出的资源环境综合绩效指数(REPI)和何剑和王欣爱(2017)构建的绿色效率指数,主要从污染排放、低碳经济、能源效率三个层面选取相应指标构建本章的区域绿色发展水平指标体系。由于污染物种类较多,考虑到数据可得性和指标相关性,本书选取在重化工业中具有较强代表性的三种污染物:工业废水(2015年全国工业用水占总用水量的21.9%,但产生的工业废水占总废水量的27.1%)、工业二氧化硫(2015年中国工业二氧化硫排放量占总排放量的83.7%)、工业固体废物。参照上述指标设定方法,考察地区污染排放水平,即 $ws_{iv} = \dfrac{w_{iv}}{w_v} - \dfrac{y_i}{y}$,其中,$w_{iv}$ 表示 i 地区 v 污染物的排放量,v 取值为1、2、3,分别代表工业废水、工业二氧化硫和工业固体废物。

碳排放水平选取碳排放强度(cy)作为变量,以各地区 CO_2 排放量与 GDP 之商进行衡量。能源消耗水平选取能源消耗强度(ey)作为变量,以各地区能源消耗量与 GDP 之商进行衡量。ws_{iv}、cy、ey 值越大,说明 i 地区绿色发展水平越低,反之,说明 i 地区绿色发展水平越高。

6.1.2 研究范围与数据来源

本章研究的产业范围为重工业与化学工业,具体产业根据《国民经济行业分类标准(GB/T 4754—2002)》,并且为保持统计口径的一致性,对 2012—2016 年产业数据按 2002 年标准合并,最终选定本章研究的重化工业 20 个,具体见表 5-1。考虑到所涉数据的可得性,研究的数据范围为 2005—2016 年。

根据前文的研究方法及研究问题需要,本章涉及的基本变量包括:重化工业细分产业的产值、地区 GDP、工业废水排放量、工业 SO_2 排放量、工业固体废物产生量、碳排放量、能源消耗量等。其中,各产业产值数据来源于《中国工业统计年鉴》(2006—2017);各地区的 GDP、地区工业废水、工业二氧化硫、工业固体废物产生量数据来源于各地区统计年鉴(2006—2017),其中各地区的 GDP 数据均为剔除通货膨胀因素的实际值,以 2005 年为不变价格进行计算。为保持统计口径一致,各产业的终端能源消费量根据《中国能源统计年鉴》(2006—2017)中"地区能源平衡表"的各能源消费总量换算为万吨标准煤后加总取得。产业的能源消费碳排放量采用联合国政府间气候变化专门委员会指定的《2006 年 IPCC 国家温室气体清单指南》中第二卷(能源)第 6 章提供的参考方法,能源消费产生的 CO_2 排放量计算公式为:$CO_{2_{it}} = \sum_{j=1}^{n} E_{jt} \times CV_j \times EF_j \times OF_j \times MS$,式中 i、t、j 分别代表年份、地区和能源种类,其中 $j=1,\cdots,17$[①]。CO_2 代表能源消耗的碳排放量,E 代表能源的消费量,CV、EF 和 OF 分别为能源的平均低位发热量、含碳量和氧化因子;MS 为 CO_2 分子与碳元素质量比,即为 44/12。

---

① 根据数据可得性,本章选择的能源种类包括:原煤、洗精煤、其他洗煤、型煤、焦煤、焦炉煤气、其他煤气、其他焦化产品、原油、汽油、煤油、柴油、燃料油、液化石油气、炼厂干气、其他石油制品、天然气,共 17 种。

6.2 长江经济带重化工业分工与绿色发展水平分析

6.2.1 重化工业分工水平

依据第四章产业分工计算方法计算长江经济带重化工业分工水平,将长江经济带地区重化工业专业化水平 2005 年、2016 年截面数据通过 Arcgis10.2 软件绘于图 6-1。整体看,2005 年有 3 个地区的重化工业分工水平在 0.1~0.2 之间,有 5 个地区在 0.2~0.3 之间,其余地区在 0.3~0.5 之间。至 2016 年,地区重化工业分工水平在 0.2 以上的只有 5 个地区。2005—2016 年间,地区重化工业分工水平呈下降趋势的有 9 个地区,只有上海、江苏呈上升趋势。以上结果与樊福卓(2017)的结论既有一致性,也存在较大差异。一致性在于:除四川外,经济发展较为落后的上游地区重化工业专业化水平与工业专业化水平相似,普遍高于经济发展较快的下游地区。可能的原因是,中上游及安徽受地理位置与经济发展的约束,工业,特别是重化工业发展难以形成多样性,产业类别较为单一。下游沿海地区早期承接国际、国内的产业转移众多,各地区间存在一定程度的产业同构现象,故产业专业化水平普遍较低。差异性在于:2005—2016 年间,除上海、江苏外的地区均在不断下降,其中又以安徽、湖北、湖南、四川的下降幅度最大。

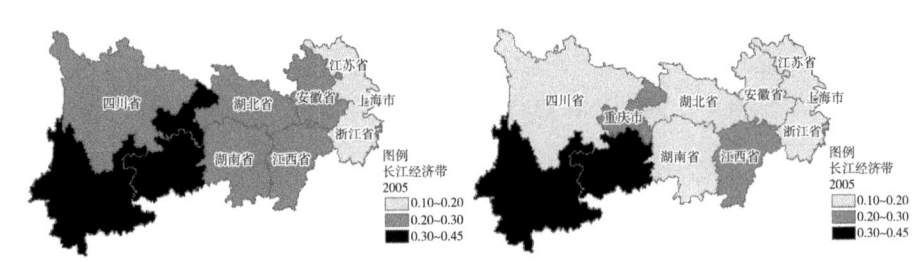

数据来源:作者计算;绘图工具:Arcgis10.2。

图 6-1 长江经济带地区重化工业专业化水平 2005 年、2016 年截面数据

将经济带内重化工细分产业 2005 年、2016 年产值占比按表 6-1 的行业排序分绘于图 6-2、图 6-3。两图中曲线间的距离变化更直观地显示了长江经济带重化工业的产业间分工水平变化,即各产业均不同程度地从下游沿海地区向安徽及中上游地区转移,其中,i2 在上游的占比近 90%,i4、i1、i3 在安徽及中上游地区的占比超过 95%。上游占比超 80% 的产业数由 2005 年的 5 个减少到 2016 年的 2 个,分别为 i9、i19。长江经济带重化工业的分工水平除前4个产业外,均是在不断减弱,下游沿海地区在区域内中高端重化工产业的优势地位在不断削弱。说明,经过12年的追赶,安徽及中上游地区逐渐形成了较为多样化的重化工业,并且已经呈现不同程度的向价值链高端攀升的趋势,其中中游已经摆脱了2005年时与上游基本重合的区域分工角色,不断向下游沿海地区靠近。同时,安徽及中上游地区在资源密集型产业中的分工地位仍在不断增强,为经济带的重化工产业发展提供了重要的基础原材料。

数据来源:作者计算。

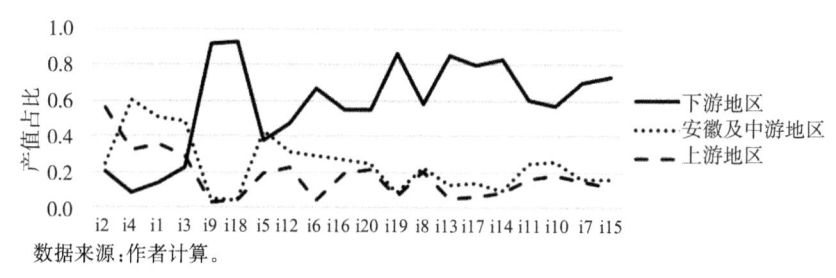

图6-2　2005年长江经济带重化工产业、地方分工路径结合图

数据来源:作者计算。

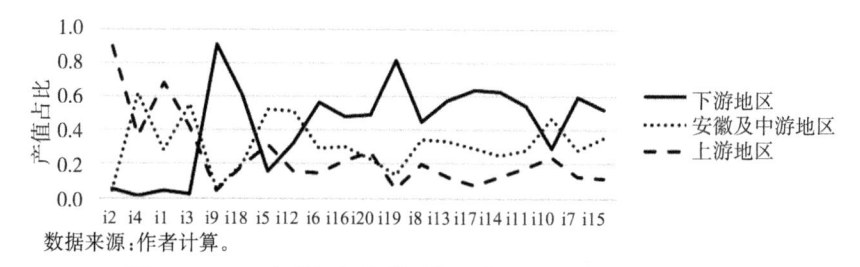

图6-3　2016年长江经济带重化工产业、地方分工路径结合图

上文中,长江经济带重化工业产业分工格局的形成是否是因为,下游沿海地区将污染排放大的重化工产业一定程度通过产业转移的形式进行"污染转移",加剧安徽及中上游地区的环境污染、碳排放与能源消耗效率? 在这一过程中,下游沿海地区是出现了绿色发展水平的整体提升,还是相反? 下面从环境污染、碳排放与能源消耗效率三方面进行考察。

6.2.2　绿色发展水平

1. 能源消耗强度(省域)

首先,计算长江经济带各地区2010—2020年期间的能源消耗强度(单位GDP能源消耗量),并将时序特征呈现于图6-4。可以发现从2010年到2020年,各地区的能源消耗强度均在不断下降,上海、江苏、浙江绕过安徽,沿江西、湖南向西继续下降,安徽、湖北变化的相对缓慢,上游从重庆、四川到云

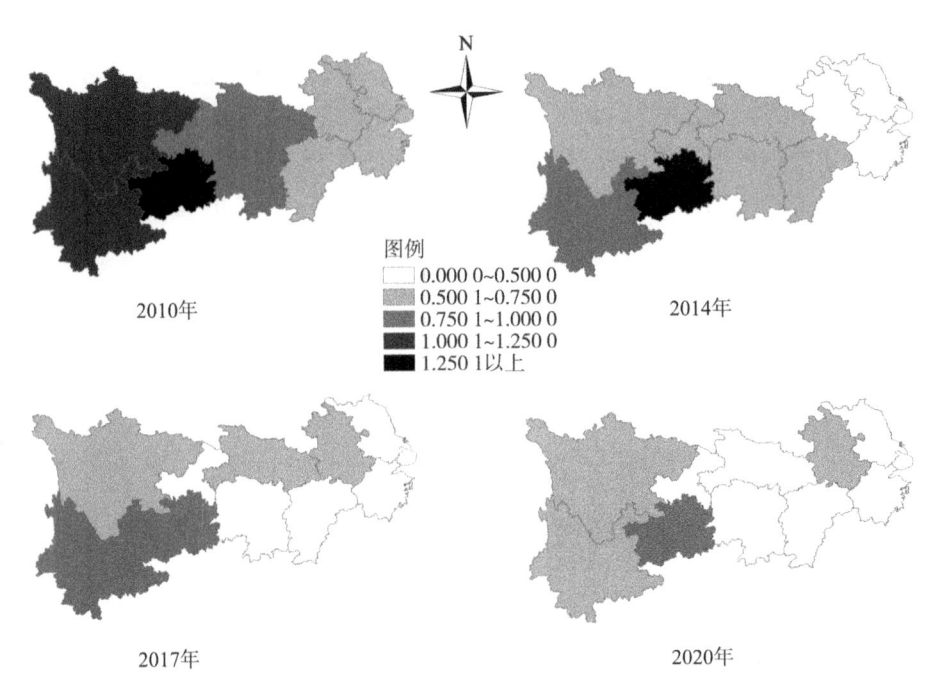

南、贵州相继进入能源消耗强度较低的范围。

图 6-4 长江经济带能源消耗强度时序特征

根据 Jenks 自然断点法,将长江经济带能源消耗强度划分为 5 个等级(图 6-5)。可以发现从 2010 年到 2020 年,上海、江苏、重庆三地的能源消耗强度在区域内相对地变好,而安徽、浙江、江西、湖北、四川、云南则在相对地变差,贵州的能源消耗强度在区域中一直处于最高水平。说明变好的地区在绿色技术改造方面力度更大,能源结构调控成效更为显著。

2. 碳排放强度(省域)

计算长江经济带各地区 2010—2020 年期间的碳排放强度(单位 GDP 二氧化碳排放),并将时序特征呈现于图 6-6。可以发现从 2010 年到 2020 年,各地区的碳排放强度也在不断下降,其中安徽、湖南、云南、贵州、四川下降幅度更大,跨越两个绝对值分级。特别是 2017—2020 年,不仅是下游的上海、浙江,中游的湖南与上游的四川均已经进入碳排放强度的最低区间。

根据 Jenks 自然断点法,将长江经济带碳排放强度划分为 5 个等级(图 6-7)。可以发现,整体除上海、贵州、云南外,碳排放相对强度大体呈现翻转的分布特征,即从 2010 年的下游低上游高转变为 2020 年的下游高上游低。具体看,上海一直处于强度低的等级,重庆、湖南陆续进入强度低等级,下游

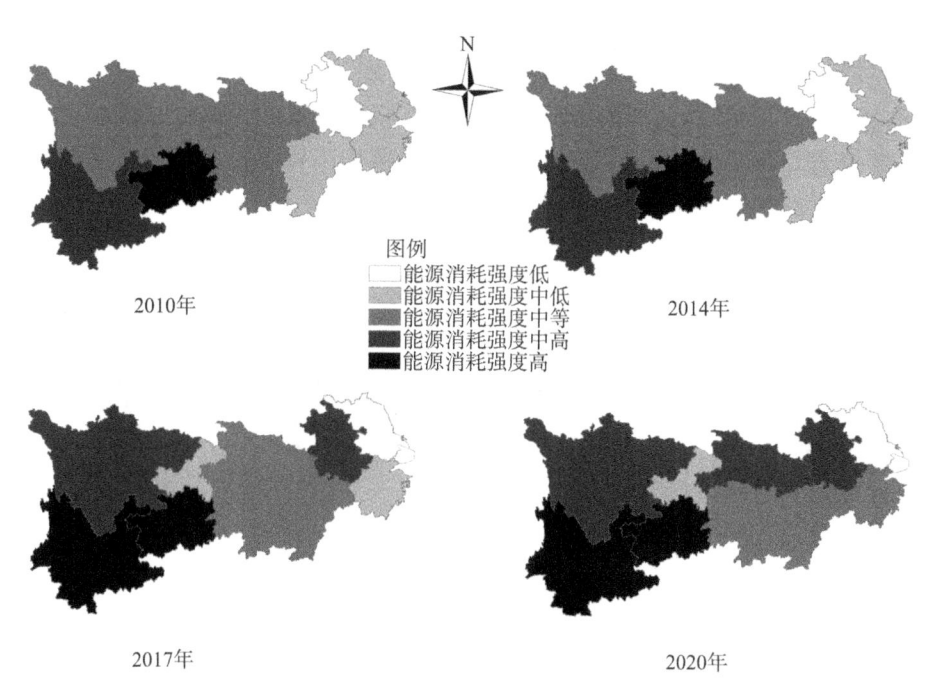

图 6-5　长江经济带能源消耗强度空间特征

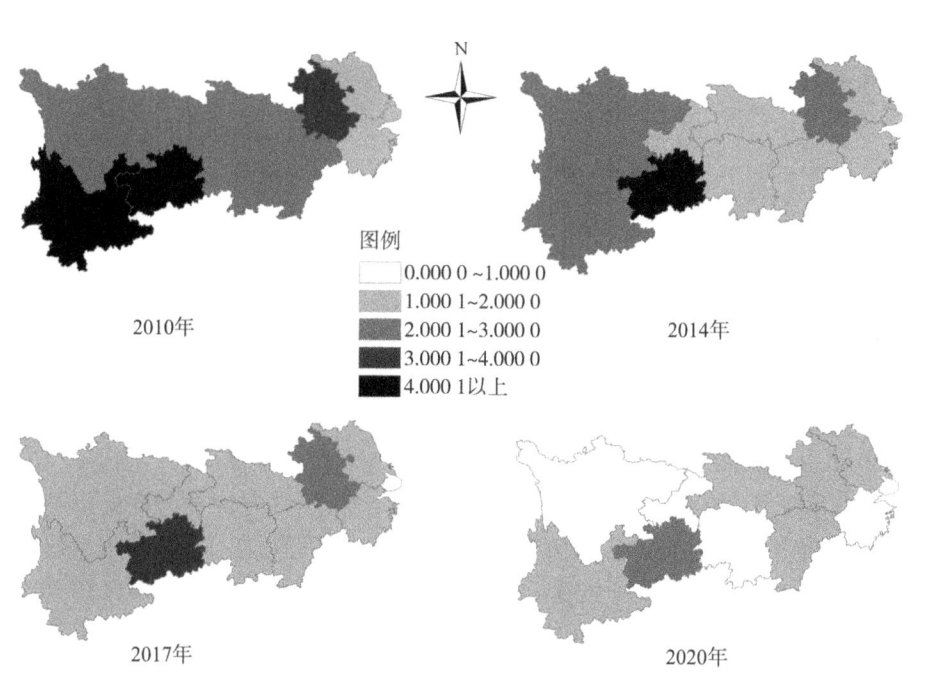

图 6-6　长江经济带碳排放强度时序特征

的江苏、浙江曾经的优势在弱化,均进入了强度中等序列;安徽与中游的江西、湖南的相对强度也在不断提高,与上游云南、贵州水平相当。说明在早期,碳排放强度绝对值的降低相对容易实现,但当各地区进入低强度相近水平时,继续降低的难度不断增加,这期间的碳强度降低不仅与地区工业规模有关,也与地区碳减排技术的应用开发有关。

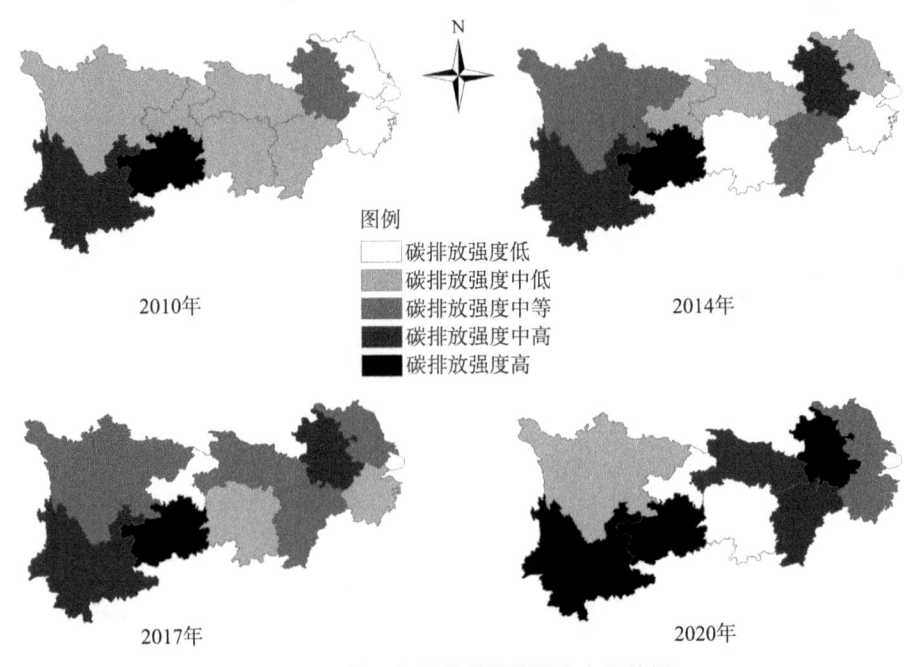

图 6-7　长江经济带碳排放强度空间特征

3. 污染排放强度(市域)

基于城市工业废水排放量、工业 SO_2 排放量、工业烟(粉)尘排放量原始数据与城市 GDP,运用熵值法测算长江经济带各城市污染排放强度指数,并将 2003—2020 年的时序特征呈现于图 6-8。2003 年,长江经济带大多数城市的环境污染指数在 10 以上,部分城市指数甚至超过 20,污染程度相对较高;2009 年,长江经济带环境质量有所改善,仅有安顺市的环境污染指数超过 10,但仍有不少城市环境污染指数在 5 以上;2014 年,长江经济带环境质量进一步提升,绝大多数城市的环境污染指数均下降到 5 以下,且仅有六盘水市的环境污染指数在 10 以上;到 2020 年,全部城市的环境污染指数均下降到 5 以下,说明"共抓大保护、不搞大开发"的战略收到了很好的成效,长江经济带各城市明显变"绿"了。

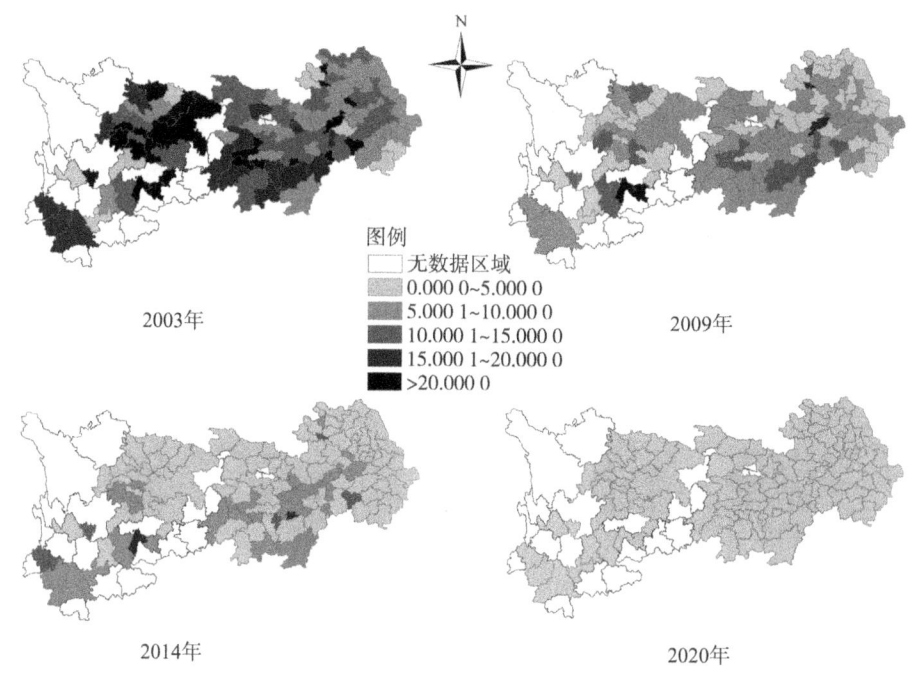

图 6-8　长江经济带城市污染排放强度指数时序特征

根据 Jenks 自然断点法,将长江经济带环境污染指数划分为 5 个等级(图 6-9)。可以看出,长江经济带城市的环境质量存在一定空间差异。2003—2020 年,长江经济带相对环境污染水平整体呈现出先升高再下降的变化特征,较高的城市主要集中在上游和中游地区的城市,下游城市的环境污染水平始终相对较低。与 2003 年相比,2009 年环境污染排放相对较高的城市向南部转移,主要集中在上游的四川、重庆,中游的江西、下游的安徽部分城市,上游和中游地区污染排放中等以上水平的地区相对较多;2014 年,环境污染排放相对较高的地区比较显著的集中在沿江区域,特别是上游的六盘水、安顺、攀枝花、丽江等城市,中游的萍乡,下游的淮南、衢州等城市;相比 2014 年,2020 年中下游很多地区的污染排放降到较低水平,污染排放较高的城市主要集中于上游的六盘水、攀枝花、玉溪,中游的新余以及下游的马鞍山等城市。

6.2.3　绿色发展水平变化中战略的作用

为考察长江经济带各地区绿色发展中战略的作用,计算各地区污染排放、碳排放与能源消耗水平的年均变化率。同样结合第四章的研究结论,分

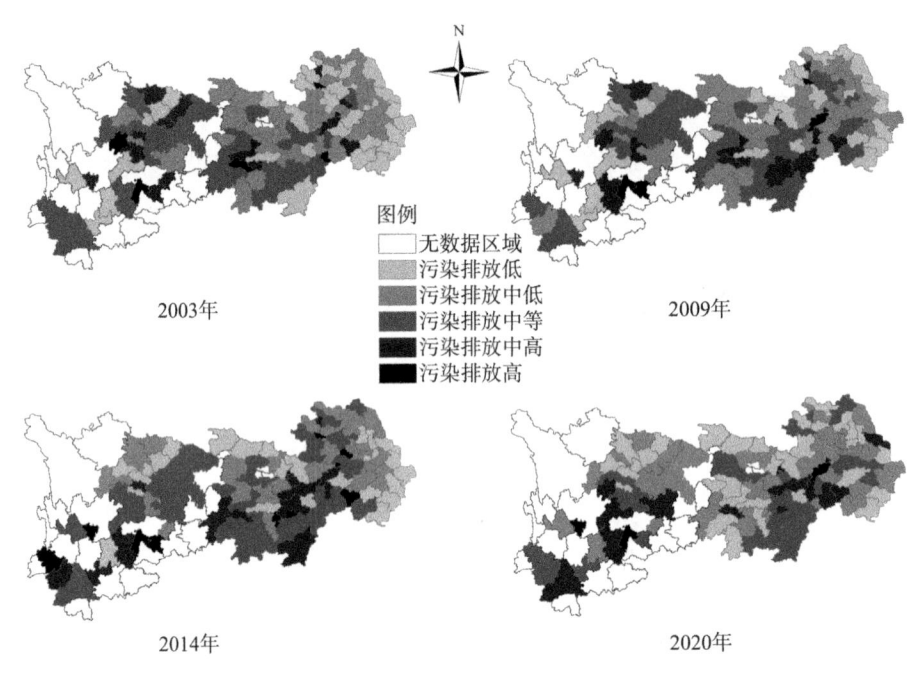

图 6-9 长江经济带城市污染排放强度指数空间特征

别选取 2005—2010 年、2011—2016 年的年平均变化率列于表 6-1。

由表 6-1 可知,在两个时间区间内污染排放、碳排放与能源消耗水平均在下降的只有上海。各地区污染排放的年均变化率显示:工业废水排放中只有上海、安徽、湖北和湖南的 2011—2016 年好于 2005—2010 年;工业 SO_2 排放中只有江苏、湖北、湖南、重庆和贵州的 2011—2016 年好于 2005—2010 年;工业固定废弃物排放中只有江苏、安徽、四川和贵州的 2011—2016 年好于 2005—2010 年。碳排放与能源消耗的年均变化率显示:除四川和江西外,其余地区的碳排放与能源消耗水平均在降低,其中只有上海、江苏、湖北、重庆、四川与云南 6 省市 2011—2016 年的年平均下降比率要高于 2005—2010 年。根据上述分析,在每个衡量绿色发展水平的指标中,只有少数的长江经济带地区 2011—2016 年的年均变化率要快于并好于 2005—2010 年,因此可以推理:西部大开发、中部崛起和长三角一体化战略可能在一定程度上没有促进长江经济带地区污染排放水平的降低,但是可能促进了区域碳排放与能源消耗水平的降低。

表 6-1 长江经济带绿色发展水平各指标的分段年均变化率

地区	iw 2005—2010	iw 2011—2016	iso 2005—2010	iso 2011—2016	sw 2005—2010	sw 2011—2016	cy 2005—2010	cy 2011—2016	ey 2005—2010	ey 2011—2016
上海	-8.78%	-19.78%	-8.88%	-6.85%	-8.00%	-7.88%	-3.65%	-5.56%	-3.60%	-4.06%
江苏	3.34%	4.00%	3.45%	-0.83%	1.66%	-1.07%	-5.01%	-5.06%	-3.55%	-3.69%
浙江	-194.82%	12.77%	-4.85%	1.71%	-5.55%	-4.42%	-7.07%	-5.61%	-6.13%	-5.00%
安徽	-2.58%	-131.42%	-17.29%	70.60%	3.88%	2.71%	-6.53%	-4.40%	-5.73%	-2.24%
江西	3.26%	32.25%	-13.05%	0.94%	-10.04%	2.35%	-3.43%	-1.77%	-4.27%	1.90%
湖北	1.80%	-61.21%	-23.74%	-50.99%	-3.43%	59.02%	-1.69%	-9.30%	-0.79%	-8.92%
湖南	-12.00%	-41.56%	-10.69%	-14.36%	-15.36%	1.87%	-9.06%	-5.47%	-8.75%	-4.57%
重庆	-21.35%	24.39%	-3.70%	-26.93%	-26.19%	0.04%	-1.68%	-9.46%	-1.54%	-8.41%
四川	-17.87%	375.54%	-6.57%	22.91%	0.64%	-3.51%	1.68%	-7.27%	3.48%	-7.46%
贵州	-79.99%	5.31%	18.56%	-3.84%	0.97%	-4.91%	-8.41%	-6.70%	-7.50%	-6.49%
云南	8.08%	43.08%	6.00%	21.23%	4.78%	6.47%	-5.40%	-7.81%	-4.46%	-7.13%

资料来源:作者计算。

6.3 重化工业分工与绿色发展的模型设定与选择

6.3.1 全局空间自相关检验

考虑到长江经济带11省市互为相邻地区,需要考察数据是否存在空间依赖性,即空间自相关。本书采用莫兰指数 I 进行考察,并将结果列于表6-2。由表6-2可知,各变量均存在空间自相关,说明本章所选定变量存在空间效应,需采用空间计量分析。

表6-2 长江经济带各指标全局自相关 Moran's I 指数

变量	Moran's I	z 值
重化工业分工水平($hisi$)	0.204***	3.237
工业水污染(ws_1)	0.178***	2.850
工业大气污染(ws_2)	0.478***	7.461
工业固体废物(ws_3)	0.304***	4.781
碳排放强度(cy)	0.347***	5.530
能源消耗强度(ey)	0.345***	5.497

注:***、**、*分别表示在1%、5%和10%的水平上显著。
资料来源:作者利用STATA软件计算。

6.3.2 计量模型设定

为考察长江经济带地区重化工业分工水平对地区绿色发展的影响,设定空间计量模型如下:

$$y_{it} = \rho w'_i y_i + x'_{it}\beta + d'_i x_i \delta + u_i + \gamma_i$$

其中,y_{it} 分别表示地区 i 时间 t 的工业废水排放水平(ws_1)、废气排放水平(ws_2)、固体废物排放水平(ws_3)、碳排放水平(cy)、能源消耗水平(ey),w'_i 为空间权重矩阵 W 的第 i 行,$w'_i y_i = \sum_{j=1}^{n} w_{ij} y_{jt}$,$w_{ij}$ 为空间权重矩阵 W 的(i,j)元素,x'_{it} 为一系列解释变量,β 为相应系数,$d'_i x_i \delta$ 表示解释变量的空间滞后,d'_i 为相应空间权重矩阵 D 的第 i 行,u_i 为地区个体效应,γ_i 为时间效应。

模型主解释变量为地区重化工业分工水平($hisi$)、国家战略($star5$)。根据相关文献实证研究结论,绿色发展水平还可能受到技术进步(胡飞,2016;李华旭,2017;黄磊、吴传清,2019)、经济发展水平(汪克亮,2015;吴传清、宋筱筱,2018)、对外开放水平(汪克亮,2015;吴传清、邓明亮,2019)、规模效率

（卢丽文,2017;吴传清,宋筱筱,2018)、工业结构(汪克亮,2015;黄磊,吴传清,2019)、城市化(李华旭,2017;黄磊,吴传清,2019)等因素的影响。因此本章选取技术进步(tfp)、经济发展水平($lnpgdp$)、对外开放水平($trade/fdi$)、工业结构(sis)、城市化水平($city$)五个变量作为控制变量,变量的衡量方法在第五章已详细阐述,此处不再赘述。

6.3.3 模型检验与选择

首先,对上述设定模型基于OLS估计进行LM检验,考查模型是否存在空间效应,结果如表5-3所示,针对空间滞后的两个检验,5个模型中3个模型检验拒绝了"无空间自相关"的原假设,针对空间误差的两个检验,5个模型中3个模型拒绝了"无空间自相关"的原假设,其中ws_1作为被解释变量的模型均未通过LM检验,表明不需要进行空间计量分析,其余四组模型均通过LM检验,应进行空间计量分析。

尽管有4组模型可以拒绝非空间模型,但由于有2个被解释变量下的LMERR检验存在不显著,需要通过Wald检验选择适当的空间模型,考察能否将空间杜宾模型(SDM)简化为空间滞后模型(SLM)或空间误差模型(SEM)。当ws_2为被解释变量时,Wald-Spatial-error的P值不显著,可以选择SEM；当cy、ey为被解释变量时,Wald-Spatial-lag的P值不显著,可以选择SLM；当ws_3为被解释变量时Wald-spatial-lag、Wald-spatial-error的P值都显著,应选择SDM。由于本书采用的是面板数据,其后运用Hausman检验是否采用固定效应,结果4组模型的Hausman检验均通过了显著性检验,表明应选择固定效应。最后分别采用空间固定、时间固定和时空双固定效应估计上述模型,估计结果显示时间固定效应下SDM的拟合程度均较高。为示比较,于表7-3列出污染排放3组模型的OLS和SDM回归结果,并同时列出ws_1为被解释变量时的面板OLS回归结果,ws_2为被解释变量时的SEM回归结果；于表7-4列出碳排放与能源消耗2组模型的OLS和SDM回归结果,并同时列出cy、ey为被解释变量时的SLM回归结果。

由表6-3、表6-4可以看出,4组SDM的空间自回归系数ρ(rho)均通过了显著性水平检验。另外,不仅所有解释变量在不同的模型中均通过了显著性检验,而且各自的空间滞后变量($W \times hisi$)也通过了显著性检验,表明在建立模型考察区域分工对地区绿色发展水平影响时,应该纳入重化工分工水平变量的空间影响因子。

表 6-3 重化工业分工与污染排放关系的空间面板计量模型回归结果

变量	\multicolumn{2}{c}{irw}		\multicolumn{4}{c}{iso}		\multicolumn{2}{c}{sw}
回归方法	OLS	面板 OLS FE	OLS 时间 FE	SEM	SDM 时间 FE	OLS 时间 FE	SDM 时间 FE
hisi	−0.027 6 (0.028 2)	0.390*** (0.093 7)	0.116*** (0.033 8)	0.113*** (0.034 4)	0.239*** (0.086)	0.127** (0.051 8)	0.364*** (0.125)
stra5	−0.011 3*** (0.005 6)	0.009 3* (0.004 9)	0.014 2** (0.006 7)	0.013 5** (0.006 3)	−0.004 8 (0.008 1)	0.013 3 (0.010 2)	0.009 8 (0.006 9)
tfp	−0.029 7 (0.047 4)	−0.036 7 (0.035 9)	0.028 6 (0.056 8)	0.027 5 (0.051 9)	0.087 (0.069 2)	−0.167* (0.087)	−0.238 (0.155)
lnpgdp	0.024 1*** (0.009 2)	0.057 5*** (0.017 1)	−0.020 2* (0.011)	−0.020 3** (0.010 3)	−0.089 5* (0.046 8)	−0.025 2 (0.016 8)	0.008 7 (0.079 2)
city	−0.114*** (0.035 7)	−0.418*** (0.126)	0.073 1* (0.042 8)	0.071 8* (0.040 8)	0.284** (0.135)	0.095 5 (0.065 5)	−0.115 (0.223)
sis	−0.119*** (0.041 6)	−0.173*** (0.042)	−0.236*** (0.049 9)	−0.222*** (0.05)	0.012 9 (0.097 1)	−0.127* (0.076 3)	0.158 (0.157)
trad	0.170** (0.073 5)	0.107 (0.142)	−0.215** (0.088 1)	−0.213** (0.084 2)	−0.076 1 (0.194)	−0.575*** (0.135)	−0.650** (0.26)
fdi	−0.384*** (0.052 5)	−0.051 4 (0.14)	−0.214*** (0.063)	−0.226*** (0.062 6)	−0.245** (0.112)	0.017 6 (0.096 4)	0.044 9 (0.114)
W×hisi					0.597*** (0.085 6)		0.534*** (0.145)

072

第六章 长江经济带重化工业分工与绿色发展

续表

变量	iw OLS	iw 面板 OLS	iso OLS	iso SEM	iso SDM	sw OLS	sw SDM
常数项	−0.065 8 (0.099 2)	−0.359*** (0.127)	0.248** (0.119)	0.254** (0.111)		0.440** (0.182)	
ρ				−0.013 5 (0.016)	−0.433** (0.17)		−0.904*** (0.121)
sigma²				0.0232*** (0.001 4)	0.000 3*** (0.000 5)		0.000 6*** (0.000 1)
R^2	0.773	0.535	0.909		0.879	0.858	0.896
样本量	132	132	132	132	132	132	132
LMLAG	0.075		4.836**			20.740***	
R-LMLAG	1.552		4.008**			28.402***	
LMERR	0.174		0.899			0.450	
R-LMERR	1.652		0.071			8.112***	
Wald-Spatial-lag				5.862**		7.459***	50.737***
Wald-Spatial-error				0.718		56.818***	381.482***
Hausman					5621.40***		50.36***

注：括号内为 t 统计量，***、**、* 分别表示在 1%、5% 和 10% 的水平上显著。
资料来源：作者利用 STATA 软件计算。

表 6-4 重化工业分工与碳排放、能源消耗关系的空间面板计量模型回归结果

变量	cy OLS	cy SLM	cy SDM 时间 FE	ey OLS	ey SLM	ey SDM 时间 RE
hisi	2.853*** (0.678)	2.615*** (0.668)	3.294** (1.316)	1.237*** (0.268)	1.160*** (0.265)	1.456*** (0.509)
stra5	0.354*** (0.134)	0.356*** (0.128)	0.364 (0.245)	0.142*** (0.053)	0.143*** (0.0509)	0.133 (0.0952)
tfp	−1.387 (1.139)	−1.206 (1.097)	−1.004 (1.568)	−0.608 (0.45)	−0.553 (0.435)	−0.574 (0.625)
lnpgdp	−1.592*** (0.22)	−1.737*** (0.231)	−2.640** (1.329)	−0.595*** (0.0871)	−0.635*** (0.0902)	−1.054** (0.515)
city	1.861** (0.858)	2.037** (0.829)	4.551 (2.998)	0.757** (0.339)	0.799** (0.328)	2.004* (1.139)
sis	−2.696*** (1)	−2.696*** (0.957)	−1.744 (1.71)	−0.903** (0.395)	−0.907** (0.379)	−0.322 (0.626)
trad	3.658** (1.767)	3.716** (1.691)	7.129 (5.435)	1.079 (0.698)	1.095 (0.67)	2.594 (2.108)
fdi	−0.721 (1.263)	−0.978 (1.221)	−2.378 (2.329)	−0.0778 (0.499)	−0.166 (0.485)	−0.793 (0.901)
W×hisi			5.384*** (1.59)			2.363*** (0.562)

续表

变量	cy OLS	cy SLM	cy SDM	ey OLS	ey SLM	ey SDM
常数项	18.30*** (2.386)	19.80*** (2.489)		6.897*** (0.943)	7.331*** (0.977)	
ρ		−0.0371 (0.0245)	−0.564*** (0.168)		−0.433** (0.17)	−0.551*** (0.164)
sigma²		0.463*** (0.028 5)	0.142*** (0.036 4)		0.000 3*** (0.000 5)	0.022 1*** (0.005 2)
R^2	0.778		0.806	0.773		0.896
样本量	132	132	132	132	132	132
LMLAG	1.603			0.996		
R-LMLAG	1.692			3.021*		
LMERR	13.007***			14.328***		
R-LMERR	13.096***			16.352***		
Wald-Spatial-lag		2.287			1.400	
Wald-Spatial-error		9.270***			7.187***	
Hausman			117.34***			153.32***

注：括号内为 t 统计量，***、**、* 分别表示在1%、5%和10%的水平上显著。
资料来源：作者利用STATA软件计算。

6.4 重化工业分工与绿色发展模型的回归结果分析

6.4.1 重化工业分工对地区绿色发展的影响

根据模型运行结果可知,长江经济带重化工业分工水平对地区工业废水、工业废气、固体废弃物排放水平的影响显著且均为正值,对地区碳排放水平、能源消耗水平的影响也显著且均为正值。说明安徽及中上游地区的重化工分工水平不断降低,促进了污染排放水平、碳排放水平以及能源消耗水平的降低,提升了区域绿色发展水平;同时下游沿海地区重化工分工水平的提升,加剧了地区污染排放水平、碳排放水平以及能源消耗水平的提升,降低了区域绿色发展水平。结果再次证实了"污染转移"并未随着经济带内重化工产业的转移而发生。可能的原因是,十多年的重化工产业转移,并非是一味地将落后的、价值链低端的、能源消耗高的产业转移。伴随着技术进步、地方政府对环境问题的关注,本轮产业转移是在生产设备不断改良、能源利用效率不断提升、产品附加值不断增加的前提下进行的,最终打破了"污染转移"发展定律。但上海、江苏、浙江当前正处于新兴产业升级与传统产业的大型生产设备临近服役期双重局面。由于老设备普遍存在各项运行指标较低、能耗高、污染排放水平高等问题,导致地区在产业分工深化的同时,污染与碳排放水平上升,能源消耗效率降低,绿色发展整体水平降低。

6.4.2 国家战略对地区绿色发展的影响

根据模型运行结果可知,国家战略对长江经济带的地区工业废水、工业废气、碳排放水平、能源消耗水平的影响显著且均为正值,只对地区工业固体废弃物的影响不显著。说明在长江经济带各区域实施精准的国家战略,对区域的绿色发展水平具有显著的阻碍作用。这一结论与前文的推理存在差异,即西部大开发、中部崛起和长三角一体化战略不仅没有促进长江经济带地区工业废水、工业废气排放水平的降低,也没有促进区域碳排放与能源消耗水平的降低,只是对工业固体废弃物的排放水平没有显著影响。形成上述结果的原因可能是,在2010年以前实施的西部大开发与中部崛起区域性国家战略,其战略目标主要是推动中西部地区经济与产业发展,较少关注到对环境生态的影响,进而呈现出国家战略阻碍区域绿色发展水平提升的结果。

6.4.3 其他控制变量的影响

根据模型运行结果可知,技术进步率虽为负值,但在 SDM 模型中均不显著,说明长江经济带各区域的全社会技术进步率提升虽一定程度促进了区域绿色发展水平的整体提升,但尚未有显著的影响。经济发展水平对工业废气、碳排放与能源消耗的影响显著为负,城市化水平对工业废水排放的影响显著为负,工业结构对工业废水、废气、碳排放与能源消耗的影响显著为负,对外贸易对工业废气、固体废弃物排放的影响显著为负,外商投资对工业废水、废气排放影响显著为负,说明本章选取的经济发展水平、城市化水平,优化工业结构、对外贸易、外商投资五个变量,确实能够对长江经济带区域内的环境污染、碳排放与能源消耗的降低,产生不同程度的促进作用,在一定程度上表明了提升经济发展水平、城市化水平,优化工业结构,扩大对外贸易与外商投资规模能够提升产业发展的能源消耗效率,不会造成更大规模、更严重的环境污染与碳排放。但同时,经济发展水平对工业废水排放的影响显著为正,城市化水平对工业废气、能源消耗的影响显著为正。可能的原因是,依托长江水资源、航运优势,大量石化工业沿江聚集,为流域周边的经济发展创造动力,但部分企业资源利用效率低下、清洁生产水平不高,最终造成了由长江流域经济发展水平提升引发的工业废水大量排放、水生态环境破坏的后果。城市化水平的提升,城市中从事生产、生活的人口增加,加剧了城市能源消耗的负担,导致工业废气排放水平的加重,以及能源消耗水平的上升。以上结论进一步证明了实施长江经济带"大保护"发展的现实需要,在"大保护"的绿色发展理念引领下,需要进一步优化重化工产业的区域布局,增强环境规制,倡导绿色环保消费理念,扭转经济发展水平、城市化水平提升与绿色发展发展背道而驰的发展趋势。

6.5 总结与政策建议

本章基于长江经济带 20 个重化工产业数据考察了重化工业产业分工对地区绿色发展的影响,并运用空间计量模型进行了验证。

通过测算与分析长江经济带地区重化工业专业化水平、地方化水平可知,除四川外,长江上游地区的重化工业分工水平普遍高于长江下游地区。重化工业分工水平除上海、江苏外的地区均在不断下降。各细分产业的地方化水平并非在不断加深,其中不乏国家战略性新兴产业。地方化水平在上升的产业主要涉及采选业和部分装备制造业。安徽及中上游地区逐渐形成了较为多样化的重化工业，呈现出不同程度的向价值链高端攀升趋势，特别是资源密集型产业。此外，安徽及中游地区的产业分工角色不断在向下游沿海地区靠近。

通过测算与分析长江经济带地区相关污染、碳排放与能源消耗情况可知，江苏、安徽及中游地区、重庆的三种污染排放水平在不断下降，其余地区均存在不同污染物的排放水平上升。得出初步结论：长江经济带下游沿海地区将污染排放大的重化工产业在一定程度上通过产业转移的形式进行"污染转移"的论断并不成立，只可能对上游的个别地区造成了"污染转移"。长江经济带各地区的碳排放、能源消耗水平均在下降，其中：下游沿海地区的下降幅度和强度值最小；安徽、中游所有地区以及四川其次；贵州与云南最大。不同的是，一是重庆的能源消耗效率已经降至与下游地区接近的水平；二是江西的能源消耗效率即将接近上游的云南。

通过计算绿色发展水平指标的年均变化率，可知：在两个时间区间内，污染排放、碳排放与能源消耗水平均在下降的只有上海，并且对于每个指标，只有少数地区2011—2016年的年均变化率要快于并好于2005—2010年。在此基础上，通过构建空间面板杜宾模型，考察重化工分工水平对地区绿色发展的影响。结论显示：安徽及中上游地区的重化工分工水平不断降低，提升了区域绿色发展水平；同时，下游沿海地区重化工分工水平的提升，降低了区域绿色发展水平。证实"污染转移"并未随着经济带内重化工产业的转移而发生。值得注意的是，各区域实施精准的国家战略，对区域的绿色发展水平具有显著的阻碍作用。提升经济发展水平、城市化水平、工业结构，扩大对外贸易与外商投资规模能够提升产业发展的能源消耗效率，不会造成更大规模、更严重的环境污染与碳排放。但大量的石化工业促进经济增长的同时，造成了水生态环境破坏的后果；城市化水平的提升，加剧了城市能源消耗的负担，导致能源消耗水平上升。

为促进长江经济带产业与绿色协调发展，本章的启示有：（1）经济后发地区参与国内产业分工，即便是会造成更大环境负担的重化工产业，产业效率与规模的提升也有助于清洁生产技术的引进和传播，最终有助于地区环境的改善与经济发展水平的整体提升。建议中上游地区坚定地利用自身天然条件，引进来和走出去并重，继续推进重化工产业融入国内、国际分工体系。（2）经济先发地区现阶段无法回避的现实是新老产业与新旧设备并存、污染恶化与经济增长疲软并存。建议下游地区当前果断淘汰落后产能，引进国际先进生产设备和技术,不遗余力地推进供给侧结构性改革,缩短产业换挡期的过渡时间。(3)在"大保护"的绿色发展理念引领下,应优化重化工产业的区域布局,加强环境规制,倡导绿色环保的消费理念,实现经济、社会和环境可持续发展的绿色发展。(4)在碳排放结构控制方面,面向主体企业构建碳预算管理体系,提高碳资产利用率和收益率;构建碳绩效评价指标体系,促进碳资产管理能力持续提升;完善碳资产信息披露制度,打造企业低碳形象。

第七章

长江经济带区域分工与经济协调发展

区域经济协调发展是指区域人口、资源、环境、经济和社会系统中诸要素和谐、合理、效益最优的发展(冯玉广,王华东,1996)。本章实证分析国家战略、区域分工对区域协调发展的影响,为长江经济地带产业分工与协调发展关系的研究作出有益补充。随后分别介绍了国际、国内促进区域协调发展的建设经验,最后是本章总结与政策建议。

7.1 区域分工与经济协调发展的实证检验

7.1.1 计量模型设定

前文实证检验了国家战略对区域分工的影响,结果显示国家战略对不同产业、不同区域的分工水平,所呈现的作用也是不同的。基于上述结论,首先探讨国家战略影响下区域分工与协调发展的关系。

在本章构建的区域分工与协调发展关系的研究框架中,当没有国家战略政策时,区域协调发展水平会受到区域产业分工、区域技术创新、经济规模、经济质量的影响。当国家战略出台后,激励政策将进一步加速相关产业的转移、区域间分工的差异、创新水平的提升,最后加快区域协调发展的进度。

因此在本章的理论分析框架下,为考察长江经济带产业分工对区域经济协调发展的影响,设定计量模型如下:

$$y_{it} = \alpha_0 + x'_{it}\alpha + c_i + \mu_{it}$$

其中,y_{it} 表示地区 i 时间 t 的经济差距($egap$),x'_{it} 为以区域分工为主解释变量的一系列解释变量,α 为相应系数,c_i 为个体效应,μ_{it} 为残差。

7.1.2 变量说明与模型检验

1. 变量说明

基于上文分析,本节的解释变量为工业、服务业、功能专业化分工水平。被解释变量中,地区经济发展差距($egap$)采用城镇居民人均可支配收入年平均值与样本均值差距来衡量,该指标刻画了省份间收入差距的协调情况,值越大表明各省份发展差距趋于离散,值越小则表明各省份发展差距趋于收敛(黎峰,2018)。

根据相关协调发展理论与文献实证研究结论,地区协调发展还可能受到区域分工、经济发展规模、经济发展质量、劳动力($labor$)、高素质劳动力(edu)、物质资本(k)、国外资本(fdi)、技术创新水平(tec)等因素的影响,现对上述特征加以控制。其中:经济发展规模(gdp)采用地区国内生产总值占经济带的比重衡量,经济发展质量($\ln pgdp$)采用地区人均国内生产总值的对数值衡量,各地区的国内生产总值、人均国内生产总值数据均为剔除通货膨胀因素的实际值,以 2005 年为不变价格进行计算。此处仅报告经济差距($egap$)、经济发展规模(gdp)、经济发展质量($pgdp$)变量的描述性统计。

表 7-1 被解释变量描述性统计

变量	均值	标准差	最小值	最大值	观测值
$egap$	7 269.569 0	9 894.665 0	679.604 3	73 409.230 0	132
gdp	0.090 9	0.055 8	0.025 0	0.234 4	132
$pgdp$	29 176.41	20 977.42	5 052.00	103 940.00	132

资料来源:作者利用 STATA 软件计算。

2. 模型检验

将长江经济带分经济带整体、经济带中东部地区经济带中中西部地区分 3 个组别进行分析。对各组模型先做固定效应模型回归,回归结果显示:各组模型 F 检验的 p 值均等于 0.000 0,通过了固定效应模型的显著性检验,说明模型存在显著的个体效应,进一步对模型进行 Hausman 检验,p 值也均等于 0.000 0,说明固定效应优于随机效应,选择固定效应模型。表 7-2 报告了不同专业化程度指标对经济发展差距的固定效应模型回归结果。

表 7-2　区域分工与经济协调发展关系的面板数据模型回归结果

解释变量	lnegap		
组别	经济带	东部	中西部
回归方法	FE	FE	FE
gisi	−0.853 (2.808)	46.77 *** (11.53)	−0.352 (2.408)
fisi	1.079 (2.306)	−19.72 (13.77)	−0.766 (2.069)
fs	−1.679 *** (0.371)	−1.219 (0.945)	−1.559 *** (0.368)
stra3	0.458 *** (0.16)	0.105 (0.386)	0.0966 (0.174)
stra5	−0.319 ** (0.16)	−0.585 * (0.335)	−0.0198 (0.17)
labor	−9.342 (27.63)	−207.8 (129.3)	53.80 * (28.65)
edu	0.0392 ** (0.0173)	0.0603 (0.045)	0.0414 * (0.0237)
k	14.01 ** (6.559)	0.555 (11.61)	11.39 (8.328)
fdi	−5.495 (3.581)	10.22 (9.606)	1.34 (6.063)
gdp	19.89 (16.89)	110.2 *** (33.52)	−68.19 *** (24.56)
lnpgdp	1.253 ** (0.539)	2.516 ** (1.186)	2.515 *** (0.787)
tec	4.523 ** (2.087)		
控制变量	包含	包含	包含
常数项	0.0913 (5.199)	−15.92 (17.06)	−6.915 (6.998)
F 检验	20.11 *** (0.000 0)	0.91 (0.4193)	13.77 *** (0.000 0)
Hausman	75.96 *** (0.000 0)	30.76 *** (0.000 0)	45.82 *** (0.000 0)
R^2	0.455	0.797	0.6
N	132	36	96

注：***、**、* 分别代表变量回归系数在 1%、5%、10% 水平下通过显著性检验，括号内为 p 值。
资料来源：作者利用 STATA 软件计算。

7.1.3 回归结果分析

1. 不同专业化分工指标对协调发展的影响

经济带全区域的回归结果显示,工业、服务业与功能区域分工程度三个指标中,区域功能分工程度对经济发展差距的影响显著为负。说明从经济带全域看,区域工业与服务业分工弱化对区域经济差距的缩小无显著的影响;区域功能分工深化有利于区域经济差距的缩小。形成上述结果的原因可能是,区域功能分工深化,意味着区域生产性服务业、现代服务业的专业化分工加深,各地区间形成了鲜明的产业错位发展特色,有利于各地区的经济均衡增长,进而缩小了地区间的经济差距。

东部与中西部分区域的回归结果显示,工业分工程度对东部经济差距的影响显著为正;功能分工程度对中西部的经济差距的影响显著为负。说明东部地区的工业分工深化加剧了地区间经济差距,功能分工深化可以缩小经济差距。形成上述结果的原因可能是,东部地区的工业分工深化,意味着东部地区内部各地区间形成了鲜明的产业错位发展特色,但可能由于所涉及分工深化的产品层次有中低端与中高端之分,例如上海在产品价值链的高端不断深化,而江苏与浙江仍在产品价值链的中低端不断深化,这种分工深化造成了地区间经济差距的扩大。

2. 国家战略对协调发展的影响

回归结果显示,国家战略滞后3年、5年均对整个长江经济带地区经济差距影响显著。当区分区域后,国家战略滞后5年对长江经济带东部地区的经济差距影响显著。说明从长江经济带全域看,国家战略对区域的协调发展具有显著推进作用,且战略产生成效所需要的时间都较短。但是,国家战略对东部地区的经济差距影响需要大概5年时间产生成效。形成上述结果的原因可能是,区域性国家战略能够针对不同区域不同经济发展目标,制定相应的产业发展政策,最终形成能够统筹兼顾的战略成效,但是长三角一体化战略对东部地区经济差距的影响需要较长的蛰伏期。

3. 要素流动对协调发展的影响

回归结果显示,劳动力数量对中西部经济差距影响显著为正;高素质劳动力对中西部经济差距影响显著为正,对东部地区影响不显著;资本对全域的经济差距影响显著为正。以上说明,劳动力数量的增加,包括高素质劳动力水平提升均会扩大中西部地区的区域间经济差距;资本的相对增加会扩大经济差距。劳动力净流入地,包括高素质劳动力水平提升地通过虹吸经济带内其他地区的人力资源,推动地区经济增长,进而加大了与劳动力净流出地的经济差距。

4. 创新水平、经济规模与质量对协调发展的影响

回归结果显示,经济规模对东部地区的经济差距影响显著为正,对中西部的经济差距影响显著为负;经济质量、区域创新水平对经济带各区域的经济差距影响均显著为正。说明经济规模在东部地区的相对下降,和在中西部地区的相对提升,都有利于缩小区域间的经济差距。地区经济质量与创新水平的提升则不利于缩小经济差距。

7.2 区域产业协调发展国际经验

对于经济区域的产业协调发展,国内外产业带、经济圈在一体化发展中的区域合作、产业带建立、能源节约、环境治理等方面有较为丰富的经验,学习这些经验也是探索长江经济带产业协调发展的良好途径。

7.2.1 以协调为目的的产业扶植政策

日本:产业扶植政策实施最早且最为典型的当数日本政府。日本加入关税与贸易总协定后(1955年),为了使本国产业在国际上的竞争力增强,政府一方面对重点产业实行贸易保护,一方面通过产业组织政策,加速企业规模的大型化和集团化,推动企业合并,实现规模经济效益,增强国际竞争力。但这一过程中并未忽视对中小企业的保护。为防止垄断,使经济保持竞争活力,日本政府制定了中小企业政策,从财政、金融和政府订货等方面对中小企业提供优惠待遇,在培训人才、经营管理等方面提供服务支持,促进中小企业现代化,增强其竞争力。

欧盟:为解决欧盟地区间经济差距过大问题,欧盟从20世纪70年代开始,通过入盟前援助基金、结构基金和聚合基金等多种政策工具,实行效率和公平协调区域政策。①入盟前援助基金,是欧盟对即将入盟的中东欧国家进行"入盟前援助",帮助申请国调整国内经济政策,以便顺利地与欧盟政策接轨。入盟前援助基金包括:以帮助申请国的中小企业振兴和产业再建等为目标的PHARE计划;以申请国的交通基本设施的整治和环境保护为目标的ISPA计划;旨在推进申请国的农业现代化和农村开发的SAPARD计划。入盟前援助基金只面向候补国。②结构基金,是欧盟区域政策工具中最重要的一部分,主要用于为经济落后地区建立基础设施,促进企业投资;支持面临结

构性问题的地区进行经济和社会调整更新教育和培训体制,促进就业。结构基金主要包括:支持落后地区中小企业的发展、促进投资和改善基础设施的欧洲区域发展基金(ERDF);帮助落后地区劳动者适应劳动市场变化,帮助失业人员和其他弱势群体重返工作岗位的欧洲社会基金(ESF);为农村地区采用农业新技术、改进农业产业结构和发展非农业产业提供资金支持的欧洲农业指导保障基金(EAGGF)等组成。③聚合基金以项目为基本单位,对经济落后成员国的环境和交通部门实施资助。该基金对人均国民生产总值低于欧盟平均水平90%的国家的环境和交通基础设施项目实施资助,资助额高达项目全部费用的80%～85%。一旦正式入盟,结构基金和聚合基金将取代入盟前援助基金。

美国:是最早采用政府采购政策的国家之一,也是世界上采用政府技术采购对技术创新进行扶持和推动最成功的国家之一。1933年美国国会通过的《购买美国产品法》,要求美国政府购买本国的产品和服务。据此,美国军方和政府通过政府采购,在计算机、半导体、集成电路、航空航天和生物制药等领域,扶持和发展了一批重大战略性技术,创立了新型产业并推动了这些产业的发展,带来了美国战后多年的繁荣和世界领先格局。美国的政府采购为具有自主知识产权的高技术企业产品提供需求市场。美国政府还非常仔细地关注区域经济的发展趋势,当产业一出现集中,城市一兴起,区域经济发展所需要的条件马上被建立起来,主要体现在公共物品的投资和建设上。这种公共物品既包括公共设施,还包括当地科技教育体系的建立。在对128公路产业带的发展过程中,政府资金投入和政府采购给予了较大的倾斜与优惠。

加拿大:政府实施"西部多元化发展计划",对该计划所支持的"新经济部门"的中小企业提供借款和融资项目帮助。该计划主导的贷款和基金有:先进科技发展贷款计划、支持技术革新项目基金、技术密集型产业发展基金等。此外还会开办各种企业家培训计划,取消对私人投资的限制,鼓励个人投资建立企业,培植企业家精神。

7.2.2 以协调为目的的产业优化布局

日本:京滨工业区是日本五大工业区之一,它以东京为中心,以关东平原为腹地,是包括东京、横滨以及川崎、千叶、横须贺等几个大中城市在内的日本最大的工业区,也是以钢铁、石油冶炼、石油化工、精密机械、商业服务、印刷出版等部门为主的综合性工业区。从东京都市区功能演进与京滨工业区产业布局发展状况分析,其发展过程大致可分为三个阶段:20世纪60年代前的京滨工业区企业集中和产业聚集阶段；20世纪60年代开始的产业向外扩散阶段；20世纪80年代之后的京滨工业区产业研发机能强化阶段。其中，从20世纪60年代中期开始，京滨工业区的发展进入了转折点。东京都市圈中心区域工业加速集聚导致了人口急速膨胀、生态环境问题恶化等城市问题。为了突破工业区内"一级集中"的发展瓶颈，东京都市圈实施了"工业分散"战略，发展周边新型副核心城市，制造业企业向外围城市迁移，在中心城区重点布局高附加值的高端服务性行业，提高三产占总产值比例。在东京都市圈"多核分散"的城市布局下，京滨工业区已经形成了分工明确、错位发展的产业格局。例如：机械工业主要集中在工业区的南部，并包括从相模原、八王子、日野、三鹰在内的西南部延伸到琦玉县南部区域；重化工业集中在川崎和横滨沿海地区；直接消费品工业集中在从工业密集区的东部到琦玉省和千叶县边境区域；印刷和出版装订业位于东京的中心部位。每种产业都相对集中于某一特定地理区域，达到较高的产城融合。

7.2.3 以协调为目的的节能环保政策

日本：一方面大力促进重化工业的设备大型化，推进技术自主创新和提高自动化水平；另一方面高度注重能源生产和消费技术的变革，使能源效率不断提升。能源强度实现年均下降3.32%，经济结构和能源效率迅速赶上了世界先进水平。1974年，日本启动了替代能源的阳光工程；1978年，启动了月光工程；1979年，实行了《节能法》。逐步实现了相对"最节能"的工业化过程。

韩国：①节能环保方面的制度创新。20世纪60年代韩国政府出台了第一部环境法律《公害防治法》，在70年代大力发展重工业的时候，提出不采取重工业的单一模式，特别是在济州岛采取了禁止任何工业的政策。1980年建立了韩国资源与环境公司实行清洁生产和环境保护的具体操作。90年代，韩国政府引进环境开发负担金和排放负担金等制度，开发环境指标体系，制定综合环境、能源、交通等方面为一体的、适宜于保护环境的能源政策。2000年，在宪法中明确提"环境权"。②及时采取产业替代战略。韩国在20世纪70年代提出的集中力量发展比轻工业具有更高附加值的造船、重型机械等行业，造成资源环境问题日益突出。80年代开始，韩国提出"以技术为主导"的战略口号，对原有高污染、高消耗的产业进行节能环保改造。③通过能源政策的有效推行，从用户及经营者方面努力提高能源利用效率。包括：加强余热回收与废弃物的再利用扩大区域能源供应。加强新型节能技术、可再生能源和新能源利用技术、排放最少的清洁能源技术的开发和利用。实行旨在节约能源的"自愿合同制",通过与耗能多的企业签订合同,在资金和税收等方面支持企业安装节能设备,推动产业节能环保化的改造。④鼓励多种能源间的竞争。包括:推进石油产业的自由化,扩大经营准许范围、放开对价格及贸易的限制。放宽对电力、天然气事业的限制,推进电力、天然气事业的民营化。

7.3 区域产业协调发展国内经验

7.3.1 以协调为目的的产业扶植经验

从产业协调发展的角度来看,影响产业协调发展的关键因素不是快速发展部门,而是产业关联链条中的薄弱环节,即瓶颈产业。

国家:2020年3月,中国银保监会出台的《关于加强产业链协同复工复产金融服务的通知》中提出,要加大产业链核心企业金融支持力度,优化产业链上下游企业金融服务,加强金融支持全球产业链协同发展,提升产业链金融服务科技水平,完善银行业金融机构考核激励和风险控制,加大保险和担保服务支持力度。

深圳:针对产业链关键环节,政府出台了绿色低碳、新兴产业、数字经济和新一代信息技术产业扶持计划,截至2021年10月,四个提升项目资助金额分别为6 547万元、17 343万元、26 506万元和16 995万元,合计达到6.7亿元。

7.3.2 以协调为目的的产业布局经验

珠三角:在产业转移过程中,往往是把产业链中劳动密集型、资源密集型或高污染的环节转移出去,而保留总部经济或高附加值环节。如佛山陶瓷业积极实行走出去战略,把生产线向外部市场扩张,将产业知识含量高部分留下来,最后将"躯体"向外伸展,将"头脑"留在佛山,把佛山建设成为中国建陶的技术、工艺的研发、营销、信息服务和会展业的中心,打造真正陶瓷的"总部经济"。这样在产业转出地和承接地之间形成了产业链上的垂直合作(黄利春,2010)。

京津冀:北京发挥科技创新中心功能,依托滨海-中关村科技园、宝坻-中关村科技城、保定-中关村创新中心等规划,不断向津冀地区输出优质的科技资源,提升区域产业结构高技术含量。津冀两省市按照区域整体产业布局要求,分别实施"3+4"产业布局战略和绿色农产品供给、物流产业、传统工业转型等政策。

7.3.3 以协调为目的的能源优化经验

国家能源局:2016年能源工作指导意见指出,要促进能源与高耗能产业协调发展。落实《国务院关于中西部地区承接产业转移的指导意见》,支持西部地区实施高耗能产业布局优化工程,提高能源就地消纳比例。支持东中部地区加快高耗能产业转移,实施清洁能源提速工程,降低对远距离能源输送的依赖。落实国家区域发展战略,编制实施《京津冀能源协同发展规划(2016—2025)》和《丝绸之路经济带核心区(新疆)能源规划》。促进区域能源协调发展,研究长江经济带能源发展思路和重点区域能源中长期发展规划。2018年提出编制实施全国生物燃料乙醇产业布局方案,扩大生物燃料乙醇生产。推进煤矿企业兼并重组和煤电、煤运、煤化工上下游产业融合,提高抵御市场风险能力。2020年提出,按照煤炭发展规划和产业政策,有序建设大型现代化煤矿,推动释放煤炭先进产能。推广应用绿色开采技术,进一步提高原煤入选比例,促进资源开发与生态环境保护协调发展。2021年提出,因地制宜做好煤电布局和结构优化,从严控制东部地区、大气污染防治重点地区新增煤电装机规模,适度合理布局支撑性煤电。落实国家区域协调发展战略,有序推进跨区跨省输电通道建设。加大能源"卡脖子"技术装备和核心部件攻关力度,提升产业链供应链现代化水平,深化能源产业链供应链实合作,努力实现开放条件下能源安全。

京津冀:2017年11月,京津冀联合制定的《京津冀能源协同发展行动计划(2017—2020年)》实施,这是三地首次联合发布区域能源协同发展规划,内容涵盖八大领域协同。以"计划+项目清单"的方式明确了任务安排,旨在打造一体化的新型能源系统,构建绿色低碳、安全高效的现代能源体系。三地将能源工作的重心放在压减煤炭消费、推进结构优化上,力争实现2020年京津冀的煤炭消费在3亿吨左右。

7.3.4 以协调为目的的环境治理经验

国家:2018年6月,中央出台《中共中央 国务院关于全面加强生态环境保护 坚决打好污染防治攻坚战的意见》,意见中提出总体目标:到2020年,生态环境质量总体改善,主要污染物排放总量大幅减少;确保到2035年节约资源和保护生态环境的空间格局、产业结构总体形成。在推动形成绿色发展方式中,主要方式是促进经济绿色低碳循环发展,包括:①调整优化不符合生态环境功能定位的产业布局、规模和结构;②加快城市建成区、重点流域的重污染企业和危险化学品企业搬迁改造;③加大钢铁等重点行业落后产能淘汰力度,大力发展节能环保产业、清洁生产产业、清洁能源产业等。根据中央文件要求,各地区相继制定、出台了相应的《污染防治三年行动计划(2018—2020)》,明确了各地区污染防治任务与责任部门。

上海:改革开放初期,上海市城市形态布局不合理,工业企业多数集中在中心城区。1984年底,在中心城区仅占全市面积4.5%的区域范围内,工业企业数、职工人数和工业产值分别占全市工业的54%、66%和68%。这种布局一方面使得中心城区的开发强度过大、污染负荷过高;另一方面工业企业与居民区密集混杂,导致企业和居民的矛盾过激,中心城区环境污染问题非常突出。20世纪90年代以来,上海市利用土地级差效应,将整个城市进行空间大置换,城市布局优化与产业结构调整同步进行,中心城区不断实施"退二进三"和"双增双减"战略,重点发展服务业,同时为城市基础设施建设腾出空间。郊区通过实施"工业向园区集中"布局战略,不但利用集聚效应,降低生产成本,提高生产效率,也实现了污染的集中治理。2005年,上海市中心城区的工业废水排放总量比1996年削减了76.8%,其中COD排放总量比1996年削减了89.4%;中心城区工业废气排放总量比1996年削减了45.6%,其中SO_2排放总量比1996年削减49.1%。

深圳:近年来,深圳不断推动产业转型升级,全面构建绿色经济体系,将绿色发展理念融入城市发展的肌理之中。在绿色经济体系中,深圳坚持以科技创新驱动产业转型升级。目前,深圳产业结构不断优化,呈现产业以高新技术、金融、物流、文化"四大支柱"产业为主,经济增量以新兴产业为主,规模以上工业以先进制造业为主,第三产业以现代服务业为主的"四个为主"特征。5G、人工智能、区块链等新兴产业发展走在全国前列。2019年,全市生产总值突破2.69万亿元,经济总量已居亚洲城市前五,在粤港澳大湾区排名第一。万元GDP能耗、水耗总体强度约为全国平均水平的60%和11%,单位GDP二氧化硫、氮氧化物排放量处于全国大中城市最低水平,实现了经济效益与生态效益双提升。2020年被生态环境部命名为国家生态文明建设示范市。

肇庆:2015年出台《肇庆市主体功能区规划的配套环保政策》,2017年出台《肇庆市西江水质保护负面清单(试行)》,严格落实"优化开发区、重点开发区、生态发展区、禁止开发区"四级管控。近年来,全市没有审批电镀、印染、陶瓷、制革等重污染项目，并出台了传统低效产业退出和整治提升工作方案，依法加快推进印染、电镀、造纸、制革等传统低效产业和重污染企业退出，推动 40 余家重点陶瓷企业完成"煤改气"，两个月补助资金 5 148 万元。2020 年被评为国家生态文明建设示范市。

7.4　总结与政策建议

　　本章在前文的研究框架下，构建了国家战略影响下的区域分工与协调发展关系模型，结果显示：国家战略对区域协调发展具有显著推进作用；东部地区的工业分工深化加剧了地区间经济差距；中西部地区功能分工深化可以缩小经济差距；经济带地区间经济规模的变化有利于缩小区域间的经济差距，经济质量与区域创新水平的提升则不利于缩小经济差距。

　　本章的启示有：需要警惕因工业分工深化可能造成的经济差距扩大，实现产业分工从低效无序向错位融合转型。江苏、浙江可以借鉴日本、德国的专、精、智、绿制造经验，走务实、智能、绿色的产业发展道路，应尽快提升参与价值链分工的水平，通过先试点后推广的办法，逐步进行产业的转型升级，扎实构建现代产业体系，形成国家现代产业体系的示范标杆。中游城市群应以加强武汉、长沙、南昌三个中心城市的经济联系为突破口，汲取长三角地区一体化发展的经验，不断增强中游城市群内部的产业联系，实现中游城市群的组团发展，成为国家中部崛起战略的排头兵。成渝城市群可以借助承接下游地区产业转移和"一带一路"向西开放的发展机遇，利用自身西南超大规模中心市场和区域交通枢纽的比较优势地位，以成渝线为长江经济带上的西部产业链主轴，沿主轴向南北进一步延伸拓展，盘活中西部地区的经济循环。云贵地区应充分利用云南自贸试验区的政策优势，建立边境旅游区，完善边境贸易配套服务，增加市场采购贸易方式试点，推动云南与贵州向南亚东南亚发展边境贸易，由边境贸易逐渐带动当地的外向型制造业发展，打通西南外向型经济发展的动脉。

第八章

长江经济带资源—产业—绿色协调发展

资源、产业和环境间的协调发展，作为区域协调发展的重要部分，是长江经济带实现一体化、高质量发展的必由之路。长江经济带战略实施后，资源—产业—绿色发展间的协调程度是否增强，区域要素配置是否趋向合理，产业发展是否有活力、是否趋向高级化，能源消耗效率是否提升，环境污染是否得到有效治理，弄清这些问题不仅可以一定程度检验长江经济带战略的实施成效，而且可以进一步明确长江经济带产业协调发展的推进方向。

8.1 产业协调发展衡量体系与测度

区域产业的协调发展，并非是仅关系产业本身的独立系统，而是一个涵盖产业、环境与资源的复杂系统。在这个系统中，通过劳动、资本、技术、政策等生产要素在各地区间的合理分配和调节，使各种生产要素的组合能够与各地区差异化产业发展的需求相适应，不断提升区域整体的投产—产出效率。在获得正向经济产出的同时，也应关注负向的环境产出，资源配置优化下的各地区产业发展也应受到能源消耗和污染排放的制约，高产出下的高污染损害了人和自然的长久利益，不是新发展阶段下的协调发展。因此，区域产业的协调发展是追求资源、产业、绿色三个系统间的动态平衡。

8.1.1 指标体系构建

在遵循全面性、系统性、层次性与可量化性四项基本原则的基础上，参考文献资料中分析产业发展，重点是区域产业分工程度、环境承载性与要素资源配置的常用指标。结合理论分析，确定本章衡量区域产业发展协调水平的主要指标变量，初步构建指标体系。

在资源配置方面，本章选取资本存量、外商投资水平衡量资本要素配置水平,选取从业人员数量、失业率衡量人力资源配置水平,选取政府支出衡量公共资源配置水平,选取专利授权量衡量创新资源配置水平,运用上述指标测算地区资源配置综合水平。在产业发展方面,本章研究的侧重点是区域产业分工与产业间关联水平,故选取第二产业增加值比重、第三产业增加值比重、GDP、人均GDP、人均GDP增长率指标测算地区产业发展综合水平。在绿色发展方面,本章选取能源消耗总量、碳排放总量衡量地区能源消耗规模与效率,选取工业废水排放水平、工业SO_2排放水平、工业固体废物产生水平测算地区绿色发展综合水平。

8.1.2 数据标准化与指标权重计算

本部分的数据来源于2006—2020年的《中国统计年鉴》《中国工业统计年鉴》《中国能源统计年鉴》《中国环境统计年鉴》《中国劳动统计年鉴》等,由于部分指标的最新数据只到2018年,协调度的计算选择四个时期,分别为:2005年、2010年、2015年和2018年。

由于数据的量纲、数量级以及属性各有不同,首先对数据进行标准化处理,其后运用熵权系数法对指标权重进行设定,计算方法此处略。具体指标与指标权重计算结果见表8-1。

表8-1 资源—产业—绿色的发展指标及权重

系统	指标	权重
资源配置	资本存量	0.169 5
	外商投资企业投资	0.178 0
	城镇登记失业率	0.157 2
	从业人员数	0.160 3
	地方财政支出总额	0.162 6
	发明专利授权数	0.172 4
产业发展	GDP	0.216 6
	人均GDP	0.201 8
	第二产业增加值比重	0.204 3
	第三产业增加值比重	0.197 0
	GDP增长率	0.180 4

续表

系统	指标	权重
绿色发展	碳排放总量	0.201 8
	能源消耗总量	0.194 8
	工业废水排放排放量	0.191 9
	工业二氧化硫排放量	0.199 0
	固体废弃物产生量	0.212 5

8.1.3 综合发展水平与耦合协调度

根据各指标的权重依次算出各系统的综合发展水平,运用耦合度函数和耦合度协调函数测算产业协调发展水平。其中,耦合度函数仅能够描述系统之间协调发展的程度,耦合度协调函数不仅能够反映系统之间的协调程度,还能体现协调发展水平的阶段性。具体方法此处省略,可详见朱江丽和李子联(2015)的论文。

8.2 长江经济带产业协调发展的特征及问题

8.2.1 长江经济带的地区间资源配置

1. 资本与投资

将经济带 2005 年和 2017 年的各地区资本存量相对份额,按 2005 年结果排序后作图于 8-1。由图可以看出,下游三省市的资本存量份额在 2005 年为经济带内最高,而在 2017 年,只有江苏和浙江最高,上海的份额已经低于四川、湖北、湖南的份额。将 2005—2017 年各地区资本存量相对份额的变化整体视为经济带内资本的流动,可以看出,资本正从下游地区,特别是浙江、上海流入到中游和上游的部分地区,包括湖北、湖南、贵州、云南。伴随资本转移的是企业的转移。

将经济带 2005 年、2016 年和 2019 年的各地区外商投资相对份额,按 2005 年结果排序后作图于 8-2。由图可以看出,下游三省市的外商投资份额在观察的三个年份里均为经济带内最高。但 2005—2016 年的 12 年期间,江苏和浙江的份额分别减少了 3.6 和 2.1 个百分点,四川、重庆分别增加了 1.4 和 2.4 个百分点;在 2016—2019 年的 4 年期间,江苏、上海的份额分别减少了 4.5 和 4.4 个百分点,四川、湖南和安徽则分别增加了 3.8、2.5 和 1.7 个百分点。在一定程度上反映了在经济带国家战略出台后,外商投资加速从下游地区向部分中游和上游地区流动。伴随外商投资转移的是外资企业在华的转移。

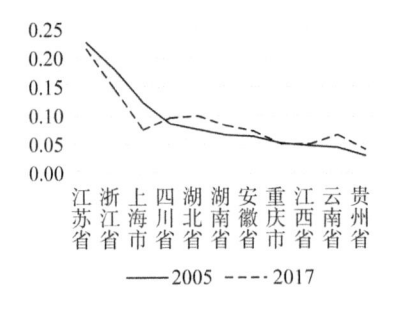

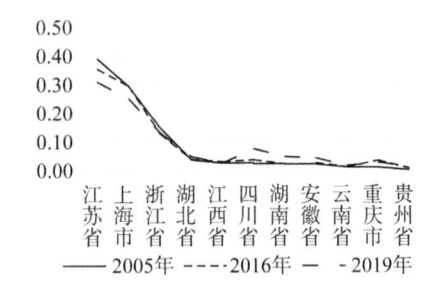

图 8-1　资本存量相对份额截面数据

图 8-2　外商投资相对份额截面数据

2. 人力资源

将经济带 2008 年、2016 年和 2019 年的从业人员相对份额,按 2008 年结果排序后作图于 8-3,由图可以看出,浙江、江苏和四川的从业人员相对份额在三个考察年份中均为经济带内最高。相比 2008 年,2016 年和 2019 年的从业人员相对份额均在上升的有上海,下降的有浙江、湖北和云南,经历了先下降后上升的有四川、湖南、安徽和贵州,经历了先上升后下降的有江苏、江西和重庆。从业人员相对份额变化轨迹,一定程度反映了区域内劳动力资源在不同时期的流动倾向。可以看出在国家战略出台后,刺激了劳动力在区域内相对地从江苏、江西和重庆等地流入安徽、湖南、四川和贵州等地。劳动力的流动覆盖上中下游,但受到地域环境等综合因素影响,人员的流动很大可能存在临近性,即流入周边区域,例如原在江苏的劳动力迁移到安徽,在江西的劳动力迁移到湖南,在重庆的劳动力迁移到四川和贵州,当然这需要进一步的数据分析实证。

将经济带 2005 年、2016 年和 2019 年的各地区城镇就业人员失业率,按 2005 年结果排序后作图于 8-4,由图可以看出,2005 年中西部地区的失业率普遍较高,对比而言,2016 年、2019 年各地区的失业率都在下降。相比 2005 年,2016 年湖北、安徽、贵州和浙江的失业率分别下降了 1.9、1.2、1 和 0.8 个百分点,相比 2016 年,2019 年湖南、重庆、四川、上海和安徽的失业率分别下降了 1.5、1.1、0.9 和 0.6 个百分点。在一定程度上可以说明劳动力资源在经济带中的配置效率不断提升,特别在经济带国家战略出台后,中游地区和重庆的劳动力资源配置效率已经超过了上海和江苏两个下游地区,均低于3%。

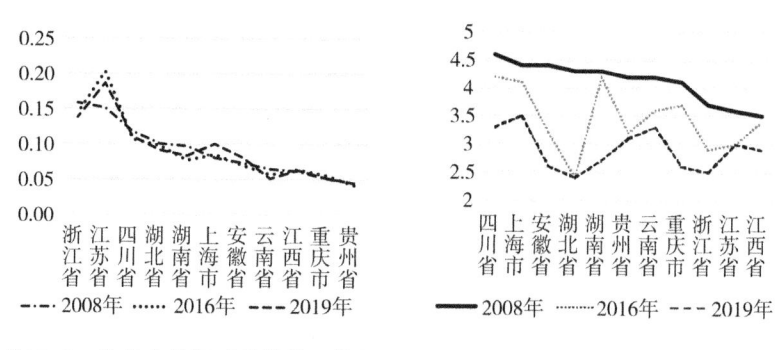

图8-3 从业人员相对份额截面数据

图8-4 失业率截面数据

将经济带2005年、2016年和2019年的各地区就业人员大专以上学历受教育比例,按2005年结果排序后作图于8-5。由图可以发现,下游三省市的受教育平均程度在三个时期均为经济带内最高,且均在不断提升。相比2005年,2016年除下游三省市外,重庆、湖北、湖南和四川的受教育平均程度上升较快,均提升超过10个百分点;相比2016年,2019年6个地区的受教育平均程度上升较快,均提升超过4个百分点,其中贵州、云南和江西的受教育平均程度最低。在一定程度上可以说明教育资源在经济带内流动,长江经济带国家战略出台后,教育资源更多地在向下游的上海,中游的安徽和湖南,上游的重庆、云南和四川等地区流入。

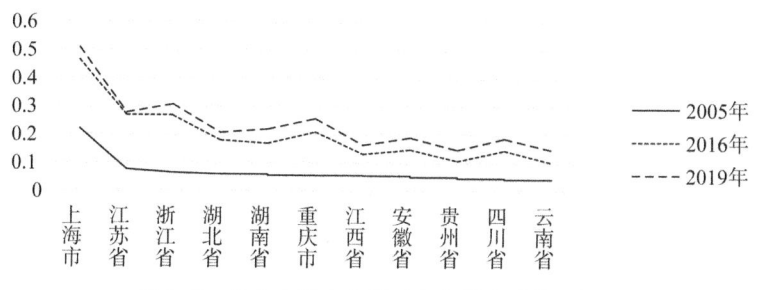

图8-5 就业人员大专及以上学历比重截面数据

3. 地方财政支出

将经济带2005年、2016年和2019年的各地方财政支出相对份额,按2005年结果排序后作图于8-6。由图可以看出,下游三省市的地方财政支出份额在2005年为经济带内最高。相比2005年,2016年上海、浙江和江苏的地区政府支出份额分别减少5.7、2和1.5个百分点,除云南外的中上游地区,份额都在上升。相比2016年，2019年浙江、江西、贵州、云南和安徽的地方财政支出份额在上升，其余地区均在减少。2019年，江苏、浙江和四川的地方财政支出规模占比超过10%，重庆、贵州和江西的占比在6%左右。地方财政支出在一定程度上体现了政府资源的分配，长江经济带国家战略出台后，经济带中上游地区的地方公共资金正在加速投放。

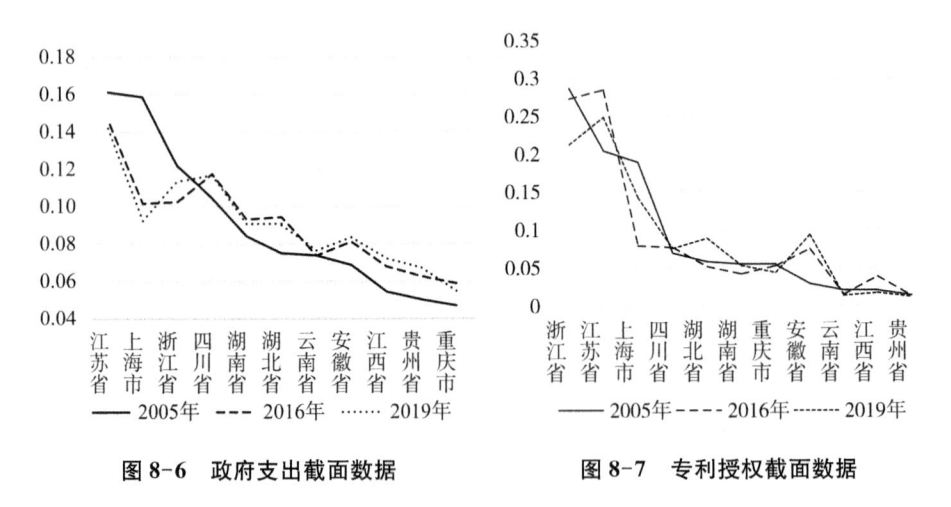

图8-6　政府支出截面数据

图8-7　专利授权截面数据

4. 技术进步

将经济带2005年、2016年和2019年的发明专利授权数相对份额，按2005年结果排序后作图于8-7。由图可以看出，下游三省市的发明专利授权数份额在2005年为经济带内最高。相比2005年，2016年江苏、四川、安徽和江西的发明专利授权数份额分别增加8、4.6、1.8和0.8个百分点，其余地区都以不同程度下降，其中上海下降11个百分点。相比2016年，2019年上海、湖北、湖南和安徽的发明专利授权数份额分别增加6.3、3.7、1.1和1.9个百分点，其余地区以不同程度下降，其中浙江、江苏和江西分别下降了6、3.6、2.1个百分点，最终使得安徽的发明专利授权数份额次于下游三省市，达到9.36%。发明专利授权数一定程度体现了地区创新资源的分配，长江经济带国家战略出台后，经济带内创新资源正从下游地区流向中游的安徽和湖北等地。

5. 综合水平

根据资源指标权重计算长江经济带各地区资源配置水平，并作图8-8。由图可以看出，2005年经济带资源配置水平形成两个梯队，下游地区的资源配置水平普遍高于中西部地区，下游中又以江苏的资源配置水平最高，上海与浙江接近,表明此时的产业发展资源主要集中在下游地区,下游中又主要集中在江苏地区。此后的3个阶段数据显示,下游的资源配置水平多在不断下降,上海资源配置水平的下降幅度最大;中下游的湖北资源配置水平在较大幅度提升,云南从2010年开始在缓慢提升,重庆、贵州基本不变,而江西、湖南、四川则在较大幅度地下降。由此表明,2005年前后,下游和部分中游地区的产业资源相对地在向安徽和湖北转移,经过十几年的发展变迁,安徽、湖北的产业资源水平在经济带中仅次于下游三省市,而江西的产业资源水平与贵州、云南相当。

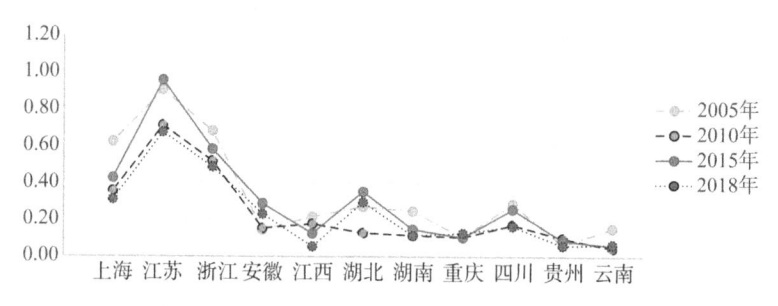

图 8-8 长江经济带资源配置综合水平截面图

8.2.2 长江经济带的地区产业关联

1. 直接关联效应

根据产业的前后项关联度公式,继续利用2012年的中国地区投入产出表测算长江经济带各地区各产业部门的产业关联系数。将各产业前后向直接、完全关联效应结果根据关联效应值分别列入直接关联效应矩阵(表8-2)和完全关联效应矩阵(表8-3)。由表8-2所示,整个经济带具有相对普遍规律的产业有27个,其中中间投入型的产业有3个制造业、2个服务业,中间投入型基础产业有4个制造业和4个服务业;最终需求型产业5个,最终需求型基础产业9个。中间投入型的产业相对较少,且基础产业涉及更多,最终需求型产业较多,但主要停留在基础阶段,对前后向产业的影响力较小,产业整体较为封闭。

42个部门中余下的15个部门存在区域异质性,从表8-2可以较直观地看出,上下游的中间投入型基础产业、最终需求型产业涉及较多,差异也较大。以纺织品产业为例,上游的纺织品产业属于中间投入型基础产业,而在下游,纺织品产业属于最终需求型产业,说明上游生产的纺织品主要在纺织品产业链的前端,供应纺织原材料,而下游生产的纺织品主要在纺织品产业链的末端,供应纺织品的成品。相反的是煤炭采选业,上游的煤炭采选业属于最终需求型产业,下游的煤炭采选业属于中间投入型基础产业,说明上游的煤炭采选主要在产业链的末端,而下游的煤炭采选主要在产业链的前端。此外,还可以发现同样是造纸印刷和文教体育用品产业,上游属于中间投入型基础产业,在产业链的前端,而下游属于中间投入型产业,在产业链的中端,相比上游,下游的造纸印刷和文教体育用品产业在价值链的更高端。

表8-2 长江经济带直接关联效应矩阵

	前向关联效应大 (中间需求率大)	前向关联效应小 (中间需求率大)
后向关联效应大 (中间投入率大)	中间投入型产业(产业链中端) 经济带:石油、炼焦产品和核燃料加工,非金属矿物制品,金属冶炼和压延加工品(除赣湘贵),交通运输、仓储和邮政,金融 下游:造纸印刷和文教体育用品 渝:通用设备制造,金属制品	最终需求型产业(产业链末端) 经济带:食品和烟草,化学产品,交通运输设备,电力、热力的生产和供应,建筑 上游:煤炭采选产品,信息传输、软件和信息技术服务,公共管理、社会保障和社会组织 下游:纺织品,纺织服装鞋帽皮革羽绒及其制品,木材加工品和家具,金属制品,通用设备,专用设备,电气机械和器材,通信设备、计算机和其他电子设备 沪浙皖川:通用设备 赣湘云贵:金属冶炼和压延加工品
后向关联效应小 (中间投入率大)	中间投入型基础产业(产业链前端) 经济带:金属矿采选,非金属矿和其他矿采选,废品废料,金属制品,机械和设备修理服务,批发和零售,住宿和餐饮,租赁和商务服务,居民服务、修理和其他服务 上游:纺织品,造纸印刷和文教体育用品,金属制品,通用设备,专用设备,电气机械和器材,通信设备、计算机和其他电子设备,仪器仪表,燃气生产和供应 下游:煤炭采选产品,水的生产和供应,信息传输、软件和信息技术服务 云贵:通用设备	最终需求型基础产业(产业链相对独立) 经济带:农林牧渔产品和服务,石油和天然气开采产品,木材加工品和家具,仪器仪表,房地产,水利、环境和公共设施管理,教育,卫生和社会工作,文化、体育和娱乐 下游:燃气生产和供应,科学研究和技术服务,公共管理、社会保障和社会组织

资料来源:作者整理。

2. 完全关联效应

由表8-3所示,整个经济带基于完全关联效应结果下,具有相对普遍规律的产业只有16个,呈现出更大的产业差异和区域差异性。其中中间投入型产业2个制造业、1个服务业,中间投入型基础产业3个制造业;最终需求型产业5个,最终需求型基础产业5个。42个部门中余下的26个部门从表8-3可以较直观地看出,区域的划分很难简单地以上中下游进行,更多产业在上下游两个区域的末端,或者在下游地区和安徽、重庆之间,或仅在云南、贵州地区形成相似性。例如上海、浙江、贵州和云南四地中有6个服务业都属于中间投入型产业,3个服务业都属于最终需求型产业;下游和安徽、重庆有10个产业属于最终需求型产业;云南、贵州也有10个产业有共同特征。

从产业的视角,直接关联效应与完全关联效应结果相差较大的产业有:沪浙云贵的批发和零售、住宿和餐饮等5个服务业,从中间投入型基础产业转变为中间投入型产业,沪浙云贵的教育、卫生和社会工作从最终需求型基础产业转变为最终需求型产业,都是后向完全关联效应较大;中下游的石油和天然气开采产品从最终需求型基础产业转变为中间投入型基础产业,即前向完全关联效应较大;上海、江苏、云南的石油、炼焦产品和核燃料加工品从中间投入型产业转变为中间投入型基础产业,即后向完全关联效应较小;云南、贵州的化学产品从最终需求型产业,非金属矿物制品从中间投入型产业转变为最终需求型基础产业,即前后向完全关联效应都较小,非金属矿和其他矿采选产品从中间投入型基础产业转变为最终需求型产业,即后向完全关联效应大、前向完全关联效应小。

表 8-3 长江经济带完全关联效应矩阵

	前向关联效应大 (中间需求率大)	前向关联效应小 (中间需求率大)
后向关联效应大 (中间投入率大)	中间投入型产业(产业链中端) 经济带:石油、炼焦产品和核燃料加工品(沪苏云除外),电力、热力的生产和供应,交通运输、仓储和邮政 沪浙云贵:批发和零售,住宿和餐饮,信息传输、软件和信息技术服务,金融,租赁和商务服务,居民服务、修理和其他服务 下游+皖渝:金属冶炼和压延加工品 下游:信息传输、软件和信息技术服务 云贵:造纸印刷和文教体育用品,燃气生产和供应	最终需求型产业(产业链末端) 经济带:农林牧渔产品和服务,食品和烟草,建筑,交通运输设备,金属冶炼和压延加工品(下游皖渝除外) 沪浙云贵:教育,卫生和社会工作,公共管理、社会保障和社会组织 下游+皖渝:造纸印刷和文教体育用品,化学产品,非金属矿物制品,金属制品,通用设备,专用设备,电气机械和器材,通信设备、计算机和其他电子设备,仪器仪表,金融 下游:纺织服装鞋帽皮革羽绒及其制品 云贵:煤炭采选产品,非金属矿和其他矿采选产品

续表

	前向关联效应大 （中间需求率大）	前向关联效应小 （中间需求率大）
后向关联效应小 （中间投入率大）	中间投入型基础产业（产业链前端） 经济带：金属矿采选，废品废料，金属制品，机械和设备修理服务 除沪浙云贵外：批发和零售，住宿和餐饮，金融，租赁和商务服务，居民服务，修理和其他服务 中下游：煤炭采选产品，石油和天然气开采产品，非金属矿和其他矿采选产品 沪苏云：石油，炼焦产品和核燃料加工品 云贵：纺织品，纺织服装鞋帽皮革羽绒及其制品，通用设备，专用设备	最终需求型基础产业（产业链相对独立） 经济带：木材加工品和家具，水的生产和供应，房地产（除沪云），文化、体育和娱乐，水利、环境和公共设施管理 除沪浙云贵外：燃气生产和供应，教育，卫生和社会工作，公共管理、社会保障和社会组织 云贵：化学产品，非金属矿物制品

资料来源：作者整理。

相比完全关联效应，直接关联效应结果下的整个经济带具有相对普遍规律的产业更多，但是中间投入型产业相对较少，多数是中低端产业；最终需求型产业较多，但对前后向产业的影响力较小，产业链条整体较为封闭。相比直接关联效应，完全关联效应结果下的整个经济带呈现出更大的产业差异和区域差异性。此外，在不同的地区，相同的产业部门所处的产业链位置不同，体现出了产业在高质量发展方面的地区差异。

3. 产业影响力与感应度

根据产业的影响力和感应度系数公式，利用2012年的国内投入产出表测算长江经济带各地区产业的影响力和感应度系数，结果分别列于表8-4和表8-5。

（1）产业影响力

根据表8-4所示，整个经济带影响力系数普遍较高的产业部门有化学产品业、非金属矿物制品业、金属冶炼和压延加工业、电力、热力的生产和供应业、建筑业等5个工业部门，以及交通运输、仓储和邮政业1个服务业部门，说明上述产业在经济带各地区都是基础型产业。此外，7个地区的食品和烟草业，江浙沪皖川渝的装备制造业，江西与湖南的部分装备制造业，上海、四川和中游地区的批发零售业，中上游地区的部分服务业影响力系数也较高。说明除下游地区外，代表资本密集型产业的装备制造业在安徽、重庆已经形成规模，在江西与湖南也正起步。代表劳动密集型产业的食品和烟草业在中上游多数地区具有较强的影响力，说明中上游地区仍处于工业化初期，处在国家价值链上游；代表传统服务业的批发零售业在上海、四川和中游地区具有较强的影响力，说明上述地区作为产业链终端在服务区域或全国的内需市场。中上游地区的部分服务业影响力系数也较高，说明发展中上游地区的相关服务业，有利于带动其他制造业等产业的发展，在中上游地区，制造业与服务业的发展应该同步推进。

(2) 产业感应度

根据表8-5所示，与前文的指标结果不同，整个经济带范围没有感应度系数普遍较高的产业，较高的产业存在区域、产业异质性。除上海、贵州和云南以外地区的采选业感应度系数普遍较高，主要是由于经济带其他地区的矿产资源较为匮乏，主要依赖于外部输入，造成了采选业受其他产业影响较大。安徽至四川的造纸印刷和文教体育用品至化学产品，以及批发和零售至金融业，以及租赁和商务服务，科学研究和技术服务，居民服务、修理和其他服务的感应度系数普遍较高，说明上述产业在上述地区，或因为缺乏产业基础，或因为缺乏核心技术，尚无法形成独立的产业链，产业的发展更多依赖外部地区的产业资源供应。

综上所述，5个工业部门和1个服务业部门在经济带各地区都属于基础型产业。代表资本密集型产业的装备制造业，代表劳动密集型产业的食品和烟草业，代表传统服务业的批发零售业都在不同地区呈现较强的影响力。相比影响力系数，感应度系数较高的产业存在区域、产业异质性。其中多数地区的采选业，以及安徽至四川的部分产业感应度系数普遍较高，说明这些地区的生产资料更多需要依赖外部地区供应。

4. 综合水平比较

根据产业发展指标权重计算长江经济带各地区的产业发展水平，并作图8-9。由图可以看出，2005年经济带产业发展水平也形成了两个梯队，下游地区的普遍高于中西部地区，下游中又以江苏的资源配置水平最高，但与资源配置水平不同的是：上海与江苏的水平比较接近，浙江稍微低一些，表明此时下游江浙沪三地的产业发展水平显著高于其他地区。此后的3个阶段数据显示，上海的产业发展水平在不断下降；中游四个地区及云南的产业发展水平在大幅提升，重庆、四川都经历了先快速上升又快速下降的过程，贵州依旧基本不变。由此表明，2005年前后，江浙的产业发展水平仍旧在经济带中具有相对优势，中游地区在崛起，但是上海和西部成渝的相对优势在下降。

表8-4 长江经济带各地区产业部门的影响力系数

产业名称	序号	上海	江苏	浙江	安徽	江西	湖北	湖南	四川	重庆	贵州	云南
农林牧渔产品和服务	zs1	0.132 6	0.287 4	0.252 1	1.172 9	0.902 4	1.468 4	1.497 6	1.232 7	0.314 2	1.395 8	1.338 6
煤炭采选产品	zs2	0.000 0	0.054 4	0.015 2	0.776 8	0.583 2	0.118 5	0.650 1	1.106 6	0.390 0	4.655 2	0.964 3
石油和天然气开采产品	zs3	0.002 3	0.004 3	0.000 0	0.000 0	0.000 0	0.061 0	0.000 0	0.368 6	0.024 6	0.000 0	0.000 0
金属矿采选产品	zs4	0.000 0	0.189 2	0.033 1	0.590 2	1.327 0	0.451 8	0.622 7	0.688 5	0.109 8	0.035 5	0.794 7
非金属矿和其他矿采选产品	zs5	0.000 0	0.059 5	0.082 6	0.326 1	0.418 8	0.402 6	0.308 9	0.690 8	0.312 0	0.130 3	0.467 7
食品和烟草	zs6	0.531 2	0.337 3	0.680 1	2.002 6	1.551 2	3.098 4	2.022 0	2.216 3	0.725 0	1.160 7	1.509 2
纺织品	zs7	0.192 4	0.866 2	2.319 9	0.761 1	0.704 0	1.214 2	0.450 1	0.597 3	0.183 5	0.012 9	0.054 8
纺织服装鞋帽皮革羽绒及其制品	zs8	0.352 0	0.567 9	1.196 6	0.775 0	1.360 0	0.846 0	0.541 0	0.538 4	0.399 6	0.140 3	0.043 7
木材加工品和家具	zs9	0.212 1	0.291 2	0.493 9	0.525 8	0.533 5	0.203 1	0.629 7	0.675 8	0.150 2	0.068 6	0.150 1
造纸印刷和文教体育用品	zs10	0.729 0	0.399 3	1.549 7	0.712 6	1.114 1	0.760 0	1.108 6	0.954 1	0.483 7	0.150 4	0.464 3
石油、炼焦产品和核燃料加工品	zs11	3.847 3	1.255 7	0.094 6	0.168 0	0.321 7	1.345 5	1.337 3	0.683 2	0.333 0	0.359 5	0.545 6
化学产品	zs12	5.112 8	3.354 7	4.486 3	3.255 0	3.470 7	4.491 3	3.161 1	3.004 3	3.019 1	5.461 1	2.153 8
非金属矿物制品	zs13	0.277 2	0.890 3	1.544 9	1.902 1	2.737 9	2.446 9	2.203 6	2.067 1	2.059 0	1.622 0	1.156 9
金属冶炼和压延加工品	zs14	1.406 3	9.425 4	3.572 9	4.112 1	7.324 9	2.700 1	4.414 7	3.791 1	3.922 5	5.436 8	5.890 1
金属制品	zs15	0.533 1	1.679 3	1.476 3	1.042 3	0.705 9	0.749 8	0.678 1	0.794 1	0.791 9	0.264 0	0.213 6
通用设备	zs16	1.317 5	2.019 6	2.128 0	1.398 1	0.701 5	0.555 2	1.293 9	01.760 9	1.366 8	0.134 2	0.176 8
专用设备	zs17	0.636 2	1.284 6	0.818 4	1.155 0	0.570 5	0.392 2	2.805 2	1.194 9	0.555 4	0.199 5	0.205 4
交通运输设备	zs18	2.377 5	2.782 3	1.519 9	2.081 8	1.316 5	2.814 9	1.253 6	1.790 4	7.405 7	0.931 9	0.340 9
电气机械和器材	zs19	1.174 8	4.348 2	2.175 8	3.479 6	1.679 3	0.858 8	0.927 7	1.048 8	1.862 1	0.247 3	0.214 0

续表

产业名称	序号	上海	江苏	浙江	安徽	江西	湖北	湖南	四川	重庆	贵州	云南
通信设备、计算机和其他电子设备	zs20	●2.330 2	●3.063 3	0.732 1	0.767 3	1.098 0	0.450 8	0.870 2	2.035 1	●1.302 2	0.186 7	0.099 7
仪器仪表	zs21	0.108 6	0.724 0	0.226 3	0.145 7	0.260 0	0.072 6	0.260 7	0.121 5	0.219 6	0.027 1	0.062 1
其他制造产品	zs22	0.064 6	0.050 8	0.479 3	0.258 8	0.046 6	0.153 7	0.242 9	0.076 4	0.258 9	0.094 3	0.013 7
废品废料	zs23	0.050 4	0.101 0	0.149 9	0.764 0	0.148 8	0.063 7	0.227 1	0.070 9	0.073 8	0.077 0	0.003 3
金属制品、机械和设备修理服务	zs24	0.048 0	0.011 3	0.078 8	0.047 5	0.011 0	0.020 5	0.099 4	0.187 7	●0.011 8	0.007 0	0.003 3
电力、热力的生产和供应	zs25	0.286 1	●1.033 0	●8.767 5	●1.880 7	●2.098 8	●3.258 0	●1.157 7	●1.749 4	●2.249 1	●5.757 3	●3.886 6
燃气生产和供应	zs26	0.310 7	0.177 9	0.009 1	0.384 5	0.268 0	0.218 1	0.300 4	0.359 0	0.677 4	0.096 2	0.266 4
水的生产和供应	zs27	0.021 8	0.012 8	0.082 0	0.039 5	0.034 6	0.070 9	0.078 6	0.173 6	0.027 5	0.066 2	0.233 8
建筑	zs28	●2.319 6	●3.625 0	●3.891 2	●4.344 7	●4.731 5	●5.262 7	●5.318 6	●5.245 7	●8.174 3	●5.805 3	●8.469 9
批发和零售	zs29	●2.199 6	0.237 0	0.405 9	0.543 1	1.823 6	0.588 4	0.888 1	0.771 9	0.327 3	0.340 9	●1.109 3
交通运输、仓储和邮政	zs30	●7.098 1	0.870 4	0.278 8	●1.403 9	●1.018 5	●2.802 5	●1.483 6	0.876 1	●1.468 9	●2.649 4	●3.801 6
住宿和餐饮	zs31	0.320 6	0.170 0	0.392 0	0.485 4	0.477 5	0.523 6	0.743 9	0.637 0	0.210 0	0.428 3	0.685 7
信息传输、软件和信息技术服务	zs32	0.718 8	0.170 9	0.224 6	0.291 2	0.211 7	0.310 6	0.277 6	0.741 6	0.552 5	0.529 8	●1.422 1
金融	zs33	0.712 5	0.352 3	0.380 4	0.912 8	0.518 6	0.393 3	0.724 8	0.558 1	0.485 6	0.662 4	0.746 8
房地产	zs34	0.261 7	0.149 9	0.088 6	0.444 3	0.110 1	0.171 4	0.220 4	0.311 1	0.151 5	0.132 5	0.273 9
租赁和商务服务	zs35	●4.358 3	0.293 7	0.396 1	0.541 5	0.255 3	0.656 5	0.466 6	0.461 3	0.323 4	0.424 2	●1.580 2
科学研究和技术服务	zs36	0.703 3	0.208 7	0.187 2	0.192 9	0.093 1	0.398 3	0.282 3	0.370 7	0.246 7	0.196 8	0.415 2
水利、环境和公共设施管理	zs37	0.113 1	0.052 6	0.067 0	0.181 3	0.058 3	0.054 1	0.048 9	0.110 8	0.024 6	0.054 3	0.071 5
居民服务、修理和其他服务	zs38	0.170 3	0.156 5	0.100 4	0.160 8	0.206 7	0.116 7	0.733 7	0.469 8	0.118 2	0.497 5	0.190 3

续表

产业名称	序号	上海	江苏	浙江	安徽	江西	湖北	湖南	四川	重庆	贵州	云南
教育	zs39	0.150 6	0.081 8	0.130 4	0.323 8	0.268 7	0.330 5	0.306 3	0.394 5	0.108 7	0.195 5	0.272 1
卫生和社会工作	zs40	0.422 1	0.154 3	0.275 2	0.911 5	0.271 1	0.358 6	0.275 7	0.263 6	0.264 3	0.405 0	0.556 2
文化、体育和娱乐	zs41	0.090 2	0.061 1	0.086 2	0.054 5	0.125 5	0.160 8	0.451 5	0.244 7	0.083 5	0.151 3	0.198 3
公共管理、社会保障和社会组织	zs42	0.306 3	0.144 4	0.130 5	0.682 6	0.540 8	0.584 0	0.634 8	0.565 6	0.232 1	0.809 0	0.953 7

数据来源：作者计算。

第八章 长江经济带资源—产业—绿色协调发展

表8-5 长江经济带各地区产业部门的感应度系数

产业名称	序号	上海	江苏	浙江	安徽	江西	湖北	湖南	四川	重庆	贵州	云南
农林牧渔产品和服务	zs1	0.052 4	0.166 5	0.050 1	0.341 6	0.667 3	0.548 3	0.566 6	0.667 6	0.120 5	0.064 2	0.047 1
煤炭采选产品	zs2	0.000 0	4.147 8	36.942 7	1.450 6	3.893 6	12.571 2	3.644 4	1.695 3	0.330 2	0.207 6	0.219 3
石油和天然气开采产品	zs3	34.002 6	6.409 5	0.000 0	0.000 0	0.000 0	5.728 5	0.000 0	2.846 0	8.023 9	0.000 0	0.000 0
金属矿采选产品	zs4	0.000 0	19.835 5	2.360 5	1.659 5	1.854 1	1.982 7	2.363 1	1.772 8	2.326 9	1.192 4	0.236 0
非金属矿和其他矿采选产品	zs5	0.000 0	2.584 5	0.190 3	1.491 7	1.131 5	0.464 3	1.764 7	1.635 8	0.542 9	0.286 0	0.220 6
食品和烟草	zs6	0.022 7	0.131 6	0.023 6	0.142 3	0.666 9	0.397 1	0.348 7	0.423 1	0.064 6	0.033 5	0.025 4
纺织品	zs7	0.100 3	0.114 7	0.035 0	0.555 2	1.025 6	0.648 9	0.544 1	0.732 0	0.105 7	1.726 3	0.557 5
纺织服装鞋帽皮革羽绒及其制品	zs8	0.017 1	0.027 6	0.013 2	0.162 0	0.599 7	0.256 7	0.469 3	0.618 1	0.089 8	0.546 3	1.231 2
木材加工品和家具	zs9	0.049 9	0.101 5	0.033 1	0.248 5	0.501 0	0.310 3	0.735 7	0.738 0	0.177 2	0.179 9	0.246 4
造纸印刷和文教体育用品	zs10	0.049 8	0.239 5	0.055 7	1.108 1	1.181 0	1.422 8	1.334 3	1.373 6	0.286 0	0.994 7	0.295 5
石油、炼焦产品和核燃料加工品	zs11	0.210 2	0.296 3	0.108 5	2.424 1	1.666 7	1.318 1	5.484 2	2.842 9	1.841 0	0.898 0	0.382 4
化学产品	zs12	0.057 7	0.208 0	0.079 9	0.790 8	1.046 3	0.726 4	1.129 9	1.316 6	0.229 4	0.151 0	0.150 8
非金属矿物制品	zs13	0.112 2	0.228 0	0.065 5	0.324 3	0.612 6	0.550 4	0.754 4	0.689 8	0.188 5	0.142 5	0.176 4
金属冶炼和压延加工品	zs14	0.166 2	0.383 2	0.220 1	1.263 8	1.349 5	0.793 1	0.981 1	1.581 5	0.468 9	0.133 7	0.084 4
金属制品	zs15	0.036 5	0.212 3	0.037 5	0.342 8	0.540 3	0.150 8	0.670 9	1.070 5	0.196 0	0.380 6	0.496 3
通用设备	zs16	0.031 3	0.102 2	0.030 8	0.432 1	0.866 0	0.486 7	0.580 3	0.781 1	0.240 4	0.559 8	1.042 0
专用设备	zs17	0.016 6	0.053 3	0.031 7	0.252 6	0.583 5	0.356 2	0.169 2	0.578 2	0.086 5	0.274 6	0.359 6
交通运输设备	zs18	0.020 8	0.026 6	0.024 6	0.128 6	0.583 7	0.119 6	0.412 8	0.584 8	0.050 8	0.216 6	0.127 6
电气机械和器材	zs19	0.039 5	0.054 8	0.035 5	0.125 2	0.747 6	0.440 7	0.645 4	0.998 4	0.056 7	0.400 1	0.800 3

续表

产业名称	序号	上海	江苏	浙江	安徽	江西	湖北	湖南	四川	重庆	贵州	云南
通信设备、计算机和其他电子设备	zs20	0.067 8	0.086 2	0.054 2	0.393 5	2.058 7	0.274 4	0.545 5	0.921 6	0.254 7	0.421 4	3.132 2
仪器仪表	zs21	0.030 5	0.049 1	0.048 9	0.458 8	0.529 0	0.424 6	0.563 5	1.883 4	0.120 1	0.604 4	0.945 8
其他制造产品	zs22	0.224 6	0.274 3	0.031 3	0.378 5	0.418 7	0.638 2	0.720 6	1.512 2	0.038 6	0.079 1	1.906 3
废品废料	zs23	4.644 7	0.285 7	0.676 1	2.901 3	2.536 7	1.690 5	4.979 6	2.912 9	2.951 0	7.573 8	0.204 9
金属制品、机械和设备修理服务	zs24	1.283 3	3.835 2	0.145 4	14.774 6	2.828 4	1.006 5	1.396 5	1.729 9	20.610 8	22.775 4	27.588 0
电力、热力的生产和供应	zs25	0.107 9	0.302 3	0.107 8	0.609 1	2.500 7	1.484 7	1.405 2	1.473 3	0.616 2	0.213 3	0.172 0
燃气生产和供应	zs26	0.079 7	0.372 5	0.037 7	0.913 8	0.499 4	0.655 0	0.797 7	0.358 8	0.088 8	0.408 6	0.343 1
水的生产和供应	zs27	0.146 3	0.214 1	0.041 2	1.842 8	1.365 8	1.636 6	0.891 7	0.981 5	0.639 1	0.148 5	0.095 1
建筑	zs28	0.005 0	0.005 8	0.001 3	0.022 5	0.039 7	0.087 2	0.024 2	0.032 6	0.002 8	0.013 3	0.010 9
批发和零售	zs29	0.024 8	0.129 2	0.045 7	1.012 4	0.747 4	0.397 3	1.297 3	0.821 5	0.121 6	0.133 5	0.096 0
交通运输、仓储和邮政	zs30	0.062 3	0.236 8	0.080 9	0.768 0	2.036 4	0.418 8	1.242 6	0.902 2	0.210 3	0.146 6	0.155 1
住宿和餐饮	zs31	0.041 6	0.124 4	0.028 3	0.517 5	1.194 0	0.444 9	0.658 6	0.602 4	0.122 1	0.108 4	0.053 9
信息传输、软件和信息技术服务	zs32	0.041 2	0.070 4	0.062 4	0.374 8	0.523 2	0.302 2	0.530 5	0.558 2	0.092 6	0.073 3	0.064 7
金融	zs33	0.046 5	0.158 8	0.076 4	0.938 4	1.166 7	0.841 5	0.789 8	1.070 9	0.130 3	0.232 8	0.105 2
房地产	zs34	0.045 5	0.039 5	0.014 2	0.265 9	0.214 4	0.219 5	0.401 0	0.290 6	0.051 7	0.050 8	0.051 4
租赁和商务服务	zs35	0.065 1	0.220 4	0.065 1	1.065 1	1.302 8	0.698 6	1.260 1	1.049 3	0.206 1	0.216 4	0.072 3
科学研究和技术服务	zs36	0.006 0	0.040 5	0.039 1	0.146 9	0.600 1	0.346 2	0.338 8	0.526 2	0.062 2	0.069 5	0.089 0
水利、环境和公共设施管理	zs37	0.002 0	0.020 6	0.016 4	0.053 6	0.379 4	0.177 5	0.168 9	0.395 1	0.018 5	0.099 3	0.045 0
居民服务、修理和其他服务	zs38	0.061 8	0.117 5	0.034 9	0.835 3	0.626 3	0.372 1	0.663 5	0.567 5	0.132 2	0.100 0	0.094 2

续表

产业名称	序号	上海	江苏	浙江	安徽	江西	湖北	湖南	四川	重庆	贵州	云南
教育	zs39	0.008 8	0.019 7	0.009 0	0.106 0	0.308 3	0.143 5	0.116 6	0.086 8	0.027 7	0.032 8	0.011 5
卫生和社会工作	zs40	0.000 2	0.014 2	0.006 4	0.010 2	0.009 8	0.001 6	0.073 5	0.056 9	0.000 2	0.029 5	0.009 6
文化、体育和娱乐	zs41	0.012 2	0.055 4	0.031 6	0.352 7	0.352 7	0.177 7	0.485 7	0.288 8	0.071 3	0.078 3	0.053 2
公共管理、社会保障和社会组织	zs42	0.006 0	0.003 9	0.007 3	0.014 3	0.243 9	0.288 4	0.049 6	0.031 4	0.004 5	0.003 3	0.001 3

注：数据来源：作者计算。

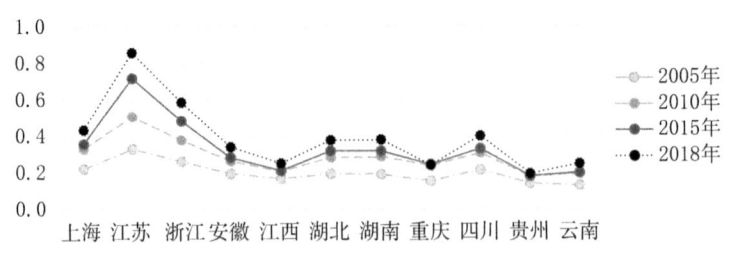

图 8-9　长江经济带产业发展综合水平(2005—2018 年)

8.2.3　长江经济带的绿色发展

1. 能源消耗

分别计算各地区能源消耗总量、能源消耗强度(单位 GDP 能源消耗量)在 2011—2015 年、2016—2018 年的年均变化率,列于表 8-6。观察各地区的能源消耗总量变化可以发现,除上海、湖南在 2011—2015 年里有小幅下降外,其他地区的能源消耗总量在两个时间段里均在增加,其中安徽的平均增速达到了 16%。相比 2011—2015 年,2016—2018 年能源消耗总量增加最少的是上海、江苏,最多的是云南、浙江、重庆,增速呈现放缓的有 5 个地区。观察各地区的能源消耗强度变化可以发现,在两个观测时间里,除安徽、江西外,经济带各地区的能源消耗强度均在不断下降,前一阶段下降最快的是以重庆、湖南为代表的中西部地区,后一阶段下降最快的是贵州,其余地区降速接近。相比前一阶段,后一阶段能源消耗强度加速下降的只有安徽、江西。

以上数据表明,下游的上海和江苏在 2016—2018 年这一时期对能源总量控制方面成效最为显著,相比之下,浙江在此方面有些落后;三地在能源结构的调整方面,后一时期里上海减速放缓,有可能是上海的能源结构已经调整到较为高效的阶段。中游的安徽和江西在 2011—2015 年前后的时间里,产业进入高速化发展阶段,但是到 2016—2018 年这一时期,两地已经在原来的能源消耗基础上,及时调整了能源消耗结构,较好的控制了能源消耗的过快增长,加速了能源消耗强度的下降,其中安徽的成效更加显著。湖北、湖南、重庆、四川四个地区也具有很相似的变化特征,2011—2015 年期间增速很慢,而 2016—2018 年期间增速加快,表明这四个地区的产业发展要滞后于安徽和江西,在 2016—2018 年前后开始产业的快速发展,但受制于国家绿色发展战略的要求,四个地区不再走原来的粗放式发展老路,在产业发展的同时也注重能源的节约。贵州与云南前后两个阶段变化较小,可能是由于现阶段两地受经济带战略的影响较小。

表 8-6　长江经济带能源消耗指标的分段年均变化率

	能源消耗总量		能源消耗强度	
	2011—2015 年	2016—2018 年	2011—2015 年	2016—2018 年
上海	−0.48%	1.57%	−7.39%	−4.95%
江苏	3.36%	1.37%	−5.68%	−5.47%
浙江	3.08%	3.39%	−4.70%	−3.82%
安徽	15.44%	2.62%	4.38%	−5.33%
江西	6.06%	3.31%	−4.00%	−5.08%
湖北	0.75%	2.53%	−9.09%	−4.97%
湖南	−0.25%	2.31%	−9.72%	−5.21%
重庆	0.22%	3.37%	−11.24%	−4.84%
四川	0.70%	2.85%	−9.18%	−4.74%
贵州	2.93%	2.41%	−8.56%	−6.84%
云南	3.88%	3.60%	−6.52%	−4.99%

资料来源：作者计算。

2. 碳排放

分别计算各地区碳排放总量、碳排放强度（单位 GDP 二氧化碳排放）在 2011—2015 年、2016—2019 年的年均变化率，列于表 8-7。由表 8-7 可以看出，2011—2015 年，除云南外的地区碳排放总量仍然在逐年增加，但 2016—2019 年则基本是在逐年减少。相比 2011—2015 年，2016—2019 年除云南外的各地区碳排放总量或是增长放缓，或是进入减少阶段。碳排放强度的变化特征也在不断优化，降低的速度在加快。相比 2011—2015 年，2016—2019 年有 7 个地区的碳排放强度加速下降。其中 2016—2019 年，浙江的碳排放总量是中下游地区中唯一一个持续增长的地区，其碳排放强度的下降速度也在减缓；四川和贵州的碳排放总量和强度的下降速度最快；云南碳排放总量与强度的控制与其他地区相比，有些滞后。可以说明，长江经济带的多数地区在碳排放控制方面也都取得了较为显著的效果。上游的四川与贵州在近年中表现突出，而浙江的碳排放强度在 2016 年以前已经降至与上海相当的水平，近年内下降的空间已经较为有限，云南近年在产业发展的起步期，碳排放量的控制短期难以收到良好效果。

表 8-7 长江经济带碳排放指标的分段年均变化率

地区	碳排放总量 2011—2015 年	碳排放总量 2016—2019 年	碳排放强度 2011—2015 年	碳排放强度 2016—2019 年
上海	0.52%	−2.73%	−6.47%	−8.78%
江苏	5.03%	−1.44%	−4.16%	−7.83%
浙江	1.53%	1.33%	−6.14%	−5.61%
安徽	6.19%	−0.34%	−4.15%	−7.87%
江西	6.30%	−0.97%	−3.77%	−8.82%
湖北	0.90%	−1.18%	−8.95%	−8.32%
湖南	1.08%	−1.03%	−8.50%	−8.23%
重庆	8.17%	0.68%	−4.27%	−6.69%
四川	2.99%	−5.36%	−7.06%	−12.24%
贵州	9.81%	−6.58%	−2.39%	−14.70%
云南	−0.70%	1.94%	−10.75%	−6.31%

资料来源:作者计算。

3. 污染物排放

(1)工业三废整体排放

分别计算各地区工业废水、SO_2、固体废弃物在 2011—2015 年、2016—2018 年的年均变化率,列于表 8-9。通过数据比较可以发现,相比 2011—2015 年,2016—2018 年各地区的工业废水和 SO_2 排放总量的变化速度都出现了大幅下降,其中工业 SO_2 的减排比例明显高于工业废水。但与两者不同的是,多数地区工业固体废弃物产生量仍然不断增加,且增长的速度后一阶段快于前一阶段。由于工业废水与废气可以在产业链的前端通过生产工艺的改进、生产设备的替换等手段减少,而固体废弃物因其本身性质不同,难以通过技术手段减排。因此可以说明,伴随长江经济带绿色发展战略的实施,工业废水与废气的减排任务是各级地方政府首先关注和落实的,并且产生了良好的效果。固体废弃物的产生增长量一定程度反映了地区相关产业的快速发展现状,这些地区在以后需要更深入实施固体废弃物的合理再利用,不断提高固体废物的综合利用率。

表 8-9 长江经济带三废排放指标的分段年均变化率

	工业废水排放		工业 SO_2 排放		工业固体废弃物产生	
	2011—2015 年	2016—2018 年	2011—2015 年	2016—2018 年	2011—2015 年	2016—2018 年
上海	5.44%	−14.51%	−16.27%	−48.42%	−5.21%	−1.04%
江苏	−4.75%	−11.29%	−4.47%	−30.69%	3.59%	6.80%
浙江	−4.35%	−6.56%	−4.64%	−36.03%	1.06%	9.26%
安徽	0.20%	−14.94%	−2.79%	−26.37%	7.74%	6.88%
江西	3.10%	−14.59%	2.27%	−32.37%	3.16%	4.41%
湖北	−2.81%	−15.20%	−1.48%	−39.79%	2.77%	15.61%
湖南	−4.16%	−23.75%	−3.77%	−41.38%	6.08%	−0.93%
重庆	−3.86%	−14.93%	−5.67%	−28.16%	0.28%	0.86%
四川	−4.80%	−16.07%	−7.76%	−32.29%	2.24%	11.30%
贵州	4.83%	−11.43%	−8.96%	−12.58%	−2.77%	20.27%
云南	10.25%	−18.53%	5.29%	−16.89%	12.96%	13.87%

资料来源：作者计算。

(2) 工业废水细分污染物排放

由于《规划》中将废水中化学需氧量、氨氮和重点地区的总磷排放作为清洁水环境的主要衡量指标，故本章选取上述数据进行比较分析。需要解释的是，2018 年的相关数据尚未披露，而 2017 年各指标数据有初步数据和第二次全国污染源普查数据之分，初步数据列于《中国统计年鉴(2019)》和各地区统计年鉴中，第二次全国污染源普查数据列于《中国统计年鉴(2020)》中，由于两组数据存在较大差异，为示比较，此处将两组数据共同呈现。

计算 2010—2015 年，2015—2017 年的化学需氧量、氨氮和总磷排放年均变化率，结果列于表 8-10。由表可以看出，2015 年经济带的化学需氧量比 2010 年每年平均上升了 11.45%。2017 年的初步数据显示，2017 年的排放总量比 2015 年年均下降 19.5% 以上，普查数据显示上升了 5.3%，与初步数据呈现截然相反的结果。表明在 2015 年以后，经济带各地区废水中的化学需氧量排放增速整体放缓，但还没有出现普遍的下降趋势，需要深入研究化学需氧量减排的有效措施。在氨氮排放方面，2015 年经济带的氨氮排放比 2010 年分别每年平均上升了约 22.6%。2017 年的初步数据显示，2017 年的氨氮排放比 2015 年年均下降了约 16.7%，普查数据显示年均下降超过 26%，表明在 2015 年以后，经济带各地区在控制废水中的氨氮排放方面取得了较

表 8-10 长江经济带废水主要污染物排放年均变化率

地区	化学需氧量排放 2010—2015年	化学需氧量排放 2015—2017年(1)①	化学需氧量排放 2015—2017年(2)②	氨氮排放 2010—2015年	氨氮排放 2015—2017年(1)	氨氮排放 2015—2017年(2)	总磷排放 2011—2015年	总磷排放 2015—2017年(1)	总磷排放 2015—2017年(2)
上海	−1.93%	−14.34%	−27.16%	10.91%	−6.47%	−37.18%	1.25%	14.29%	−14.29%
江苏	6.77%	−14.72%	17.39%	23.71%	−13.25%	−24.55%	−0.92%	−24.59%	6.83%
浙江	8.06%	−19.36%	−19.06%	29.62%	−16.14%	−34.26%	−2.39%	−25.48%	−2.88%
安徽	22.39%	−21.55%	10.95%	23.70%	−20.25%	−28.00%	−8.08%	−38.81%	−8.21%
江西	13.21%	−13.70%	11.77%	28.90%	−15.90%	−18.32%	2.94%	−33.55%	2.96%
湖北	14.48%	−23.67%	15.24%	17.23%	−18.50%	−24.54%	−2.10%	−37.12%	−3.28%
湖南	10.27%	−26.16%	2.92%	20.13%	−22.53%	−26.04%	−0.98%	−39.48%	−8.86%
重庆	12.32%	−16.73%	−6.67%	19.76%	−15.17%	−35.73%	−0.72%	−26.87%	−11.94%
四川	12.02%	−21.55%	−0.96%	23.37%	−19.79%	−27.47%	−0.37%	−33.96%	−20.19%
贵州	10.61%	−7.19%	18.83%	24.12%	−3.16%	−18.27%	1.67%	−6.25%	38.54%
云南	18.08%	−17.60%	8.39%	33.04%	−12.30%	−26.68%	−3.41%	−19.08%	21.05%
经济带	11.45%	−19.52%	5.30%	22.59%	−16.69%	−26.91%	−2.04%	−31.85%	−3.96%

资料来源：作者计算。

① 此处2017年数据为《中国统计年鉴（2019）》，后同。
② 此处2017年数据为第二次全国污染源普查数据，后同。

好的实效。在总磷排放方面,2015年经济带的总磷排放比2010年年均下降约2%。2017年的初步数据显示,2017年的排放总量比2015年年均下降了约32%,普查数据显示年均只下降了约4%。两个时间段里经济带的总磷排放变化比例相当,表明国家战略的作用尚未显现。

总而言之,若以普查数据为标准,在国家战略出台后,长江经济带废水中化学需氧量排放的增速在放缓,氨氮排放由快速增长转为快速减少,总磷排放的减速基本平稳。同年度的数据差异说明在化学需氧量排放和总磷排放的统计上,多数地区可能存在统计测量口径不一等其他问题。

(3) 工业废气细分污染物排放

计算2010—2015年,2015—2017年的二氧化硫和氮氧化物排放变化率,结果列于表8-11。由表可以看出,在二氧化硫排放方面,2015年的排放总量比2010年年均下降了约4.3%。2017年的初步数据显示,2017年的排放总量比2015年年均下降了约25%,普查数据显示年均下降超过30%,普查数据与初步数据接近,说明2015年以后,经济带各地区在二氧化硫排放总量的控制方面确实取得了较好效果。

在氮氧化物排放方面,2015年的排放总量比2010年年均下降了6%以上。2017年的初步数据显示,2017年的排放总量比2015年年均下降了约13%,普查数据显示年均只下降了约1.3%,初步数据高于普查数据超10个百分点。说明2015年以后,经济带氮氧化物的排放没有显著的下降,需要各地方政府更多关注与有效举措。安徽、湖南、四川、云南等地的数据误差较大,同样表明在氮氧化物排放的统计方面也存在问题。

表8-11 长江经济带废气主要污染物排放年均变化率

地区	二氧化硫排放			氮氧化物排放		
	2010—2015年	2015—2017年(1)	2015—2017年(2)	2011—2015年	2015—2017年(1)	2015—2017年(2)
上海	−10.46%	−44.59%	−45.74%	−7.74%	−17.75%	−13.10%
江苏	−4.10%	−25.41%	−27.06%	−7.62%	−7.51%	−1.44%
浙江	−4.14%	−32.29%	−39.41%	−7.31%	−14.46%	−9.80%
安徽	−1.95%	−25.48%	−28.16%	−6.21%	−16.02%	−1.11%
江西	−1.04%	−29.60%	−19.54%	−4.88%	−13.93%	0.54%
湖北	−2.57%	−30.04%	−33.62%	−5.79%	−13.39%	−2.38%

续表

地区	二氧化硫排放			氮氧化物排放		
	2010—2015年	2015—2017年(1)	2015—2017年(2)	2011—2015年	2015—2017年(1)	2015—2017年(2)
湖南	−5.14%	−31.98%	−30.84%	−6.36%	−13.30%	7.10%
重庆	−6.22%	−24.45%	−37.00%	−5.09%	−18.20%	−9.82%
四川	−7.31%	−22.89%	−31.62%	−5.52%	−6.49%	11.53%
贵州	−5.15%	−9.70%	−26.14%	−6.06%	−7.09%	−0.34%
云南	3.32%	−17.07%	−27.31%	−4.52%	−20.09%	−1.25%
经济带	−4.34%	−24.64%	−30.18%	−6.32%	−12.73%	−1.26%

资料来源：作者计算。

4. 综合水平比较

根据前文计算的绿色发展指标权重计算长江经济带各地区的绿色发展水平，并作图8-10。由图可以发现，2005年经济带的绿色发展水平大致形成了三个梯队，上海、重庆、安徽、江西、贵州和云南6个地区水平较高，浙江、湖北、湖南的水平居中，江苏与四川最低，表明：相比上海与浙江，江苏的节能减排水平很低，长期更注重经济规模，而忽视了能源节约与污染排放，长期处于粗放式发展方式。

此后的3个阶段数据显示，江苏的节能减排水平只在2015—2018年期间才开始提升，但仍然与其他地区存在较大的差距。上海、重庆、浙江、湖南的节能减排水平仍在小幅提升，安徽、江西、湖北、四川经历了先下降又上升的过程，而贵州和云南在不断下降。由此表明，2015年前后，江苏开始关注能耗与污染问题，努力提升节能减排水平，江西、湖北和四川经历了粗放式发展到集约式发展的变迁，主要驱动因素可能正是长江经济带的大保护战略。

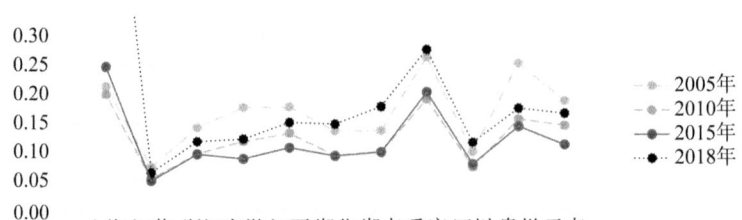

图8-10 长江经济带绿色发展综合水平（2005—2018年）

8.3 区域资源—产业—绿色协调发展分析

8.3.1 资源—产业协调分析

根据耦合协调函数公式计算长江经济带各地区的资源—产业协调程度，并作图8-11。由图可以发现，2005年经济带资源—产业协调程度基本也形成两个梯队，下游地区普遍高于中西部地区。表明此时经济带中只有下游地区的产业发展与其拥有的资源配置相适应，其余地区不同程度的存在资源配置与产业发展的不协调，原因可能是资源配置在地区间的不平衡，存在着与产业发展相适应的产业资源配置过剩或不足的现象。

此后的3个阶段数据显示，下游、江西、湖南的协调程度多在不断下降，上海的下降幅度最大，中下游的安徽、湖北、重庆的资源—产业协调程度在较大幅度提升，四川、贵州经历了先上升后下降，云南则经历了先下降后上升。至2018年，江西、贵州和云南的资源—产业协调程度最低，其次是湖南、重庆和四川，由此表明：经过十几年的发展，经济带中上述6个地区存在较为严重的资源配置与产业发展不协调现象，主要原因是与产业发展相适应的资源配置不足。

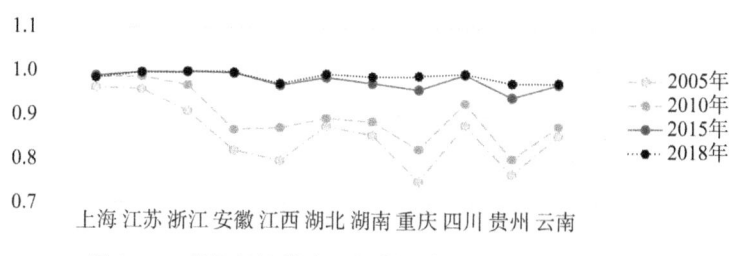

图8-11　长江经济带产业与资源协调水平(2005—2018)

8.3.2 产业—绿色协调分析

根据耦合协调函数公式计算长江经济带各地区的产业—绿色协调程度，并作图8-12。由图可以发现，2005年经济带产业—绿色协调程度基本呈现三个梯队，上海、浙江的协调程度最高，江苏最低，其余地区水平接近。这表明除上海、浙江外，其余地区存在不同程度的产业发展与绿色发展不协调。其中与产业发展水平相比，江苏、四川的能耗、污染排放过高，绿色发展水平较低；而与绿色发展水平相比，安徽、重庆的产业发展水平较低。

此后的 3 个阶段数据显示,除上海、浙江外,其余地区的协调程度多在不断上升,其中江苏、安徽、江西、湖北、湖南都呈现了较大幅度的提升,重庆、四川经历了先上升后下降。由此表明:现阶段,相对于产业发展,四川的绿色发展水平较低,且这种不均衡仍在加剧;而相对于绿色发展水平,重庆的产业发展水平呈现出不足的态势。

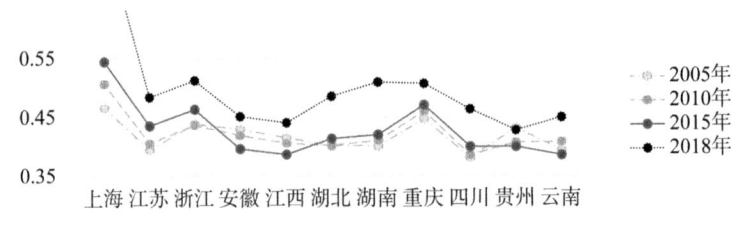

图 8-12　长江经济带产业与绿色发展协调水平(2005—2018)

8.3.3　资源—绿色协调分析

根据耦合协调函数公式计算长江经济带各地区的资源—绿色协调程度,并作图 8-13。由图可以发现,2005 年经济带资源—绿色协调程度基本呈现三个梯队,上海、浙江的协调程度最高,江苏、贵州的最低,其余地区水平接近。表明除上海、浙江外,其余地区存在不同程度的资源配置与绿色发展不协调。其中与资源配置相比,江苏的能耗、污染排放过高,绿色发展水平较低;而与绿色发展水平相比,贵州的资源配置较低。

此后的 3 个阶段数据显示,上海、浙江、江西、湖南、云南的协调程度在大幅下降,四川、贵州在小幅下降,其余地区的协调程度均在提升,但只有江苏的提升幅度较大。至 2018 年,江西、贵州和云南的资源—绿色协调程度最低,其次是江苏、湖南、四川,由此表明:相对于绿色发展水平,江西、湖南、云南的资源配置水平较低,且这种不均衡仍在加剧;而相对于资源配置水平,四川、贵州的绿色发展水平呈现出恶化趋势。

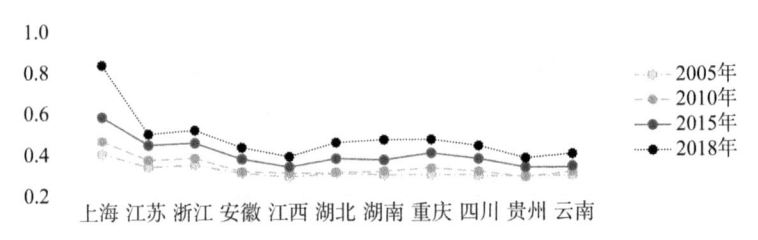

图 8-13　长江经济带资源与绿色发展协调水平(2005—2018)

8.3.4 资源—产业—绿色协调分析

最后,根据耦合协调函数公式计算长江经济带各地区的资源—产业—绿色协调程度,并作图 8-14。由图可以发现,2005 年经济带三者的协调程度基本呈现两个水平,上海、浙江的协调程度最高,其余地区水平接近。表明除上海、浙江外,其余地区存在不同程度的三者间不协调。其中贵州、重庆、安徽的不协调程度最高。

此后的 3 个阶段数据显示,上海、江西的协调程度在大幅下降,浙江在小幅下降,江苏、安徽、重庆的协调程度均在提升,湖北、湖南、云南经历了先下降后上升的过程,四川和贵州则相反,经历了先上升后下降。形成原因是:相对于产业和绿色发展水平,上海的资源配置水平不仅是在不断降低,而且与其他的产业和绿色发展越来越不相协调;相对于绿色发展水平,江西的资源配置在不断提升,但产业发展水平在不断降低,最后呈现出与绿色发展水平越来越不协调。江苏的协调程度提升得益于绿色发展水平的提升,安徽得益于资源配置与产业发展的双提升,但产业发展水平的提升速度更快,重庆得益于产业发展水平的提升。湖北得益于产业发展水平的提升,湖南得益于产业和绿色发展的双提升,但资源配置呈现出更加不协调。云南的资源配置水平大幅下降后缓慢提升,仍然不够协调。四川的绿色发展水平有提升,但资源配置水平在大幅下降。贵州的产业发展水平有所提升,但绿色发展水平在下降。

至 2018 年,在整个长江经济带中,上海、浙江、湖北、安徽、江苏的协调程度相对较高,也表明,在江西以及湖北以西的地区,资源—产业—绿色之间的不相适应性需要更大力度的调整,通过优化资源配置,促进产业集约绿色发展,最终实现三者间的不断协调。

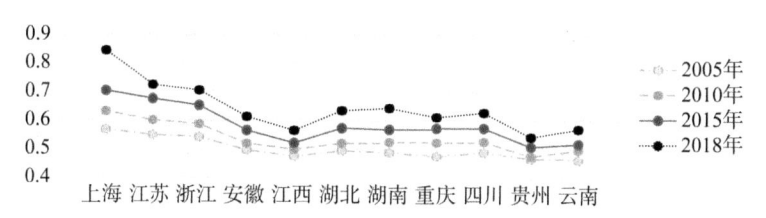

图 8-14 长江经济带资源—产业—绿色发展协调水平(2005—2018)

8.4 结论与政策建议

在多重国家战略叠加与全球经济持续低迷的背景下,长江经济带建设东中西互动合作的协调发展带和生态文明示范带,既是机遇也是挑战。本章主要从长江经济带的资源配置、产业发展、绿色发展三个方面重点研究地区间的协调发展问题。

8.4.1 本章结论

在资源配置方面,经济带国家战略出台后,外商投资加速从下游地区向部分中游和上游地区流动。劳动力在区域内相对地从江苏、江西和重庆等地流入到安徽、湖南、四川和贵州等地,人员的流动存在临近性。劳动力资源在经济带中的配置效率不断提升,中游地区和重庆的劳动力资源配置效率已经超过了上海和江苏。教育资源在向上海、安徽、湖南、重庆、云南和四川等地区流入。政府公共资源正从江苏、安徽、湖南和四川流入到江西、云南和重庆等地。创新资源正从下游地区流向中游的安徽和湖北等地。现阶段,安徽、湖北的产业资源水平在经济带中仅次于下游三省市,而江西的产业资源水平与贵州、云南相当。

在产业发展方面,上海与江苏通过强化地区间主导产业的区分与凝聚,削弱了与其他地区间的产业同构现象,形成了一定的产业差异化、多样化发展格局。安徽及中上游地区逐渐形成了较为多样化的工业,并且已经呈现不同程度的向价值链高端攀升的趋势,在资源密集型产业的分工地位仍在不断增强。服务业的专业化分工水平普遍远低于工业,并且更趋于地区间的产业同构,但上海、湖南、重庆、贵州和云南的服务业专业化程度在不断加深。总体上,江浙的产业发展水平仍旧在经济带中具有相对优势,中游地区在崛起,但是上海和西部成渝的相对优势在下降。

在绿色发展方面,2016—2018 年期间,上海的能源结构已经调整到较为高效的阶段,浙江在能源总量控制方面落后于上海、江苏。江苏前期整体的节能减排水平很低,至战略实施后才努力提升节能减排水平。中游的安徽和江西在 2011—2015 年前后的时间里,产业进入高速化发展阶段,到 2016—2018 年,两地已经较好的控制了能源消耗的过快增长,加速了能源消耗强度的下降。湖北、湖南、重庆、四川在 2016—2018 年前后开始产业的快速发展,同时也注重能源的节约。经济带各地区的工业废水与废气减排在近年多取得了良好效果,例如废水中化学需氧量排放的增速在放缓,氨氮排放由快速增长转为快速减少,但总磷排放的减速基本平稳、氮氧化物排放的减速在放缓,战略作用未显著现现,并且多数地区可能存在污染物排放的统计测量口径不一等问题。部分地区相关产业的快速发展,造成固体废弃物的产生继续快速增长,需要不断提高固体废物的综合利用率。

在资源、产业、绿色的协调发展方面,只有下游地区的产业发展与其拥有的资源配置相适应,其余地区不同程度的存在资源配置与产业发展的不协调。除上海、浙江外,其余地区存在不同程度的产业发展与绿色发展,资源配置与绿色发展,以及三者间的不协调。贵州、重庆、安徽的不协调程度最高。现阶段,上海、湖南、云南、四川等6个地区存在较为严重的资源配置不足;上游地区的产业发展水平较低;江苏、四川的绿色发展水平仍然较低,并且四川、贵州的绿色发展水平呈现出恶化趋势。在江西以及湖北以西的地区,资源—产业—绿色之间的不相适应性问题较为突出。

8.4.2 政策建议

1. 实现绿色发展从短期目标向长期约束转型

根据《长江经济带生态环境保护规划》的安排,各地区的环保指标在2021年接受考核。但在2021年以后,因缺乏有效的常态化考核机制,各地方政府对生态环境的管控力度可能会有所松懈,可能造成长江经济带生态环境的再一次恶化。因此除《长江经济带发展负面清单指南》外,应制定适应长江经济带的常态化生态环境保护机制,巩固沿江各省市在节能环保管控方面的前期成果。同时,在设置生态环境治理时间进度时,应要求各地区能够循序渐进的推进每项工作,避免出现显著的节点年度突击现象。

长江经济带中江苏、安徽、贵州、云南等地的污染物排放仍然规模较大,需要进一步优化升级这些地区涉磷、大气污染行业和主城区重污染行业的产业布局。尽快确立生态补偿标准体系,明确生态补偿的资金来源、补偿渠道、补偿方式和保障体系,借鉴浙江经验,推广完善排污权、碳排放权、农业水权的有偿使用和交易做法。

此外,针对长江经济带污染物排放的普查数据与地方数据差异较大问题,应优化监测体系、统一监测标准、配齐监测设备,建立实时数据库与信息平台,对环境监测的薄弱地区、薄弱环节,力求做到"精准监测、精准施策、精准达标"。

2. 实现资金利用从绿色范畴向经济范畴转型

充分利用国家绿色发展基金、世界银行、亚洲开发银行等国际金融组织和外国政府贷款等各类资金。在符合各类资金申请的项目中，对项目的审批向沿江各省市污染减排的薄弱领域倾斜，例如有利于江苏、贵州、云南等地减少总磷排放项目，有利于湖南、四川减少氮氧化物排放项目等，支持企业通过工艺改造、设备更新、技术升级等途径实现绿色发展。

除设立绿色发展基金外，可以借鉴欧盟的部分经验，考虑设立经济带援助基金、结构基金等能够带动地区经济发展的专项基金。援助基金主要面向经济发展水平相对落后的中上游地区，目的是加快打造与经济带整体经济发展目标相适应的基础条件，基金可以提供的项目包括：完善乡镇生活和产业基础设施，推动农业转移人口市民化，组织劳动力职业能力再培训等。结构基金面向沿江各省市，但应适当向中上游地区倾斜，目的是围绕长江经济带产业转移指南，促进地区产业结构的进一步优化升级，基金可以提供的项目包括：资助产业链核心关键技术突破，支持企业投融资，助力中小企业创新，搭建政企合作服务交流平台，实现社会资本向沿江各省市的实体经济转移。

3. 实现要素流通从单向有限向多向灵活转型

长江经济带跨区域协同发展的前提是各种要素资源能够在区域内自由流动。因此，对于长期接收更高质量资源流入的下游地区，地区政府应支持和配合区域人才、资金、技术向中上游地区流动，促进长江经济带内部产业资源的合理配置。中游地区应充分利用区域内丰富的高等教育资源，培养适应区域经济发展的不同层次人才，人性化推进人才安居保障工作，避免人才逆流。上游地区可以采用降低税费、土地补偿、健全产业配套等措施，进一步提升优质产业资源吸引力。

4. 实现区域市场从割裂阻塞向统一开放转型

增强区域间的经济联系，需要市场一体化作为保障。能够打破长期存在于地区间的市场壁垒、政策壁垒，是对地方各级政府执政理念、执政能力的考验，也是对中央和地方两级推动长江经济带发展领导小组统筹能力的考验。应当深入广泛调研，摸清隐形市场壁垒、地方保护存在的执政领域，适时废除不符合当前发展需要的地方产业保护政策，跨区域制定促进统一大市场形成的规划与实施方案。支持企业更加市场化经营，减少政府各种形式的干预。建立产品流通数据信息平台，掌握大宗产品交易流向与价格。将区域市场的开放程度纳入各地政府政绩考核。

5. 实现产业分工从低效无序向错位融合转型

下游地区应聚焦核心关键技术突破,大力推进产业的剥离重组升级,成为我国世界级产业集群的前沿阵地。上海需要对标世界级大城市的产业发展,在研发创新、金融证券、商贸物流、总部经济等高端现代服务业方面继续凝聚优势,形成与其资源配置协调的产业规模。江苏、浙江可以与中上游有产业重合的地区结对,逐步将原有的资源加工型产业向四川、贵州、云南转移,将劳动密集型产业向湖北、江西、湖南等地转移,将以内需为主的资本、技术密集型产业向安徽、重庆等地转移,实现经济带内部产业的分工协作。

中游城市群可以借助下游地区产业转移的发展机遇,利用资源禀赋的比较优势与地处腹地的区位优势,积极引入交通运输设备、食品和烟草、生物医药、非金属矿物制品、纺织服装、交通运输等产业的上下游企业,尽力拉长产业链,加深产业的专业化分工程度,增强产业的集聚规模与区域黏性,提升产业的区域辐射效应,逐步成为西南、西北地区内需型产品的主要生产与供应基地。

成渝城市群可以通过加强与沿江各省市的经济联系,加快国家产业链、价值链从东部沿海地区向西部内陆地区的延伸,将电子信息产品、高端装备、汽车及零部件、特色农产品、资源深加工品、旅游纺织品等经济带重点发展的产品生产链在西南地区逐渐串联起来。一方面可以使成渝城市群逐渐脱离对下游地区内需型产品的需求依赖;另一方面可以使成渝城市群形成有规模的先进制造业、特色资源加工业、现代商贸服务业等国家内需型产业基地,巩固重庆在长江经济带中的核心支撑地位。

云贵地区应利用政策红利,规模工业与边境贸易协同发展,成为西南开放的重要桥头堡。扶持以黔中城市群为依托的贵州、以滇中城市群为依托的云南进行规模工业化建设,包括完善工业基础设施、大力培养专业化人才、引进外向劳动密集型的重点产业项目等,促进两地走清洁能源发展模式下的工业化道路,尽快形成自身的产业优势。应警惕重商轻工的产业发展趋势,以及因外资流入形成的工业规模快速增长假象,积极发展自主可控的制造业,促进区域创新水平的提升。

第九章

长江经济带区域分工与对外开放

本章将基于长江经济带的上、下游地区从产品贸易的视角分析区域产业分工与开放发展的关系,特别是与对外贸易的关系。选取上、下游地区是由于在着力构建长江经济带东西双向对外开放新格局的国家战略规划中,向东开放格局建设的重点任务与发展方向是摆脱长期的"中低端"锁定,向全球价值链的中高端攀升,推动实现更高水平开放。向西开放格局建设的重点任务与发展方向是以共建"一带一路"为引领,增强西部对外开放程度,实现东西部地区协同开放[①]。

前文理论分析认为专业化经济程度的提高可以促进贸易额的增长,为进一步分析长江经济带专业化分工与贸易的关系,本章从地区出口规模与结构、地区参与全球价值链的程度,以及地区在经济带中参与全球价值链相对程度与地位 4 个视角,对比考察长江经济带各地区的对外开放程度与水平,而后通过构建空间面板杜宾模型,考察区域专业化分工对开放程度、开放水平的作用,明确长江经济带区域分工演化在实现国家战略目标中的重要性。本章余下部分安排如下:第一节为区域专业化分工影响对外开放程度与水平的机制分析;第二节为长江经济带对外开放程度与水平的测算与分析;第三节为多重战略下经济带区域分工与产品贸易关系的空间面板杜宾模型构建与检验;第四节为多重战略下经济带区域分工与产品贸易关系的实证检验结果分析;最后是本章总结与政策建议。

[①] 本章认定的劳动密集型产业包括:农副食品加工业、食品制造业、饮料制造业、烟草制品业、纺织业、纺织服装及鞋帽制造业、造纸及纸制品业、化学原料及化学制品业。资本与技术密集型产业包括:医药制造业、化学纤维制造业、黑色金属冶炼及压延加工业、有色金属冶炼及压延加工业、金属制品业、通用设备制造业、专用设备制造业、交通运输设备制造业、电气机械及器材制造业、通信设备计算机及其他电子设备制造业。

9.1 分工视角提升地区对外开放的影响机制

本节将长江经济带作为一个区域整体,分析不同地区提升参与全球价值链程度与地位,最终提升地区对外开放程度和水平的影响因素。

9.1.1 区域分工的作用

在一个经济发展区域内,地区间相对的分工水平会经历"均衡—不均衡—均衡"的发展过程。在地区劳动力要素成本普遍上涨的背景,与地区经济均衡发展的诉求下,外资代工企业开始进行产业的内迁与外移,国家产业政策开始向经济后发地区倾斜,地区间工业分工水平实现相对均衡。但此时期的分工弱化主要是由外资的内迁形成,这一过程可以促进各地区形成较为完整的工业产业体系,有条件融入国际分工体系,更大幅度地带动经济后发地区加深对外开放程度。与此同时,伴随产业的相继内迁,生产要素重新分配,对某一特定地区而言,如果难以聚集优势力量提升产业的技术含量,很大程度会阻碍地区提升对外开放水平。

服务业与工业不同,服务业的深化是后工业时代的重点发展方向。服务业的分工深化能够吸引优质人才与资本,为外向型产业的转移、落地创造更好的配套营商环境,降低跨地区间的交易成本,最终通过吸引外资或出口服务贸易,加深地区对外开放的程度;服务业的分工深化,特别是高端、生产性服务业的发展壮大,又能够为技术、知识密集型的工业创造更好的发展条件,进而有能力促进地区在全球价值链中向更高端攀升,提升地区对外开放水平。

基于上述分析,本章提出假设1:工业分工水平的弱化有利于区域内各地区加深对外开放程度,但是会阻碍地区提升对外开放水平。服务业分工水平的深化有利于区域内各地区加深对外开放程度,也会促进地区提升对外开放水平。

9.1.2 地理区位的作用

通常情况下,一国的沿海地区更容易参与国际贸易与分工。沿海地区的优势早期在于便利的海运条件,有利于货物以相对低成本的方式运输,因此世界范围内早期形成的国际性大都市,多是在沿海地区。沿海地区有利于国际贸易往来,进而可以吸引全球的金融机构、物流企业、初级加工企业,逐步加深参与国际分工的程度。在此过程中,沿海地区逐渐积累形成的地区工资差异,吸引了周边区域国际化以及中高端人才的加入,加之国际先进信息的快速畅达,不断增强地区的科技创新能力,进而提升地区对外开放水平。此外,一国的陆路边境地区相比内陆地区,更容易参与国际贸易与分工。对于经度跨度较大的国家,陆路边境地区更接近外部市场,生产、生活的基础必需品可以更便捷地与外部市场相互供应补充,形成局部跨境的全球价值链参与。但由于与陆路边境接壤形成主要贸易关系的并非他国沿海开放地区,限制了陆路边境地区参与全球价值链的程度。此外由于陆路边境地区距离本国沿海地区的距离相对遥远,相互间的经济差异造成了工资差异,人才流失严重,同样限制了地区在全球价值链中的相对地位提升。长江经济带区域以长江贯通东西,东部为沿海地区,中西部为内陆地区,最西部的云南为内陆边境地区。自中国改革开放以来,特别是1992年以后,由于东部沿海地区率先开放发展,造成中国地区间因不同的地理位置,形成严重的经济发展差异,东部地区在整个经济带中对外开放程度与水平均为最高,但西部边境的云南与西南中心城市重庆也具有较高的对外开放程度。因此,除沿海的地理位置有助于地区加深对外开放程度外,边境与区域中心城市的地理区位也有助于加深对外开放程度。但是,只有沿海地区有助于地区提升对外开放水平。

基于上述分析,本章提出假设2:沿海、边境的地理区位有助于地区加深对外开放程度,沿海的地理区位还有助于地区提升对外开放水平。

9.2 长江经济带对外开放程度与水平分析

9.2.1 出口规模与结构分析

现利用2005—2016年的出口相关数据,通过分析长江经济带上中下游与京津冀、珠三角地区的出口规模与结构,考察长江经济带的对外开放现状。由图9-1所示,2016年长江经济带工业的出口交货值占全国的比重接近50%,其中长三角占到39.18%,中游与上游出口规模总和仅是长三角的1/4,2005年以后,中游与上游地区的出口规模在快速增长。将出口工业按劳动密集型、资本与技术密集型进行区分,发现资本与技术密集型产业出口中,长三角一直基本保持在全国总额的40%左右,2010年以后,份额占比有缓慢下降趋势(见图9-2),中游与上游占比在逐步上升,上游从2005年的1.26%上升至2016年的6.1%。

在近年全球外需不足的大背景下,长三角工业,特别是资本、技术密集型产业的出口交货值出现双双下降,很大程度表明,长三角向更高水平开放发展的难度在加大,在全球价值链中提升地位有阻力,致使向中高端攀升的成效不够显著。中上游地区不论是整个工业,还是其中的资本与技术密集型产业,虽然 2010 年以后出口规模与相对比重都在提升,但仍与下游地区存在较大差距,即向东开放与向西开放不对称(刘志彪,2019a)。造成这一结果的原因主要是,在原先的向东开放模式下,长三角的外向型经济向经济带中上游延伸不畅,致使下游与中上游的外向型产业发展存在一定程度的脱离。

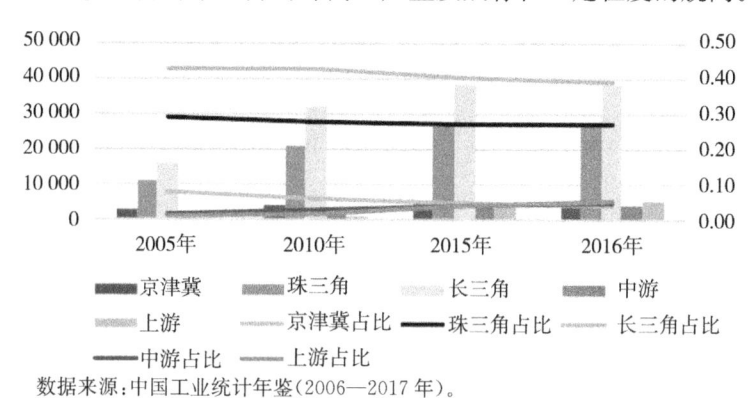

数据来源:中国工业统计年鉴(2006—2017 年)。

图 9-1　2005—2016 年中国主要经济区域工业出口规模与结构

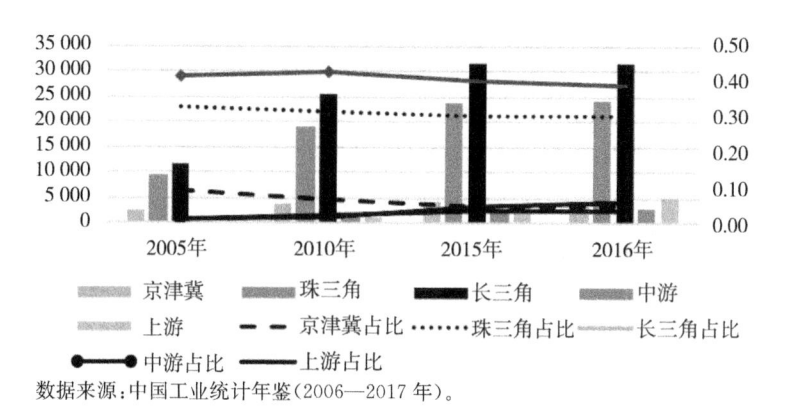

数据来源:中国工业统计年鉴(2006—2017 年)。

图 9-2　2005—2016 年中国主要经济区域资本、技术密集型产业出口规模与结构

9.2.2　投入产出表法测算地区参与 GVC 的程度

在考察长江经济带各区域工业出口规模的基础上,利用 2012 年各地区投入产出表数据,对 42 个产业部门参与全球价值链的程度进行考察,以期更深入、细致地反映长江经济带各地区对外开放程度。

1. 测算方法与数据来源

考虑到数据可得性，本章采用 Hummels 等(2001)，张少军(2009)提出的投入产出表法对长江经济带各地区的跨国生产分割程度进行测度，记为生产非一体化指数(Vertical Disintegration Index)，并且以此作为参与 GVC 程度的度量指数。

根据张少军(2009)的推导，产业 i 的生产非一体化指数为 $VDI_i = \left(\dfrac{EX_i}{Y_i}\right)\dfrac{M_i}{EX_i} = \dfrac{M_i}{Y_i}$，其中 M_i 表示产业 i 进口的中间投入，Y_i 表示产业 i 的产出，EX_i 表示产业 i 的出口。地区整体生产非一体化指数为 $VDI = \dfrac{\sum_i vd_i}{EX} = \dfrac{\sum_i (vd_i/EX_i)EX_i}{EX} = \dfrac{1}{X}uA^{M+I}X^v$，引入完全系数矩阵后，$VDI = \dfrac{1}{X}uA^{M+I} \cdot (I-A^D)^{-1}X^v$，其中 u 为 $1\times n$ 维元素为 1 的向量，A^{M+I} 为 $n\times n$ 维外部投入系数矩阵，X^v 为 $n\times 1$ 维出口向量，A^D 为国内消耗系数矩阵，$A^D + A^{M+I} = A$，A 是投入产出表中的直接消耗系数矩阵，因此 $(I-A^D)^{-1}$ 为里昂剔夫逆矩阵，表示各产业进口的中间投入成为最终出口品之前，在第 2、第 3……第 n 阶段体现在国内产出上的一种直接和间接的循环积累效应。

为了确定 M_i 及 A^{M+I}，张少军(2009)提出两点假设，本章将假设扩展为：一是，各产业使用的 i 产业中间投入中，外部地区的中间投入比例在各个部门间是相同的；二是，中间投入中外部地区流入的与国内生产的比例等于最终产品中外部地区流入的与国内生产的比例。此处，外部地区流入包括国外流入与本国其他地区流入。因此，产业 i 提供的中间投入中来自外部地区所占的比例等于(进口＋调入)/(总产出＋进口＋调入－出口－调出)，用该比例乘以各行业的中间投入，即可以得到产业 i 进口和调入的中间投入 M_i，进而可以算出该地区产业 i 的生产非一体化比重，即该地区产业 i 参与外部分工的程度，用各产业的[进口/(进口＋调入)]乘以 A^{M+I}，可得到该地区产业 i 参与 GVC 的程度。用矩阵 A 每行乘以该比例可以得到矩阵 A^{M+I}，进而可以计算地区整体生产非一体化指数 VDI。

测算数据来源于 2012 年各地区投入产出表，需要说明的是湖北地区未报告国内省外流入与流出量，因此湖北地区的计算结果有欠准确。

2. 参与全球价值链的程度分析

图 9-3 报告了长江经济带各地区整体参与全球价值链的程度(具体数据见文后附录表1)。通过图 6-3 可直观地发现，经济带参与全球价值链的程度

呈现出两端高、中间低的特征，下游参与全球价值链的程度整体高于上游。说明下游沿海地区的外向型经济仍具有显著的优势，上海的对外开放与产业联结程度最高。地处上游西部的云南和贵州两地参与全球价值链的程度也较高，为向西构建对外开放新格局奠定了一定产业发展基础。安徽以及中游城市群的江西、湖南、上游的四川参与全球价值链的程度较低，说明在2012年的前后时期，东部的外向型经济尚未大规模地向内陆地区转移，进而未带动内陆地区提升参与全球价值链的程度。

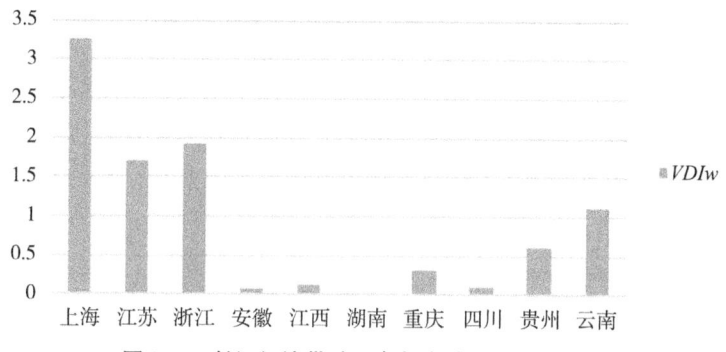

图9-3 长江经济带地区参与全球价值链的程度

图9-4、9-5分别报告了长江经济带各地区工业与服务业参与全球价值链的程度(具体数据见文后附录表3)。由于浙江、江苏的金属矿采选业i4参与全球价值链的程度非常高，i24—i28参与全球价值链程度为0，为了便于比较其他产业的差异，在图9-4中未报告各地区i4、i24—i28参与全球价值链的程度。从图9-5同样可以相对直观地发现，各区域参与全球价值链程度较高的工业，主要分布在前部的i2、i3以及尾部的i21、i23，主要为资源密集型产业、废品废料以及仪器仪表业。上下游普遍参与全球价值链程度较高的工业，主要分布于i20、i21以及i16、i17，均属于装备制造业。下游参与全球价值链程度较高的工业，还主要分布于i10、i11、i12，包含化学产品、石油、炼焦产品和核燃料加工品等产业，上海有16个产业参与全球价值链程度为经济带最高。以上结果一是说明经济带下游的基础产业资源禀赋较为匮乏，对外部市场资源的供应依赖程度较大；二是说明经济带不仅下游，上游也已经在装备制造业等一些战略新兴产业着力布局，积极加入国际分工中；三是说明相比上游，长期建设形成的完整产业链与产业基础设施，促使下游石化产业参与全球价值链的程度更深，但同时也导致长江面临"重化工围江"局面。

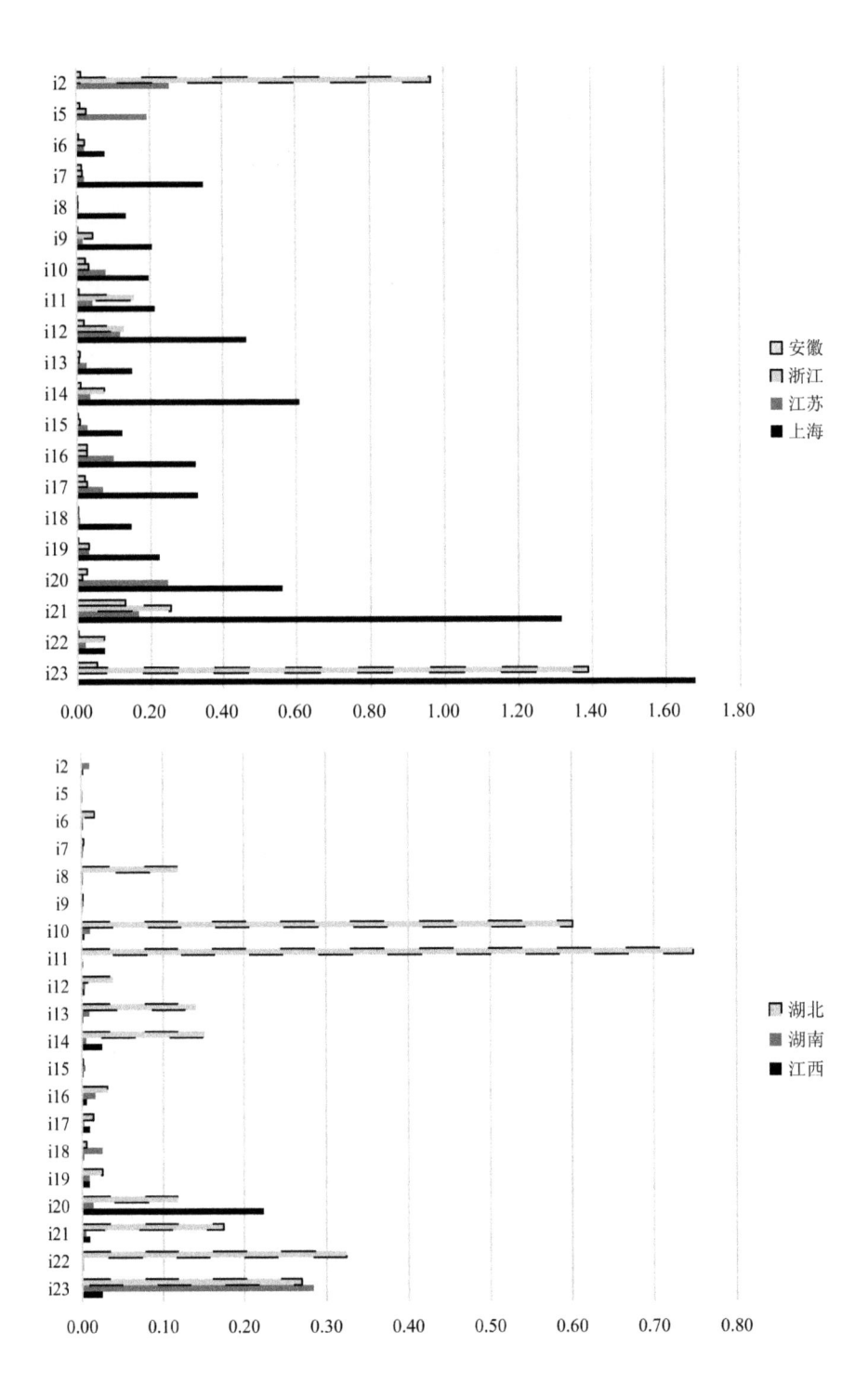

新发展理念下长江经济带产业研究

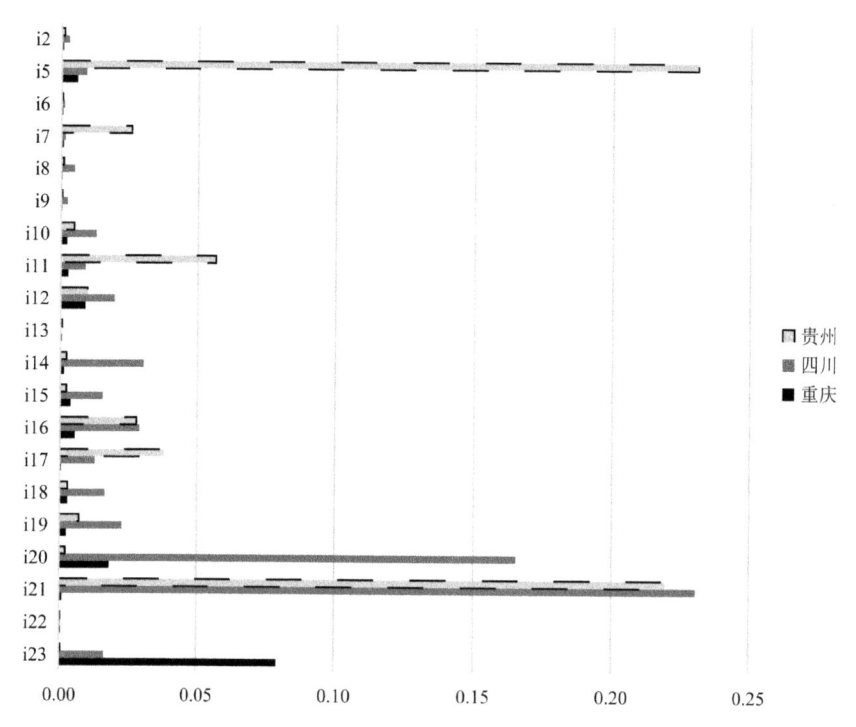

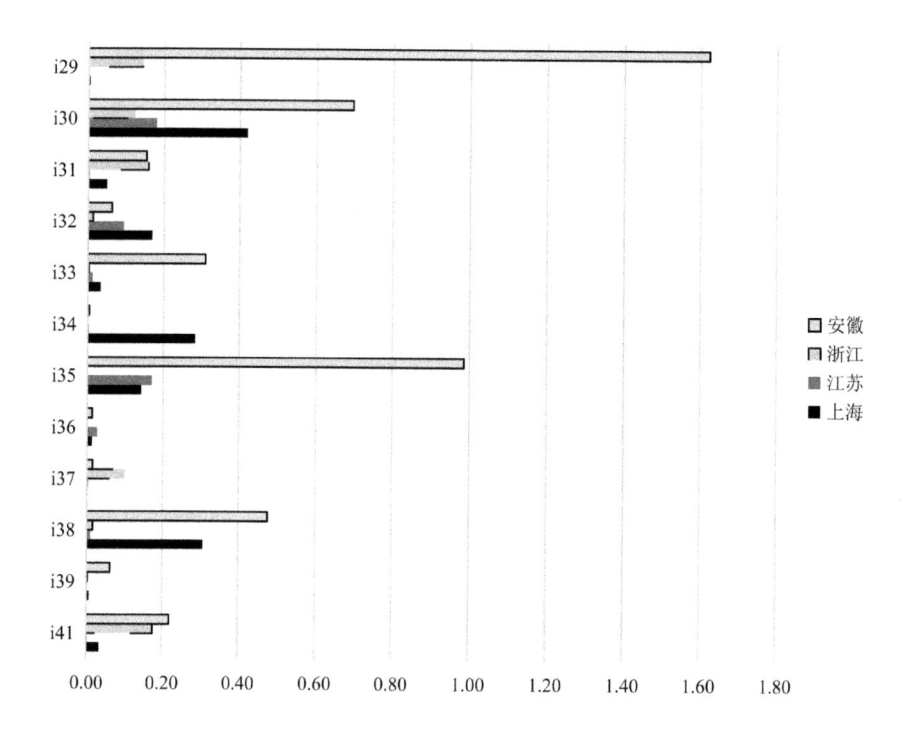

图 9-4 长江经济带地区工业参与全球价值链程度(分上、中、下游)

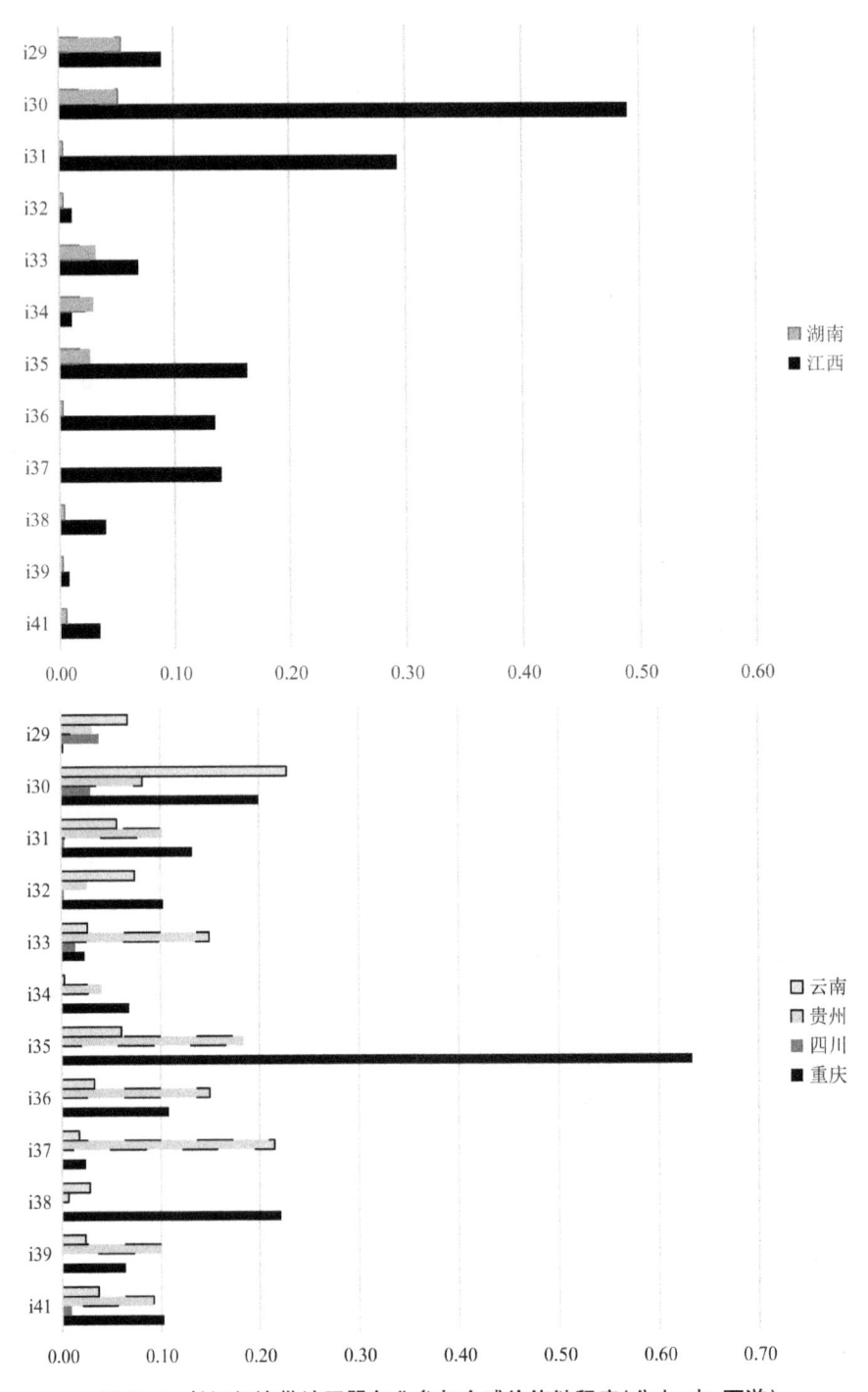

图 9-5 长江经济带地区服务业参与全球价值链程度(分上、中、下游)

由图 9-5 可以发现,服务业参与全球价值链程度普遍显著低于工业,这与两者间的产业属性有直接关系。传统服务业中很多产业的生产与消费环节难以割裂,但伴随互联网的蓬勃发展,服务外包已经成为服务业参与全球价值链进行外向发展的一种重要方式。在所有服务业中,除上海外,其他地区各细分产业参与全球价值链的程度基本均在 0.05 以下。上海 6 个产业参与全球价值链的程度在经济带中最高且超过 0.05,分别是住宿餐饮业、交通运输业、信息软件服务业、金融业、科学研究和技术服务业、教育业、文化、体育和娱乐业,其中最高的是交通运输业,达到 0.430 3。浙江的租赁和商务服务业参与全球价值链的程度比上海高。以上一方面说明,各地区的服务业部分产业参与全球价值链已经具有一定规模,上海参与得更深、范围更广,为其他地区服务业参与国际分工提供了发展方向;另一方面说明服务业中的生产性服务业,因为生产与消费环节相对更容易独立分割,也成为未来地区参与全球价值链的主要发展方向。

9.2.3　地区参与 GVC 相对程度的时序性特征

上文虽然利用投入产出数据测算了 2012 年长江经济带各地区参与全球价值链的程度,但由于中国的地区投入产出数据每隔 5 年发布一次,当前数据仅更新到 2012 年,缺乏连续性与时效性,阻碍了对地区参与全球价值链的进一步实证研究。现根据省域的时序性进出口贸易数据再次测算长江经济带各地区参与 GVC 的相对程度,以纵向反映地区参与 GVC 的演化规律。

1. 测算方法与数据来源

由于一地区进口中间产品、出口中间产品与最终产品的总额相对规模越大,表明该地区的经济外向型越高,参与全球价值链的程度越深,因此本章以地区 GDP 中进出口总额占比在经济带内的相对规模来近似衡量地区在区域中参与全球价值链的相对程度,即 $didl_i = \dfrac{(im_i + ex_i)/y_i}{\sum_{i=1}^{n}(im_i + ex_i)/\sum_{i=1}^{n}y_i}$,其中 im_i 表示 i 地区进口中间产品的总额,ex_i 表示 i 地区出口中间产品与最终产品的总额,即出口总额,y_i 表示 i 地区 GDP,i 的取值范围为 0—11。当 $didl_i$ 越大,说明该地区参与全球价值链的相对程度越高。对于地区进口中间产品总额的数据,本章用进口贸易方式中来料加工装配贸易与进料加工贸易的总额表征,出口中间产品与最终产品总额用出口总额表征,数据来源于国研网《对外贸易数据库》。

2. 地区参与全球价值链相对程度的分析

将长江经济带 11 个省市 2005、2016 年参与全球价值链的相对程度绘于图

9-6。由图 9-6 可知,中下游地区参与全球价值链的相对程度,结果与图 9-3 的结果基本一致,差异较大的是上游的云南与贵州两地。按照本章的测算方法,云南与贵州两地参与全球价值链的程度均较低,其中贵州最低。说明云南、贵州与经济带其他地区相比而言,参与全球价值链的相对程度仍然偏低。上述结果总体上表明,本章采用的测算方法能够较为客观的反映各地区参与全球价值链的程度。图 9-6 从发展趋势看,2005—2016 年间经济带内各地区参与全球价值链的相对程度,除上海、江苏、贵州外均在提升,其中浙江、江西、重庆、四川提升的幅度较大,可能的原因是上海、江苏将曾经参与全球价值链的部分生产能力转移到了中、上游地区,特别是其中提升幅度较大的地区,这一点也恰好弥补了在考察地区参与全球价值链程度时,无法体现东部外向型经济大规模向内陆地区转移的事实。即便如此,中、上游地区与下游沿海地区仍存在较大的差距。贵州不仅是经济带中 2016 年参与全球价值链程度最低的地区,也是唯一一个仍在经济带中不断下降的中上游地区。对比发现,2005 年贵州参与全球价值链的程度与相邻的重庆、四川相当,但 2016 年贵州已被远远超越。这一结果表明贵州参与全球价值链的程度,在整个经济带中是发展相对缓慢的,可能的原因是受以四川、重庆为代表的成渝城市群,与西部边境云南的外向型经济虹吸作用影响,贵州在上游地区中的外向型产业发展定位与比较优势相对模糊。

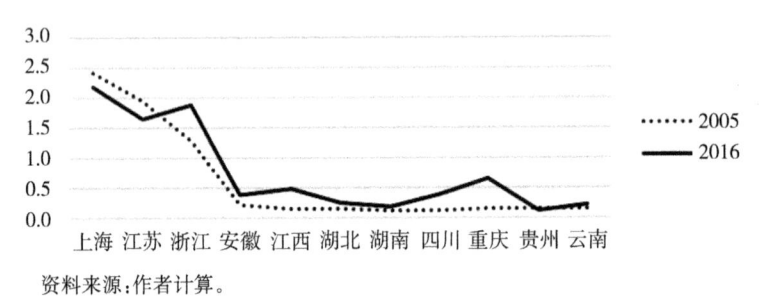

资料来源:作者计算。

图 9-6　长江经济带地区参与全球价值链的相对程度(2005、2016 年)

9.2.4　地区在 GVC 中相对地位的时序性特征

考虑到地区投入产出表中囊括的产业部门较为宽泛,难以准确地区分劳动密集、资本密集型或技术密集型产业,对地区在全球价值链中地位的衡量缺乏一定的客观性,以化工产品为例,化工产品门类下包含了医药制造、化学基础产品制造,其中医药制造属于技术密集型产业,处于价值链的高端,而化学基础产品制造属于资本密集型产业,处于价值链的中低端。因此,本章在上文未利用现有的地区投入产出表测算地区在全球价值链中的地位。

1. 测算方法与数据来源

由于一国出口越多,参与 GVC 的地位越强,进口越多,参与 GVC 的地位越弱,这种强弱的对比是出口相对于进口,也是进出口收入相对于进出口总量的关系(刘培青,2017)。本章采用地区出口总额中,高技术产业出口额比重相比其他地区的相对规模,来衡量地区在全球价值链中的相对地位,即 $idls_i = hexi_i / \sum_{i=1}^{n} hexi_i$,其中,$hexi_i$ 表示 i 地区高技术产业出口交货值占经济带高技术产业出口交货总产值的比重。$idls_i$ 值越高,表明该地区在国际分工中的地位相对越高,反之则越低。由前文的分析可知服务部门出口规模现阶段仍然较小,参与全球价值链的整体程度较低,故此处仅考察制造业部门在全球价值链中的相对地位。

按照中国 2002 年颁布的《高技术产业统计分类目录》,中国的高技术产业主要包括核燃料加工等 7 个细分产业。以上海为例,2017 年上海医药制造业、电子及通信设备制造业、计算机及办公设备制造业三个产业的工业销售产值比重达到所有高技术产业销售总产值的 89%。因此,考虑到其他高技术产业的数据有限,本章的高技术产业数据仅纳入医药制造业、通信设备、计算机及其他电子设备制造业,产业的出口交货值数据来源于《中国工业统计年鉴》(2006—2017)。

2. 地区在全球价值链中相对地位的分析

现将长江经济带 11 个省市 2005、2016 年在全球价值链中的相对地位绘于图 9-7。图 9-7 从发展趋势看,2005—2016 年间经济带内各地区在全球价值链中的相对地位,除上海、江苏、浙江外均在提升,其中重庆、四川提升的幅度较大。可能的原因是高技术产业参与全球价值链的生产能力,正逐渐向中游地区布局,特别是重庆、四川。但与参与全球价值链相对程度相似,中、上游地区与下游沿海地区的上海、江苏、浙江仍存在较大的差距。这里上海、江苏、浙江在全球价值链中相对地位的下降仅指制造业在区域中的相对地位。

9.2.5 地区参与 GVC 的相对程度与地位中战略的作用

为考察长江经济带各地区在参与 GVC 中国家战略的作用,计算各地区参与 GVC 相对程度与地位的年平均变化率。结合前文的研究结论:国家战略对经济欠发达地区的工业、服务业分工程度影响产生成效的时滞大概在 5 年左右,而西部大开发战略、中部崛起战略的实施基年分别为 2000 年、2004 年,故分别

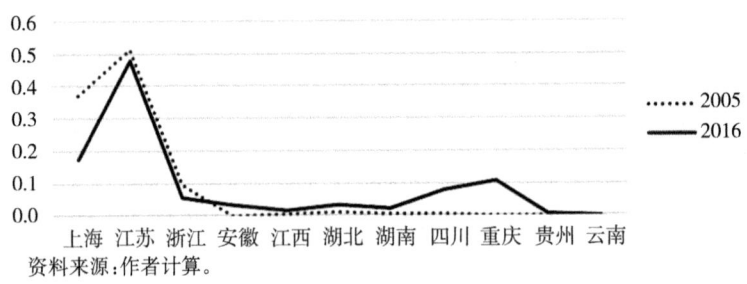

图 9-7　长江经济带地区在全球价值链中的相对地位(2005、2016 年)

选取 2005—2010 年、2011—2016 年的年平均变化率列于表 9-1。

由表 9-1 可知,在两个时间区间内,参与 GVC 相对程度均在下降的只有江苏,而参与 GVC 相对地位均在下降的有上海和浙江,并且 2011—2016 年的年平均下降比率均要高于 2005—2010 年。由于上述地区均属于原长三角区域,可以推理:2010 年实施的长三角一体化战略对区域参与对外开放的程度与水平可能没有促进作用。

除下游地区外,中上游所有地区在 2011—2016 年的时间区间内,参与 GVC 相对程度与地位的年平均变化率均为正值,说明以上区域的对外开放程度与水平在不断提升。其中,安徽、湖南以及上游的大部分地区 2011—2016 年的年均增长率要高于 2005—2010 年,参与 GVC 相对地位的平均提升速度也要快于参与 GVC 相对程度的平均提升速度。基于上述分析,可以推理:西部大开发和中部崛起战略一定程度促进了中上游地区对外开放程度与水平的提升,其中对对外开放水平提升的促进作用更大。

表 9-1　长江经济带参与 GVC 相对程度与地位的年均变化率

区域	地区	didl		idls	
		2005—2010 年	2011—2016 年	2005—2010 年	2011—2016 年
下游	上海	0.54%	−1.97%	−4.17%	−7.99%
	江苏	−1.27%	−1.45%	2.37%	−2.74%
	浙江	4.48%	3.00%	−4.19%	−3.61%
中游	安徽	0.17%	10.77%	5.09%	69.64%
	江西	15.29%	9.84%	25.61%	12.82%
	湖北	8.27%	4.58%	24.04%	12.54%
	湖南	−0.13%	8.13%	−13.92%	72.65%
上游	四川	7.35%	31.48%	30.18%	164.78%

续表

区域	地区	didl		idls	
		2005—2010年	2011—2016年	2005—2010年	2011—2016年
	重庆	13.97%	11.35%	29.96%	32.13%
	贵州	−4.02%	6.80%	−37.50%	105.56%
	云南	0.49%	8.07%	−4.00%	166.67%

资料来源：作者计算。

9.3 多重战略下区域分工与对外开放的实证模型

9.3.1 模型设定

1. 全局空间自相关检验

考虑到长江经济带11省市互为相邻地区，需要考察数据是否存在空间依赖性，即空间自相关。本书采用莫兰指数 I 进行考察，并将结果报告于表9-2。由表9-2可知，各变量均存在空间自相关，说明本部分所选定变量存在空间效应，需选择采用空间计量分析。

表9-2 长江经济带各指标全局自相关 Moran's I 指数

变量	Moran's I	z值
工业分工水平($gisi$)	0.286***	4.500
服务业分工水平($fisi$)	0.245***	3.864
对外开放程度($didl$)	0.501***	7.782
对外开放水平($idls$)	0.227***	3.638

注：***、**、* 分别表示在1%、5%和10%的水平上显著。
资料来源：作者利用STATA软件计算。

2. 计量模型设定

为考察长江经济带产业分工对提升对外开放程度与水平的影响，设定空间计量模型如下：

$$y_{it} = \rho w_i' y_i + x_{it}'\beta + d_i' x_i \delta + u_i + \gamma_i y_{it}$$

其中，y_{it} 分别表示地区 i 时间 t 的参与全球价值链的相对程度（$didl$）、在全球价值链中的相对地位（$idls$），w_i' 为空间权重矩阵 W 的第 i 行，$w_i' y_i = \sum_{j=1}^{n} w_{ij} y_{jt}$，$w_{ij}$ 为空间权重矩阵 W 的 (i,j) 元素，x_{it}' 为一系列解释变量，

β 为相应系数，$d'_ix_i\delta$ 表示解释变量的空间滞后，d'_i 为相应空间权重矩阵 $\boldsymbol{D}$ 的第 i 行，u_i 为地区个体效应，γ_i 为时间效应。

3. 变量说明

基于上文分析，本章的解释变量为工业与服务业产业分工水平、国家战略、地理区位，其中产业分工水平选取第四章中测算得出的经济带内各地区工业($gisi$)和服务业分工水平($fisi$)作为变量衡量，国家战略($stra5$)选取第四章中滞后5年的国家战略虚拟变量，地理区位($border$)选取是否为边境地区作为虚拟变量，其中边境地区为1，其余地区为0。

根据前文文献的实证研究结论，本章选取还可能影响开放发展程度与水平的物质资本积累(sok)、人力资本($labor$)、创新能力(tec)、第二产业结构(sis)、市场分割(seg)、市场需求(fc)是否边境($border$)等变量作为控制变量，变量的衡量方法在第四章中已经阐述，此处不再赘述。

9.3.2 模型检验

首先，对上述设定模型基于 OLS 估计进行 LM 检验，考察模型是否存在空间效应，结果显示，4个模型均通过了针对空间误差和空间滞后的检验，表明4个模型存在空间自相关性，应进行空间计量分析。

其后通过 Wald 检验选择适当的空间模型，考察能否将空间杜宾模型(SDM)简化为空间滞后模型(SLM)或空间误差模型(SEM)。除工业分工水平对开放程度影响模型中 Wald-spatial-lag 的 P 值不显著以外，其余3个模型 Wald-spatial-lag、Wald-spatial-error 的 P 值都显著，应选择 SDM。工业分工水平对开放程度影响的模型也可以简化为空间滞后模型(SLM)。

由于本章采用的是面板数据，故运用 Hausman 检验是否采用固定效应，结果显示在服务业分工水平对开放程度影响的模型中，Hausman 检验不显著，接受随机效应，其余模型的 Hausman 检验显著，应选用固定效应。最后分别采用空间固定、时间固定和时空双固定效应估计上述模型，估计结果显示对开放时间固定效应下 SDM 的拟合程度均较高，但对开放水平影响的 SDM，时空双固定效应下变量的取值更真实，故选择时空双固定效应回归。为示比较，本章4个模型选择将 OLS、SDM 一并分析，SDM 中考虑了 $stra5$ 和 $border$ 分别作空间滞后变量的情况。此外，工业分工水平对开放程度影响的模型增加空间滞后模型(SLM)分析，以上检验结果及模型回归结果均列于表9-3、表9-4。

由表9-3、表9-4可知，模型的空间自回归系数 ρ (rho)、$border$ 的空间滞后变量 $W \times border$，$stra5$ 的空间滞后变量 $W \times stra5$ 也基本通过了显著性水

表 9-3 工业分工影响对外开放的空间面板计量模型回归结果

变量	didl				idls	
回归方法	(1)OLS	(2)SEM	(3)SDM 时间 FE	(4)SDM 时间 FE	(5)OLS	(6)SDM 时空 FE
gisi	-3.690*** (0.423)	-3.288*** (0.496)	-2.713*** (1.03)	-2.755*** (0.469)	0.270** (0.135)	-0.316** (0.146)
stra5	-0.041 8 (0.054 4)	-0.031 5 (0.052 5)	-0.121 (0.144)	-0.087 8 (0.053 4)	0.008 9 (0.017 3)	-0.030 1*** (0.009 8)
labor	-14.77*** (1.232)	-14.59*** (1.183)	-12.29*** (3.116)	-13.64*** (2.013)	-2.558*** (0.393)	-0.882 (1.127)
sok	0.207 (2.67)	0.3 (2.548)	2.912 (7.226)	3.219 (5.022)	3.422* (0.851)	0.700* (0.398)
tec	-0.365 (0.627)	-0.723 (0.65)	-0.638 (1.338)	-0.826 (0.68)	-1.101*** (0.2)	0.464*** (0.0826)
sis	-2.127*** (0.593)	-2.076*** (0.567)	-2.059* (1.134)	-1.213* (0.723)	0.0066 (0.189)	0.148 (0.102)
seg	82.89 (71.12)	105.5 (69.74)	190.4 (135.7)	73.65 (67.31)	30.66 (22.66)	-3.677 (7.982)
fc	8.904*** (3.124)	9.508*** (3.012)	5.236 (7.501)	6.263 (6.202)	2.533** (0.996)	0.151 (0.322)
border	0.598*** (0.084 5)	0.556*** (0.086 1)	0.423*** (0.147)	0.512*** (0.078 8)	-0.047 1* (0.026 9)	
W×stra5			0.194 (0.186)			0.025 6* (0.015 5)

续表

变量	didl					idls	
	(1)OLS	(2)SEM	(3)SDM	(4)SDM	(5)OLS	(6)SDM
W×border				1.230*** (0.111)		
常数项	3.000*** (0.375)	2.745*** (0.401)			0.194 (0.119)	0.247** (0.109)
ρ		0.035 2 (0.025 1)	0.362*** (0.099 3)	−0.479*** (0.136)		
$sigma^2$		0.222*** (0.013 7)	0.039 1*** (0.008)	0.020 7*** (0.006 1)		0.000 3*** (0.000 3)
R^2	0.918		0.927	0.956	0.799	0.607
样本量	132	132	132	132	132	132
LMLAG	1.097				2.544	
R−LMLAG	4.930**				7.831***	
LMERR	1.792				18.599***	
R−LMERR	5.626**				23.886***	
Wald-Spatial-lag	1.966				6.638**	
Wald-Spatial-error	17.748***				152.513***	
Hausman			166.62***	46.84***		125.50***

注：括号内为t统计量，***、**、*分别表示在1%、5%和10%的水平上显著。
资料来源：作者利用STATA软件计算。

表 9-4 服务业分工影响对外开放的空间面板计量模型回归结果

变量	didl				idls	
回归方法	(7)OLS	(8)SDM 时间 RE	(9)SDM 时间 FE	(10)OLS	(11)SDM 时空 FE
$fisi$	7.638* (4.455)	4.164* (2.417)	18.25*** (5.076)	-3.073*** (1.112)	1.286*** (0.368)
$fisi2$	-41.56 (25.74)	-29.32** (14.43)	-105.6*** (28.07)	17.74*** (6.423)	-6.991*** (2.211)
$stra5$	0.002 43 (0.075 2)	-0.237*** (0.067 5)	-0.023 3 (0.053 8)	-0.011 4 (0.018 8)	-0.025 2*** (0.009 7)
$labor$	-18.54*** (1.506)	1.551 (4.47 1)	-13.40*** (1.317)	-2.126*** (0.376)	-1.788 (1.155)
sok	-2.366 (3.373)	2.097 (2.024)	3.145 (4.491)	3.345*** (0.842)	0.978** (0.394)
tec	-0.502 (0.799)	-0.754 (0.51)	-0.664 (0.633)	-1.153*** (0.199)	0.495*** (0.082 9)
sis	-0.055 9 (0.743)	0.545 (0.385)	-0.164 (0.615)	-0.01 (0.185)	0.245*** (0.077)
seg	-21.65 (92.69)	-74.25* (39.93)	62.52 (45.82)	48.30** (23.13)	-1.045 (7.704)
fc	20.87*** (3.537)	-3.663 (2.255)	9.992* (5.138)	1.771** (0.883)	0.299 (0.322)
$border$	0.138 (0.097 1)	1.220*** (0.358)	0.058 (0.053 9)	0.0078 2 (0.024 2)	

139

续表

变量	(7)OLS	didl (8)SDM	(9)SDM	(10)OLS	idls (11)SDM
$W \times stra5$		0.391*** (0.085 3)			0.030 8** (0.015 2)
$W \times border$			1.172*** (0.128)		
常数项	0.418 (0.377)	−0.283 (0.439)		0.030 1 (0.094)	
ρ		0.242*** (0.088 2)	−0.136 (0.114)		0.211* (0.11)
$sigma^2$		0.013 6* (0.007)	0.020 0*** (0.004 2)		0.000 3 (0.000 3)
R^2	0.87	0.516	0.943	0.805	0.603
样本量	132	132	132	132	
LMLAG	21.617***			7.477***	
R−LMLAG	42.631***			0.008	
LMERR	0.375			16.588***	
R−LMERR	21.389***			9.119***	
Wald-Spatial-lag		53.244***			15.772***
Wald-Spatial-error		148.170***			280.605***
Hausman		0.74	70.89***		142.55***

注：括号内为 t 统计量，***、**、* 分别表示在1%、5%和10%的水平上显著。
资料来源：作者利用 STATA 软件计算。

平检验,意味着在建立模型考察产业分工对区域内地区对外开放程度与水平影响时,应纳入空间影响因子并采用 SDM 回归。下文主要依据 SDM 的回归结果进行分析。

9.4 多重战略下区域分工与对外开放的实证结果分析

9.4.1 区域分工的影响

由表 9-3 可以看出,长江经济带的区域工业分工在 SDM 中均通过了 1% 水平下的显著性检验并且为负值,说明经济带内区域工业分工水平的弱化能够加深地区对外开放程度,提升地区对外开放水平,由于地区工业分工水平的弱化意味着地区间工业产业倾斜减弱,而内陆地区对外开放程度的加深意味着 GVC 在向内陆地区延伸,故上述结果一定程度可以说明地区工业分工倾斜弱化能够促进 GVC 在经济带内部延伸。以上结果产生的可能原因是,外向型经济因劳动力成本、环境规制等因素的制约,将产业从沿海地区部分搬迁至内陆地区,使得内陆地区逐渐与沿海地区的工业格局趋同,造成了与以往不同的工业分工结果,即地区间工业分工的弱化与产业倾斜程度的降低,与此同时,这一产业转移与延伸的过程,也是内陆地区不断融入全球价值链的过程,最终不断加深了地区对外开放的程度,提升了对外开放水平。

由前文的文献回顾可知,专业化分工对经济增长影响会存在非线性关系,对服务业分工影响对外开放水平的前期考察发现,服务业分工水平与对外开放水平不存在显著的线性关系,故考虑可能存在非线性关系,在考察时引入服务业分工水平变量的二次项进行回归。由表 9-4 可以看出,长江经济带的地区服务业分工水平在 SDM 中均通过了 1% 水平下的显著性检验并且为正值,地区服务业分工水平的二次项在 SDM 中均通过了 1% 水平下的显著性检验并且为负值,说明长江经济带的服务业分工水平对地区对外开放程度与水平的影响确实呈现出显著的"倒 U 形"关系,即服务业分工水平的不断深化先是会促进地区对外开放程度的加深、对外开放水平的提升,到达一定阶段后,会抑制对外开放程度加深与对外开放水平提升。以上结果产生的可能原因是,服务业的分工深化,特别是生产性服务业的分工深化,为外向型产业的转移、落地创造了更好的配套营商环境,降低了跨地区间的交易成本,最终不断加深了地区开放程度,提升了开放水平。但深化到一定阶段,地区进入服务业经济时期,此时主导产业集中在服务业,工业的生产能力逐渐剥离,从工业品贸易的视角衡量对外开放的程度在减弱,开放的水平在降低。

9.4.2 国家战略与地理区位的影响

根据模型运行结果可知,国家战略对长江经济带对外开放水平的影响在SDM(6、12)中为负值且显著,其空间滞后变量$W \times stra5$在SDM(6、8、12)中为正值且显著。说明在长江经济带各区域实施精准的国家战略,对区域对外开放程度的提升没有显著作用,对区域对外开放水平的提升则有一定的制约作用,但是国家战略对周边地区的开放程度与水平具有显著正向的空间溢出效应。这一结论也部分验证了前文的推理,即2010年以前实施的西部大开发与中部崛起区域性国家战略,对区域对外开放程度与水平的提升可能没有产生促进作用。形成上述结果的原因可能是,国家战略在推动中西部地区经济与产业发展过程中,没有将发展中西部地区的外向型经济作为首要出发点。在这样的战略导向下,中西部地区在承接产业转移、进行产业布局时未将扩大对外开放作为首选标准,最终导致了中西部地区外向型经济发展仍旧相对落后的局面。

根据模型运行结果可知,地理区位对长江经济带对外开放程度的影响在SDM(4、8)中为正值且显著,其空间滞后变量$W \times stra5$在SDM(4、8)中为正值且显著。说明地处边境对该地区对外开放程度的提升有利,还说明边境地区对周边地区具有显著正向的空间溢出效应。

上述结论的意义在于国家战略层面将扩大开放作为战略目标将很大程度会促进各地区提升开放程度与水平,不仅是长江下游地区,还包括长江中上游地区;同时,不应忽视边境地区对内陆地区在发展外向型经济方面的影响,特别是对处于长江上游的云南等地。

9.4.3 其他控制变量的影响

根据模型运行结果可知,人力资本、工业结构、市场分割对开放程度的影响显著为负,市场需求对开放程度的影响显著为正;创新水平、物质资本对开放水平的影响显著为正,说明本章选取的六个变量,确实能够对长江经济带对外开放发展产生不同程度的促进作用。在一定程度上表明减少人力资本、降低工业结构、削弱市场分割、增加市场需求有利于提升区域开放程度,增加物质资本、提升创新水平有利于提升区域开放水平。形成上述结果的原因可能是,平衡区域间人力资本的规模、优化人力资本的结构有利于提高区域的劳动生产率,工业结构的降低意味着区域经济向后工业化、服务经济转型,即向技术、知识密集型产业转型,有利于提高区域产业在国际市场的竞争力,削弱区域间的市场分割有利于要素的流动与国内中间品贸易的开展,市场需求的增加为贸易规模的增加提供支撑,进而有利于提升区域的整体对外开放程度。提升资本密集度与区域创新水平有利于区域产业向全国价值链的高端攀升,进而提升区域的整体对外开放水平。

9.5 总结与政策建议

本章基于 2005—2016 年的长江经济带工业与服务业产业数据运用空间面板计量模型,考察了产业分工对地区提升对外开放程度与水平的影响。

本章首先从分工视角分析了提升地区对外开放的影响机制,其次分别通过分析比较上中下游与京津冀、珠三角的出口规模与结构,长江经济带各地区参与全球价值链的程度,地区参与全球价值链程度与地位的时序性特征,对长江经济带对外开放程度进行考察。结果显示长三角向中高端攀升的成效不够显著,中上游虽然规模与结构都在提升,但与下游地区仍然有较大差距;地区参与全球价值链的程度呈现出两端高、中间低的特征,服务业参与全球价值链程度普遍显著低于制造业;下游沿海地区参与全球价值链的生产能力,包含高技术产业已经向中、上游地区转移,但处于中、上游的地区与处于下游沿海的地区仍存在较大的差距。

通过计算年均变化率,考察长江经济带各地区开放发展中战略的作用,结果显示:在两个时间区间内,相对开放程度均在下降的只有江苏,而相对开放水平均在下降的有上海和浙江,并且 2011—2016 年的年平均下降比率均要高于 2005—2010 年。在 2011—2016 年的时间区间内,中上游所有地区的对外开放程度与水平在不断提升。由此提出本章关于国家战略作用的推理。

通过考察工业、服务业分工水平对地区对外开放程度、水平的影响,可知工业分工水平的弱化能够加深地区对外开放程度、提升地区对外开放水平,服务业分工水平对地区对外开放水平的影响确实呈现出显著的"倒 U 形"关系。长江经济带各区域实施精准的国家战略,对区域对外开放程度的提升没有显著作用,对区域对外开放水平的提升有一定的制约作用,但地处边境对该地区对外开放程度提升有利,并且国家战略、地处边境对周边地区的开放程度与水平具有显著正向的空间溢出效应。此外,减少人力资本、降低工业结构、削弱市场分割、增加市场需求有利于提升区域开放程度,增加物质资本、提升创新水平有利于提升区域开放水平。

在"一带一路"、长江经济带国家战略背景下,为构建东西双向更高水平的对外开放新格局,本章的启示有:(1)不能忽略国家战略在产业发展方面的导向作用,也不能忽略边境地区对内陆地区在发展外向型经济方面的影响。(2)下游沿海地区应继续将部分外向型产业向中、上游地区转移,促进下游地区腾挪出产业空间,优化人力资本结构、逐步降低工业结构,集中资源提升关键领域的创新水平,发展更高水平的外向型经济。(3)中上游地区应进行产业适度多样化发展,加快构建较为健全的外向型产业体系,包括制造业与服务业。削弱区域间市场分割程度,促进要素与商品流通,增加物质资本积累,提高资本密集度,为加深开放程度与提升开放水平,创造发展条件、奠定发展基础。

第十章

中游地区内外需产业分工与要素流动

前章测算了长江经济带不同指标下的区域产业分工水平,并证明了多重战略在推进区域产业错位分工中的显著作用,在此基础上实证分析了多重战略与不同产业区域分工的深化与弱化对区域创新、协调发展的影响。区域错位分工格局表现为区域具体产业的专业化水平不断加深,但由于现阶段的分工深化主要在产业内与产品内进行,在前章所衡量的区域工业或者服务业分工水平中难以准确体现。第三章理论分析认为,拥有不同比较禀赋优势的地区会专业化地生产一种商品,并带来均衡的分工与贸易水平的提高。前章实证分析显示,国家战略对中部地区的工业、服务业专业化程度影响产生成效的时滞性相对更长,影响程度相对更深。国家战略的出台与实施制约了地区工业专业化,但促进了中部地区服务业专业化分工的深化。因此本章将以中游为重点,考察多重战略下的要素流动对细分产业分工深化的影响。

长江中游城市群承东启西、连南接北,作为长江经济带的重要组成部分,也是实施促进中部地区崛起战略、实现扩大内需产业战略储备的重点区域。中部崛起战略与长江经济带战略的双重叠加,为长江中游地区提供了更加难得的发展契机。2020年5月,中国提出构建"国内国际双循环相互促进的新发展格局",旨在充分发挥我国超大规模市场优势和内需潜力,推动国内与国际市场同步并举、相互促进。构建国内国际双循环相互促进的新发展格局,产业是根基。长江中游地区需要在双重国家战略叠加背景下,利用承东启西、连南结北的天然优越区位,把握发展契机,在国内国际双循环的格局构建中形成支撑国内市场、链接国际市场的特定产业分工格局,进一步提升中游地区在国家经济发展中的地位与作用。

鉴于此,本章将以长江经济带中游地区为研究对象与主要落脚点,基于区域间投入产出表中的贸易流动数据,从产品与要素市场开放发展的视角考察中游地区在国际国内市场中的作用,以及内外需产业专业化水平,通过构建面板数据计量模型,对要素流动在外需链接型、内需支撑型产业发展中的作用进行定量与定性分析,以期对长江经济带中游地区未来的区域产业发展定位提供一些依据。本章后续的安排如下:第二节分析内外需产业分工深化的影响机制和模型设定;第三节分析中游地区对周边区域的产品市场支撑能力,对中游地区内外需产业进行选择;第四节为要素流动与产业分工深化实证的相关变量与数据说明;第五节为要素流动与产业分工深化实证的回归结果分析;第六节为本章总结和政策建议。

10.1 国内国际双循环文献支撑

构建国内国际双循环相互促进的新格局,实质上是推动国内的内需市场与国际的外需市场共同发展,相互促进。而针对内需与外需(出口)的关系,已经有较为丰富的研究成果。

武斐婕(2015)指出,中国可以在扩大内需的政策前提下,利用国内市场优势,融入更高层次的全球经济分工格局,尽可能把国外优质生产要素利用于中国的生产和贸易中,实现中国从贸易大国向贸易强国转变的目标。祁飞和李慧中(2012)从"母市场效应"的理论分析和实证证明了扩大内需政策会导致中国制造业出口结构优化。以陈启斐为主要代表的系列文章通过实证分析表明:扩大内需对东、中、西部地区的出口贸易均能产生正向的促进作用,但是这一作用存在明显的地区差异性,对中部地区的作用最强(陈启斐,楚明钦,2013);在纺织业、化工业和金属制造业中存在着强本土市场效应,而在采矿业、机械设备制造业和食品业中仅存在弱本土市场效应(陈启斐,李平华,2013);市场规模可以促进服务业出口,但是对服务业进口的提升作用更强(陈启斐等,2014)。此外,中国出口的竞争优势正逐渐从低要素价格向市场规模过渡(许德友,2015;王永培,2016),许德友(2015)认为以国内消费为特征的内需是中国外贸出口转型的动力,王永培(2016)则认为,内外需之间存在相互促进的关联机制,扩大消费性和投资性内需能够提升企业出口参与度和强度。高凌云(2018)在系统分析了内外需、经济规模和竞争力在我国出口增长中的作用及影响机制基础上,得出:我国出口的国内需求弹性远大于外需弹性,内需压力增加虽然部分占用了以往用于出口的生产要素,但尚不足以明显抑制出口,内需压力对出口的促进作用,本质上是通过带动外需实现的。从产品内分工的视角,易先忠和高凌云(2018)在厘清内需—出口关联机制的基础上,通过经验研究表明:内需仍然是产品内分工格局下出口优势的重要来源,脱离内需融入产品内分工不仅会抑制出口升级,难以成为经济持续增长的驱动力,而且难以带动国内生产率的整体改进,偏离出口作为"增长引擎"的本质。

上述文献回顾表明,学者们基于不同的研究方法和研究对象,深入探讨了内需与外需的关系,观点较为一致,不仅认为中国扩大内需对外需有促进作用,而且部分学者还认为内需与外需之间在相互促进,为构建国内国际双循环相互促进的新格局,提供了理论上的支撑与实践上的可能。

10.2 需求拉动视角下产业分工的影响机制

前文的分析显示中游侧重于向东、向南辐射,未充分发挥中部地区向西、向北的辐射作用,与以东、以南的产业融合有规模、欠质量,与以西、以北的产业融合欠规模。为推动构建向西开放格局,应该引导中部向西、向北纵深发展,打通"一带一路"长江经济带经济发展动脉。中游地区不仅为周边区域的国内市场生产、消费提供了支撑,也为周边区域外向型产业的发展提供了支撑,但是仍然存在着一些问题,与国家为其定位的内部市场供应与中部崛起仍有一定距离。由于中游城市群对周边区域流出的主要产业既有满足区域内部市场需求的产业,也有参与国际分工的产业,下面对两种类型的产业发展机制进行分析。

10.2.1 以扩大内需为目的的内需型产业分工深化的影响机制

中国当前的社会主要矛盾已经转化为人民日益增长的美好生活需要和不平衡不充分的发展之间的矛盾。人民对美好生活的追求表明内需市场的发展仍拥有较大空间,提供个性化、差异化、品质化产品是未来扩大内需的产业发展方向。不平衡不充分发展涵盖了东部地区与中西部地区的经济发展不平衡,进而造成地区间人民收入水平的差距,制约了中西部地区人民对美好生活的追求。因此,在中游地区发展满足人民追求美好生活的产业,不仅可以提升区域的产业竞争力,还可以提升区域人民的收入水平,化解当前社会的主要矛盾。内需型产业发展所需的条件有:

劳动力流动:传统的内需型产业主要涉及劳动密集型产业,需要充足的劳动力资源。因此中低素质劳动力要素的净流入,有利于内需型产业更加专业化的发展。为适应市场的需求,提升商品多样化、个性化和品质化,除中低素质劳动力外,还需要接受过良好教育、具有国际化视野的设计师等高素质人才资源,例如中国的时尚品牌多汇聚于上海、广东、深圳等地。

国家战略干预:中国政府相继发布的《促进中部地区崛起"十三五"规划》《长江中游城市群发展规划》等相关战略规划为区域产业发展指明了方向。通常在战略规划之后,全方位的投资、税收、土地等相关区域产业支持政策会相应发布。产业政策是一国(地区)产业发展的指引,也是政府将有限的政策资源在不同的区域范围进行分配,引导区域经济发展走向的重要手段。

地理区位:接近终端消费市场的位置有助于内需型产业的发展,接近市场不仅可以快速获知市场需求信息,及时掌握市场变化并迅速响应,而且可以减少物流时间、降低物流成本。根据"中心—外围"的产业布局理论,城市中心区的服务业可以辐射至城市外围四周,从区域的角度,位于区域中心的产业能够向东西南北四面辐射,范围更广。此外,地理位置也决定了地区的海拔高度与气候条件,广袤的平原地区不仅有利于建设工厂,也有利于交通运输,而温和的气候条件可以创造更多的生产时间。

内需型产业基础:内需产业的发展并非一蹴而就,需要经过长期发展形成的完整产业链作为基础,不同产业所需的产业基础建设周期也不同。长三角、珠三角地区在首轮经济发展中形成了众多的产业集群,涉及较多辐射全国的内需型产业门类。

统一市场:内需型产业不仅要满足本地的需求,更要满足周边区域的需求。跨区域的商品流通,统一市场的建设非常重要,但是中国地区间受地方政府保护等影响,仍然存在着不同程度的商品市场分割(黄赜琳,姚婷婷,2020)。

10.2.2 以融入国际市场为目的的外需型产业分工深化的影响机制

中国东部沿海地区成为世界工厂,除了依靠廉价的劳动力等要素禀赋优势,更重要的是依靠产业配套、物流成本和地方政府效率等优势(刘志彪,张少军,2008),但在参与国际价值链分工过程中,面临着被"低端锁定"和"低端分流"的两难境地下,东部地区在奋力摆脱低端位置,向国际价值链的中高端攀升。在此过程中,东部将原处于低端的价值链上游环节产业向中西部转移,带动中西部经济发展的同时,也促进中西部参与国际价值链分工,推动国内价值链向中西部延伸。然而,外需型产业的规模化发展并非是通过一些企业的搬迁就可以实现,下面分析外需型产业发展所需的条件。

国外资本流动:东部地区的外需型产业发展长期来自外商企业的直接投资,中部地区发展外需型产业的本质首先是将原沉淀在东部地区的外资吸引至本地,国外资本的转移也伴随着国外先进管理模式、技术人员的转移,共同促进中游地区外需型产业专业化发展。

劳动力流动:东部地区劳动力成本不断攀升,致使国际垂直型的产业转移面临两种路径,一种是产业内迁,另一种是产业外移。针对处于国际价值链中低端的企业,产业内迁的可行性首要因素,是迁入地具有能够为国际资本创造利润空间的要素成本。在长期的区域经济发展不平衡中,东部吸引了中西部大量的劳动力要素,这些劳动力在东部地区积累了丰富的经验与专业技能,如果将此部分劳动力引导回流至中西部,可为中西部地区的外需型产业发展提供丰富的劳动力资源。但是地区间收入差异对劳动力的引流具有一定阻碍作用,因此,中游地区能否进行外需型产业发展,劳动力成本的比较优势与规模化的产业工人都是制约因素。

地理位置:与内需型产业不同,外需型产业的发展,需要在地理位置上更接近下游被融合的产业基地。接近下游能够更好地共享信息,降低交易成本,减少响应时间,获得技术支持。

外需型产业基础:中国对外开放40年造就了国内各地区或多或少都拥有一定的外向型经济,也形成了一定的外向型产业基础,但是已有的产业基础能否较快地适应、融入下游价值链的分工需要进一步考证。例如长三角地区的纺织业、服装与鞋帽制造业都以上海为中心,向宁沪线、宁杭线和沿海线扩散,但泰州、镇江、湖州和台州等地却难以成为产业转移的接收地,原因是这些城市的产业基础不强,缺乏集聚效应(魏守华等,2015)。产业基础的差异为产业融合带来了阻碍。此外,外向型产业的相似也可能造成地区间产业趋同,难以形成区域间的分工协作。

10.3 中游地区的需求拉动型产业选择

10.3.1 中游对周边区域市场的产品支撑

为着重考察中游承东启西、连南接北的作用,除选取长江经济带下游、上游外,还选取了与中游在地理上较为接近的中游以南(福建、广东、广西)、中游以北(河南、陕西),共涉及中国东西南北中5个经济区域16个省市,占中国2018年GDP总量的68.8%,涵盖了中国经济最活跃的长江三角洲、珠江三角洲、成渝城市群以及中部城市群。本节将基于《中国31省市区域间42部门投入产出表(2012)》和《中国地区投入产出表(2012)》,考察中游三省作为中国扩大内需产业战略储备的规划区域在承东启西、连南接北中已经发挥的作用。

1. 中游地区与周边区域的产品贸易往来结构

此处分别测算中游向周边区域流出的中间、最终产品占中游向本地以外所有地区总流出的比重，以及各区域向中游流入的中间、最终产品占各地区向中游总流入的比重，为更好地观测到中游与各区域的产品流动事实，测算均剔除了本地对本地的流入流出，例如剔除了湖北对湖北的流入流出，但保留湖北对江西等中游其他地区的流入流出。数据来源于2012年《中国31省市区域间42部门投入产出表》，测算结果见表10-1。

由表10-1可知，中游向国内外部流出的中间产品、最终产品分别占所有流出中间产品、最终产品的11.91%、11.76%，说明2012年中游在本地市场的中间、最终产品流转仍占据绝对份额，且份额相当。在所有流向外部的中间、最终产品中，所选区域分别占到69.04%、57.87%，说明本节选取的四个经济区域具有一定的代表性，是中游当前支撑国内市场产业发展的主要区域，相比最终产品，中游向所选区域以外地区供应中间产品比重更高。首先，在不同区间，向下游流出的中间产品、最终产品均是最多的，中间产品超过了30%；其次是中游以南，最终产品的输出份额与下游相差较小，向中游以南与上游输出分排第三、第四；最后是对中游内部间的输出，上述结果表明中游在中间产品与最终产品的外部输出方向上，均是先向东向南、后向北向西。

外部流入中游的中间产品、最终产品分别占所有流入的12.69%、10.3%，其中所选区域分别占到54.87%、63.07%，说明所选区域向中游自身流入的中间产品相对较少，所选区域以外地区对中游的中间产品供应更多；所选区域向中游的最终产品流入更多，所选区域以外地区对中游的中间产品供应更少。各区域间流入中间产品与最终产品的排序相同，下游投入最多，最终产品占比相较中间产品多出近10个百分点，中游以南多出近5个百分点，说明下游与中游以南区域所处的国内价值链位置要高于中游，对中游是最终产品的净输出地。相反，中游以北流入中游的中间投入相对较多，说明中游以北区域所处的国内价值链位置要低于中游，对中游是中间产品的净输出地。中游内部间与上游的中间产品、最终产品的流入规模相当，说明所处国内价值链的位置与中游相当。以上结果也说明中游与下游间的经济联系最紧密深入，其次是中游以南和中游以北。

2. 中游在周边区域产品市场中的作用

现考察所选各区域流入流出中间、最终产品的总量中，中游城市群所占的比重，测算方法与数据来源与上一指标一致，结果见表10-2。由表10-2可

第十章 中游地区内外需产业分工与要素流动

表10-1 2012年长江经济带中游与各区域的产品流入流出占比

方向	用途	国外	国内	区域	下游	中游	上游	中游南	中游北	国内其他
中游流出	中间投入		0.119 1	0.690 4	0.321 5	0.056 2	0.088 3	0.142 0	0.082 4	0.309 6
	最终使用		0.117 6	0.578 7	0.183 8	0.050 6	0.107 2	0.151 4	0.085 7	0.421 3
	出口	0.067 1								
流入中游	中间投入		0.126 9	0.548 7	0.222 0	0.051 1	0.067 9	0.113 2	0.094 5	0.451 3
	最终使用		0.103 0	0.630 7	0.292 8	0.061 5	0.065 5	0.160 4	0.050 6	0.369 3
	进口	0.018 7								

资料来源：作者计算。
注：数据不包含本地地区对本地的中间投入、最终使用。

151

知,5个区域对中游的产品输出中,中游以南对中游的中间与最终品输出占其对全国输出的比重最高,且相对多地输出最终品,说明中游是中游以南区域的主要最终品市场;后面依次分别是上游、下游、中游以北、中游。上游、下游对中游的中间与最终品输出占比相当,中游以北、中游对中游的中间品输出占比大于最终品输出,说明中游是中游以北、中游区域的主要中间品市场。在中游对5个区域的产品投入中,中游以南区域接收中游的中间与最终品投入,占该区域接收全国投入总量的比重最高,后面依次分别是下游、中游以北、上游、中游。相比中间品,5个区域均相对多地接收中游的最终品,说明中游对5个区域的最终品市场供应起到的作用更强,即中游对周边区域的最终品供应能力要强于其中间品供应能力。

表 10-2　2012 年中游占各区域与全国的产品流动比

区域	流至全国中中游占比		全国流入中中游占比	
	中间投入	最终使用	中间投入	最终使用
下游	0.072 4	0.071 5	0.071 1	0.100 6
中游	0.056 2	0.043 9	0.051 1	0.061 5
上游	0.074 4	0.077 0	0.064 4	0.073 9
中游南	0.078 7	0.090 1	0.079 7	0.105 3
中游北	0.071 1	0.066 8	0.068 0	0.069 5

资料来源:作者计算。
注:数据不包含本地区对本地区的中间投入、最终使用,不含进口、出口,每个数据相对于全国而言。

10.3.2　中游的内需型与外需型产业选择

1. 中游支撑国内市场的主要内需型产业

根据前文的分析,中游在对下游、中游以南、中游以北区域的最终产品市场支持相比更加显著,故将中游与5个区域的产业流动按其流出用于最终使用的各产业份额排序,选取高于2%的产业报告于表10-3。所列12个产业共占所有流出最终使用产业份额的80.8%,同时报告流出用于中间投入与流入用于中间投入的产业份额,所占份额分别是50.45%、53.73%,说明所选12个产业是中游地区主导产业,产业间的最终消费品贸易往来量大且密切。将所选12个产业归类于中游地区的最终品(F),对产业中作为中间品流入流出份额超过其作为最终品流出的产业,同时归类于中间品(M),具体同见表10-3。由表10-3可知,中游流出最终品中,主要涉及家庭日用品消费市场的产业有5个(产业名称后标注★),产业份额合计超过了44.4%;主要涉及工消费市场的产业有 7 个(产业名称后标注◆),产业份额合计超过了 36.4%。上述数据表明在扩大内需的背景下,中游在满足周边 5 个区域的家庭、工业消费市场需求中,分工较为明确、产业支撑有重点,2012 年的数据从另一个角度表明,中国政府将中游规划为国内市场产业储备基地具有一定的现实依据。在 12 个产业中,属于资本、技术密集型产业只有 4 个,产业份额只有 23.2%,说明中游地区对周边市场的产业支撑,特别是对下游、以南、以北地区仍然存在工业产业储备欠缺、价值链位置偏低等问题。

2. 中游支撑国际市场的主要外需型产业

为考察中游地区在经济带上下游以及南北区域外向型经济发展过程中所发挥的作用,现对中游向周边 5 个区域流出的中间产品根据产业份额排序,将排序结果的前 20 个产业与 5 个区域产业出口份额排序进行对比匹配,考虑到 2012 年的投入产出表数据时效性欠缺,特补充至 2015 年数据,结果列于表 10-4,为便于分析也同时列出了匹配后差异较大的产业。2012 年各区域出口额数据来自各地区投入产出表,2015 年因无投入产出表,以《中国工业统计年鉴》中地区产业出口交货值核算,为保持产业统计口径一致对相关产业进行合并,但《中国工业统计年鉴》只报告了工业出口数据,无农林牧渔业、服务业出口数据,故 2015 年的相关产业不纳入排序,合并后产业共 26 个。2015 年所选 16 省市工业出口交货值占全国比重达到 84.93%。

由表 10-4 可知的匹配结果可知,部分产业差异较大。有 7 个产业(产业名称后标注★)在中游流出中间产品中的排序,与 5 个区域出口份额排序较为一致,且排序较为靠前,表明在所选区域内,这部分产业基本是地方长期发展形成的外向型主导产业,受地理邻近的影响,产业间的流动密切。由于此处考察的是中间产品的流出,一定程度说明这部分流出的中间产品,较大可能是用于价值链下游的外向型产品生产,通过出口进入全球价值链,即上述产业是中游地区对周边外向型经济发展提供的上游基础产业。中游流出中间产品的排序明显高于区域出口份额排序的有 7 个(产业名称后标注◆),这部分产业中间产品的流出并非是进入周边区域的外向型产业生产,而是进入了 5 个区域的国内市场产品生产;明显低于 5 个区域出口份额排序的有 11 个(表中标注▲),这部分产业恰是中游地区经济发展中相比其他区域较为薄弱的外向型产业,因产业基础较为薄弱,也难以为其他区域的外向型产业生产提供有力的上游支撑。

表 10-3　2012 年中游与周边区域产业流动排序

产业序号	产业名称	流出最终产品	流出中间产品	流入中间产品	中间品	最终品	产业类型
06	食品和烟草★	0.181 9	0.081 5	0.069 7		F	C2
17	专用设备◆	0.133 6	0.046 7	0.043 7		F	C3/C4
01	农林牧渔产品和服务★	0.128 8	0.092 8	0.035 3		F	C2
12	化学产品◆	0.060 8	0.060 1	0.074 3	M	F	C2
29	批发和零售	0.060 4	0.047 7	0.039 2		F	C2
30	交通运输、仓储和邮政	0.046 8	0.097 1	0.049 1	M	F	C3/C4
18	交通运输设备◆	0.042 8	0.009 2	0.055 0		F	C2
08	纺织服装鞋帽皮革羽绒及其制品★	0.038 3	0.005 6	0.019 9		F	C2
07	纺织品★	0.035 0	0.035 2	0.013 5		F	C2
20	通信设备、计算机和其他电子设备◆	0.031 4	0.013 8	0.032 4	M	F	C3/C4
19	电气机械和器材◆	0.024 6	0.014 0	0.022 1		F	C3/C4
28	建筑	0.023 5	0.000 8	0.083 1		F	C2
	合计	0.807 9	0.504 5	0.537 3			

资料来源：作者计算。

注：C2—C4 分别表示劳动密集型、资本密集型、技术密集型制造业，其中 C3/C4 表示该产业可能是两种产业类型的结合或是其中一种。

表 10-4 中游流出中间产品重点产业与周边区域出口重点产业对比

产业名称	产业序号	流出中间产品 2012	下游 2012	下游 2015	华北 2012	华北 2015	出口 华南 2012	出口 华南 2015	中游 2012	中游 2015	上游 2012	上游 2015
金属冶炼和压延加工品◆	14	1	12	11	5	7	13	5	18	15	5	6
交通运输、仓储和邮政◆	30	2	10		9		11		10		6	
农林牧渔产品和服务◆	01	3	25	14	20	5	16	4	23	7	18	8
食品和烟草★	06	4	18	3	14	2	17	3	16	5	9	4
化学产品★	12	5	3	23	2	18	3	20	7	22	3	18
非金属矿和其他矿采选产品◆	05	6	34	10	24	11	23	10	28	13	25	5
批发和零售	29	7	2	15	1	10	2	13	5	11	2	12
专用设备◆	17	8	13	22	16	20	14	19	14	26	12	15
非金属矿物制品★	13	9	17	7	10	8	8	9	12	12	10	11
金属矿采选产品◆	04	10	35	9	30	14	30	12	34	6	28	16
纺织品★	07	11	7	2	15	4	15	7	13	2	14	10
金属制品★	15	12	11	1	11	1	12	1	11	1	16	1
电气机械和器材▲	19	13	4	6	7	12	9	6	2	9	11	9
通信设备、计算机和其他电子设备▲	20	14	1		3		1		1		1	
通用设备▲	16	15	6		12		6		6		13	

续表

产业名称	产业序号	流出中间产品 2012	下游 2012	下游 2015	华北 2012	华北 2015	出口 华南 2012	出口 华南 2015	中游 2012	中游 2015	上游 2012	上游 2015
煤炭采选产品◆	02	16	37	24	37	21	31	18	38	25	37	22
石油、炼焦产品和核燃料加工品▲	11	17	20	18	22	17	28	25	21	21	27	20
住宿和餐饮★	31	18	23		18	9	18	11	26	4	20	2
造纸印刷和文教体育用品▲	10	19	15	8	8	6	4	2	4	8	7	3
交通运输设备	18	20	8	4	6	13	7	17	15	10	4	13
木材加工品和家具	09	22	14	12	13		10		8		15	
租赁和商务服务▲	35	23	9		21	3	20	8	9	3	19	7
纺织服装鞋帽皮革羽绒及其制品▲	08	25	5	5	4	16	5	14	3	14	8	14
仪器仪表	21	31	16	13	17		19		17		21	
信息传输、软件和信息技术服务▲	32	35	19		28		34		24		30	

资料来源：作者统计。

10.4 要素流动与产业分工深化的实证模型

10.4.1 模型设定

基于上文的理论机制分析，本章实证部分的基准回归模型设置如下：

$$y_{it} = \gamma x_{it} + x'_{it}\emptyset + \alpha_i + \lambda_i + \mu_{it}$$

其中，下脚标 i 和 t 分别代表区域和年份，y_{it} 分别表示内需型产业与外需型产业专业化分工水平，x_{it} 表示影响不同产业分工专业化的主要因素，γ 是解释变量的系数，x'_{it} 是控制变量矩阵，$\emptyset$ 是控制变量的系数向量，α_i 和 λ_i 分别表示空间固定效应和时间固定效应，μ_{it} 表示随机扰动项。

本章加入地理位置变量与主解释变量交叉项来检验地理区位对各种因素影响下形成产业专业化分工的调节作用，回归模型设置如下：

$$y_{it} = \beta gl_i \times x_{it} + \gamma x_{it} + x'_{it}\emptyset + \alpha_i + \lambda_i + \mu_{it}$$

其中，gl_i 表示各区域地理位置的前定变量，在样本期内不随时间的变化而变化。β 表示地理位置变量与主解释变量交叉项的系数。

10.4.2 变量说明

被解释变量：针对某个区域的特定产业，反映该产业的相对专业化程度一般采用区位熵衡量，公式为 $LQ_{ij} = \dfrac{y_{ij}/y_i}{Y_j/Y}$，其中，$LQ_{ij}$ 为地区 j 产业 i 的区位熵，y_{ij} 为地区 j 产业 i 的产值，y_i 为长江经济带产业 i 的产值，Y_j 为地区 j 的 GDP，Y 为长江经济带整体的 GDP。区位熵大于 1，表明该产业在区域内具有比较优势，区位熵值越大，比较优势越明显，专业化水平越高。经计算可知 2012 年全国分别流入 5 个区域的最终产品份额超过 2% 的涉及 18 个产业，累计份额均超过各区域最终使用的 80%，由于其中教育、卫生和社会工作、公共管理、社会保障和社会组织 3 个产业缺乏年度数据，剔除后选择 15 个产业作为内需型产业发展变量的核算基础。由于制造业与其他行业数据统计口径不一致，对内需型产业进行制造业（ddi）、其他产业（$ddei$）分别讨论，其中制造业数据以其内需总额（产业销售额－出口交货值）、其他产业以产业增加值总额为基础计算区位熵；选择长三角、珠三角出口产业份额超过 2% 的 13 个工业作为外需型产业发展变量（mi），13 个产业分别占到长三角、珠三角出口总额的96.75%、95.43%,由于均涉及制造业,以产业出口交货值总额为基础计算区位熵,核算所涉产业见表10-5。

解释变量:对内需型产业发展模型选择劳动力流动、国家战略干预、地理区位、产业基础、统一市场5组变量,对外需型产业发展模型选择劳动力流动、地理区位、产业基础、国外资本流动4组变量。劳动力流动包括劳动力流动($labor$)、劳动力质量(edu)、劳动力成本($lnasal$)三个变量,其中劳动力成本($lnasal$)以地区平均货币工资水平的自然对数来衡量。国家战略干预指标选取财政预算支出($govs$)作变量。地理区位分为内需型与外需型,内需型地理区位($lnddgl$)选取各区域到其他区域的加权平均距离倒数的自然对数作为变量,依据各省会城市经纬度计算两间距离,以各区域所含省市的省会城市与其他省会城市间距离的加权平均值倒数的自然对数来衡量;外需型地理区位($lnmgl$)选取各区域到上海、广州的加权平均距离作为变量,以各区域所含省市的省会城市与上海、广州间距离的加权平均值来衡量。产业基础同样分为内需型和外需型,内需型产业基础选取第二产业结构(sis)为变量,外需型产业基础(mxs)选取地区进出口总额占GDP比重来衡量。统一市场选择市场分割指数(seg)作为变量,反映区域间交易成本。国外资本流动(fdi)选取外商直接投资区位熵为变量。

控制变量:考虑到区域产业发展在一定程度上会受区域交通网建设、城市化水平、技术水平的影响,本章对上述特征加以控制。交通设施指标,根据城市群经济发展所需的物流、人流城际交通网建设,选取地区货物周转量($gtran$)、旅客周转量($ptran$)作变量。城市化水平($city$),选取各区域城镇人口占年末常住人口的比重来衡量。科技支出强度($stei$),选取各区域地方政府科技支出占财政支出的比例来衡量。

本章将2005—2016年中国16个省市分为5个区域的面板数据作为研究样本,地理空间数据基于百度地图确定各地区省会城市的经纬度坐标计算得出,其余变量在前文已作解释,此处不再赘述。以上变量描述性统计报告于表10-6。

10.4.3 模型检验

由于模型为长面板,需要考虑可能存在的异方差与自相关,故首先对模型分别进行组间异方差、组内自相关与同期自相关检验。检验结果可知,各产业模型均存在组间异方差、组内自相关与同期自相关,为使估计结果更加稳健,先使用OLS估计,再使用面板校正标准误差(PCSE),在估计过程中,对于可能存在的固定效应,加入了个体虚拟变量(id),对可能存在的时间效应,加上了时间趋势项(t),具体回归结果见表10-7。

第十章 中游地区内外需产业分工与要素流动

表 10-5 被解释变量指标核算包含的产业

产业名称	产业序号	内需型	外需型	产业名称	产业序号	内需型	外需型
农林牧渔产品和服务	01			电气机械和器材	19		Y
食品和烟草	06	Y		计算机、通信和其他电子设备制造业	20		Y
纺织品	07		Y	建筑	28	Y	
纺织服装鞋帽皮革羽绒及其制品	08	Y		批发和零售	29	Y	
木材加工品和家具	09		Y	交通运输、仓储和邮政	30	Y	
造纸印刷和文教体育用品	10		Y	住宿和餐饮	31	Y	
化学产品	12	Y	Y	信息传输、软件和信息技术服务	32	Y	
金属冶炼和压延加工品	14		Y	金融	33	Y	
金属制品	15		Y	房地产	34	Y	
通用设备	16	Y	Y	教育	39	Y	
专用设备	17	Y	Y	卫生和社会工作	40	Y	
交通运输设备	18	Y	Y	公共管理、社会保障和社会组织	42	Y	

资料来源：作者统计。

表 10-6 描述性统计

变量	平均值	标准差	最小值	最大值	样本量
ddi	0.906 8	0.199 1	0.688 1	1.338 9	N=60
$ddei$	0.963 2	0.069 4	0.883 5	1.174 7	N=60
mi	0.907 2	0.778 5	0.101 5	2.026 0	N=60
$lnddgl$	0.147 3	0.003 2	0.144 4	0.153 3	N=60
sis	0.485 9	0.037 1	0.410 5	0.567 0	N=60
$govs$	0.975 5	0.232 7	0.707 3	1.523 2	N=60
$labor$	1.159 0	0.321 2	0.659 8	1.667 5	N=60
$hedu$	11.466 0	5.452 4	3.687 5	28.625 0	N=60
seg	0.000 6	0.000 3	0.000 1	0.001 7	N=60
$lnmgl$	0.149 8	0.009	0.138 2	0.161 2	N=60
mxs	0.390 2	0.376 4	0.054 0	1.227 5	N=60
$lnasal$	10.482 2	0.451 4	9.584 6	11.340 4	N=60
fdi	0.830 0	0.565 5	0.239 6	1.769 1	N=60
$gtran$	0.781 3	0.287 5	0.460 3	1.357 8	N=60
$ptran$	1.110 1	0.267 8	0.726 2	1.596 9	N=60
$city$	0.490 7	0.091 5	0.325 1	0.653 5	N=60
$stei$	0.878 1	0.324 2	0.508 3	1.507 7	N=60

资料来源:作者利用 STATA 软件计算。

表 10-7 要素流动对不同产业分工深化影响的基准回归结果

	ddi		$ddei$		mi	
	(1)	(2)	(3)	(4)	(5)	(6)
is	0.698 6*	0.611 4	−1.239 5***	−1.290 6***		
mxs					0.479 0***	0.420 5***
控制变量	否	是	否	是	否	是
区域	是	是	是	是	是	是
年份	是	是	是	是	是	是
R^2	0.866 2	0.893 8	0.924 5	0.930 3	0.992 9	0.993 5
样本量	60	60	60	60	60	60
	(1)	(2)	(3)	(4)		
$govs$	0.283 2*	0.392 0*	−0.325 6***	−0.429 8***		

续表

	ddi		$ddei$		mi	
	(1)	(2)	(3)	(4)	(5)	(6)
控制变量	否	是	否	是		
区域	是	是	是	是		
年份	是	是	是	是		
R^2	0.863 3	0.895 8	0.792 1	0.836 4		
样本量	60	60	60	60		
	(1)	(2)	(3)	(4)	(5)	(6)
$labor$	−0.229 3***	−0.040 5	0.320 8***	0.386 2***	−0.418 6***	−0.077 3
控制变量	否	是	否	是	否	是
区域	是	是	是	是	是	是
年份	是	是	是	是	是	是
R^2	0.864 8	0.889 7	0.836 8	0.853 3	0.990 3	0.992 2
样本量	60	60	60	60	60	60
	(1)	(2)	(3)	(4)	(5)	(6)
$hedu$	−0.015 2***	−0.011 6**	0.007 9**	0.007 3**		
$lnasal$					0.118 4	−0.050 8
控制变量	否	是	否	是	否	是
区域	是	是	是	是	是	是
年份	是	是	是	是	是	是
R^2	0.871 3	0.896 1	0.776 6	0.796 3	0.989 1	0.992 2
样本量	60	60	60	60	60	60
	(1)	(2)	(3)	(4)	(5)	(6)
seg	−33.618 2*	−5.949 1	5.466 6	8.493 0		
fdi					0.308 6**	0.047 6
控制变量	否	是	否	是	否	是
区域	是	是	是	是	是	是
年份	是	是	是	是	是	是

续表

	ddi		*ddei*		*mi*	
	(1)	(2)	(3)	(4)	(5)	(6)
R^2	0.861 3	0.889 6	0.750 2	0.776 0	0.989 6	0.992 2
样本量	60	60	60	60	60	60

注：***、**、*分别表示在1％、5％和10％的水平上显著。此处t统计量省略。
资料来源：作者利用STATA软件计算。

10.5 要素流动与产业分工深化实证的回归结果分析

10.5.1 基准回归结果

表10-7报告了劳动力流动规模、劳动力流动质量、劳动力成本、国家战略干预、市场分割、产业基础等因素分别对内需、外需型产业专业化分工水平综合影响的基准回归结果。

结果显示，在未加入控制变量时，国家战略干预、内需型工业产业基础对内需型制造业分工水平有显著的正向影响，劳动力流动规模、劳动力流动质量与市场分割程度对内需型制造业分工水平有显著的负向影响；加入控制变量后，只有国家战略干预、劳动力流动质量的作用仍然显著。说明相比其他因素，国家战略干预与劳动力流动质量对内需型制造业分工水平的作用更强。但是，劳动力流动质量会阻碍内需型制造业分工水平深化，表明当前内需型制造业的发展仍停留在低端的劳动密集型阶段，无法留住高质量要素；劳动力流动规模也会阻碍内需型制造业分工水平深化，表明大量的劳动要素并未沉淀在内需型制造业中。

无论是否加入控制变量，国家战略干预、内需型工业产业基础对内需型其他产业分工深化有显著的负向影响，劳动力流动规模、劳动力流动质量对内需型其他产业分工深化有显著的正向影响。说明内需型其他产业的分工深化，更需要市场经济自由调节的空间，国家战略干预越少，越有利于其他内需型产业的发展。大量以及高质量的劳动要素也能够促进其他内需型产业的分工深化。

在未加入控制变量时，国外资本流动、外需型产业基础对外需型产业分工深化有显著的正向影响，劳动力流动规模对外需型产业分工深化有显著的负向影响；加入控制变量后，只有产业基础的作用仍然显著。说明相比其他因素,产业基础对外需型产业分工深化具有更强的促进作用,但是劳动力流动规模也会阻碍外需型制造业分工深化,表明大量的劳动要素也未沉淀在外需型制造业中。

10.5.2 地理区位的影响

区域所处的地理位置不同可能会使各产业分工深化的因素效应呈现异质性,考虑到地理区位因素在样本期内不随时间的变化而变化,但也是本章考察的重要因素,故加入地理区位变量与各因素交叉项来检验地理区位特征对各因素产业分工效应的调节作用,表 10-8 至表 10-11 分别报告了不含控制变量和含控制变量两种情况下各因素在地理区位影响下对内需型、外需型产业分工深化影响的回归结果。

（1）对国家战略干预引致的不同产业分工深化影响:无论是否加入控制变量,地理区位对因国家战略干预所形成的内需型制造业分工深化都有一定的正向影响,对其他内需型产业也有一定的负向影响,但都不显著。说明对国家战略干预形成的内需型产业,地理区位的作用影响不大。

（2）对劳动力流动引致的不同产业分工深化影响:无论是否加入控制变量,地理区位会抑制因劳动力流动规模形成的内需型制造业分工深化,会促进因劳动力流动规模而形成的其他内需型产业分工深化;加入控制变量时,会促进因劳动力流动规模而形成的外需型产业分工深化。无论是否加入控制变量,会促进因劳动力流动质量而形成的内需型制造业分工深化,会抑制因劳动力流动质量形成的其他内需型、因劳动力成本而形成的外需型产业的分工深化。

表 10-8　地理区位对国家战略干预引致的产业分工深化影响

	\multicolumn{2}{c}{ddi}	\multicolumn{2}{c}{$ddei$}
	(1)	(2)	(3)	(4)
$lnddgl \times govs$	−54.383 9	−45.761 8	83.778 7	39.630 5
$govs$	8.18	7.031 3	−12.490 6	−6.179 5
控制变量	否	是	否	是
区域固定效应	是	是	是	是
年份固定效应	是	是	是	是
R^2	0.863 8	0.896 1	0.802 6	0.838 5

续表

	\multicolumn{2}{c}{ddi}	\multicolumn{2}{c}{$ddei$}
	(1)	(2)	(3)	(4)
样本量	60	60	60	60

注：*、**、***分别表示检验中10％、5％、1％的显著性水平。此处t统计量省略。
资料来源：作者利用STATA软件计算。

距离所选周边区域越近，因劳动力流动规模形成的内需型制造业、劳动力流动质量形成的其他内需型产业、劳动力成本形成的外需型产业分工水平越会弱化，表明周边区域容易阻碍上述因素形成的不同产业专业化分工；距离所选周边区域越近，劳动力流动规模形成的其他内需型产业、劳动力流动质量形成的内需型制造业产业分工水平越会深化，表明离周边区域越近，越容易虹吸周边区域上述因素形成的不同产业专业化分工。

(3) 对国内市场分割、国外资本流动引致的不同产业分工深化影响：无论是否加入控制变量，地理区位都会抑制因市场分割所形成的内需型制造业分工深化，也会促进因市场分割而形成的其他内需型产业分工深化。距离所选周边区域越近，统一市场形成的内需型制造业分工越会深化；距离所选周边区域越近，统一市场形成的其他内需型产业分工越会弱化。表明离周边区域越近，越有利于统一市场下的内需型制造业分工深化，但不利于其他内需型产业分工深化。可能的原因是，在统一市场水平下，制造业的流通更加畅达，促进上下游企业间的交易与衔接。但地区对服务业选址的约束性较低，在统一市场水平下，更有可能促进服务业企业的整体搬迁或外部企业跨区域提供服产品，从而限制了本地服务产业的分工深化。

无论是否加入控制变量，地理区位都会抑制因国外资本流动所形成的外需型产业分工深化，即距离长三角、珠三角越近，国外资本流动形成的外需型产业分工越会弱化。说明长三角、珠三角地区当前仍然具有很强的外需型产业虹吸能力，其他区域仅利用天然靠近的地理区位难以从长三角、珠三角地区顺利承接外向型产业的转移。

(4) 对产业基础引致的不同产业分工深化影响：无论是否加入控制变量，地理区位都能够促进因产业基础所形成的内需型制造业、外需型产业分工深化，对因产业基础而形成的其他内需型产业分工深化影响为正且不显著。说明距离所选周边区域越近，越能促进产业基础所形成的内需型制造业、外需型产业分工深化。

第十章 中游地区内外需产业分工与要素流动

表 10-9 地理区位对劳动力流动引致的产业分工深化影响

	ddi (1)	ddi (2)	ddei (3)	ddei (4)	mi (5)	mi (6)
$lnddgl \times labor$	−187.286 5	−199.307***	54.030 7***	70.973 4***	11.116 8	20.582 1*
labor	27.469 9***	29.412 3***	−7.670 2***	−10.102***	−2.078 6	−3.145 8*
控制变量	否	是	否	是	否	是
区域固定效应	是	是	是	是	是	是
年份固定效应	是	是	是	是	是	是
R^2	0.917 9	0.934 3	0.873 2	0.899 9	0.990 3	0.992 4
样本量	60	60	60	60	60	60
	(1)	(2)	(3)	(4)	(5)	(6)
$lnddgl \times hedu$	3.466 3***	3.052 4***	−1.582 3***	−1.099 7***	−9.859 2***	−11.088 1***
hedu	−0.524 6***	−0.460 9***	0.240 5***	0.16***		
$lnmgl \times lnasal$					1.536 6***	1.616 1***
lnasal						
控制变量	否	是	否	是	否	是
区域固定效应	是	是	是	是	是	是
年份固定效应	是	是	是	是	是	是
R^2	0.913 7	0.922 1	0.849 4	0.964 5	0.991 5	0.994 9
样本量	60	60	60	60	60	60

注：*、**、*** 分别表示检验中 10%、5%、1% 的显著性水平。此处 t 统计量省略。
资料来源：作者利用 STATA 软件计算。

表 10-10　地理区位对国内市场分割、国外资本流动引致的产业分工深化影响

	ddi		ddei		mi	
	(1)	(2)	(3)	(4)	(5)	(6)
$lnddgl \times seg$	−20.410 8**	−16.226 4**	13.262 3***	14.217 8***		
seg	3 006.397**	2 408.032**	−1 969.845***	−2 106.675***		
$lnmgl \times fdi$					−60.084 3*	−57.145**
fdi					9.084 1*	8.417 7**
控制变量	否	是	否	是	否	是
区域固定效应	是	是	否	是	是	是
年份固定效应	是	是	否	是	是	是
R^2	0.874 5	0.897 4	0.796 2	0.825 2	0.990 9	0.993 3
样本量	60	60	60	60	60	60

注：*、**、*** 分别表示检验中 10%、5%、1% 的显著性水平。此处 t 统计量省略。
资料来源：作者利用 STATA 软件计算。

表 10-11　地理区位对产业基础引致的产业分工深化影响

	ddi		ddei		mi	
	(1)	(2)	(3)	(4)	(5)	(6)
$lnddgl \times is$	313.679 8**	523.089 4***	0.983 1	6.082 9		
is	−45.624**	−76.338***	−1.384 7	−2.185 4		
$lnmgl \times mxs$					22.099*	30.037 3**
mxs					−2.847 8*	−4.203 3**
控制变量	否	是	否	是	否	是
区域固定效应	是	是	是	是	是	是
年份固定效应	是	是	是	是	是	是
R^2	0.877 8	0.915 0	0.924 5	0.930 3	0.993 6	0.994 3
样本量	60	60	60	60	60	60

注：*、**、*** 分别表示检验中 10%、5%、1% 的显著性水平。此处 t 统计量省略。
资料来源：作者利用 STATA 软件计算。

10.6　总结与政策建议

本章首先从需求拉动视角分析阐述了内需型与外需型产业专业化分工的影响机制，分析了中游地区对周边区域的产品市场支撑能力，对中游地区

内外需产业进行选择,最后利用16省市5个经济区域的面板数据考察中游城市群内需型、外需型产业专业化发展的影响因素,特别是地理区位在其中的作用。

通过考察中游区域与周边区域的中间、最终产品往来,从中游视角分析,相比最终产品,中游向所选区域以外地区供应中间产品规模比重更高,在输出方向上,均是向东向南、其后向北向西。中游与下游间的经济联系最紧密深入,其次是与中游以南和中游以北。从其他4个区域视角分析,中游是中游以南区域更重要的最终品输出市场,是中游以北、中游区域更重要的中间品输出市场。中游对周边区域的最终品供应能力要强于中间品供应能力。

通过考察中游主要流动产业可知,在扩大内需的背景下,中游在满足周边5个区域的家庭、工业消费市场需求中分工较为明确、产业支撑有重点,中国政府将中游规划为国内市场产业储备基地具有一定的现实依据。但是,中游地区对周边市场的产业支撑,特别是对下游、以南、以北地区仍然存在工业产业储备欠缺、价值链位置偏低等问题。其中,中游主要向国外市场供应的有7个产业,向国内市场供应的也有7个产业;因产业基础较为薄弱,难以为其他区域的外向型产业提供有力的上游基础支撑的有11个产业。

通过构建面板数据模型,对国家战略干预与要素流动的作用进行考察,在不考虑地理位置因素时,国家战略干预与劳动力流动质量对内需型制造业发展的作用更强,内需型其他产业的发展更需要市场经济自由调节的空间,产业基础对外需型产业发展具有更强的促进作用。其他内需型产业的发展需要并且能够吸纳规模化以及高质量的劳动要素,相反,高质量劳动要素难以沉淀在内需型制造业中,规模化的劳动要素难以沉淀在内需型和外需型制造业中。

在考虑地理位置因素后,距离周边区域越近,越能促进产业基础所形成的内需型制造业、外需型产业优势的增强;越有利于统一市场下的内需型制造业发展,但却不利于其他内需型产业发展;越容易虹吸周边区域因劳动力流动规模形成的其他内需型产业、要素质量形成的内需型制造业优势。周边区域容易虹吸因劳动力流动规模形成的内需型制造业、劳动力流动质量形成的其他内需型产业、劳动力成本形成的外需型产业比较优势。此外,对国家战略干预形成的内需型产业,地理区位的作用影响不大。其他区域仅利用天然靠近的地理区位难以从长三角、珠三角地区顺利承接外向型产业的转移。

在长江经济带、中部崛起双重国家战略背景下,为将中游地区打造成为中国经济发展新增长极,本章的启示有:(1)应发挥优越的地理区位优势,通过输出最终产品、吸收中间产品两种途径加强对上游和中游以北地区的经济联系;(2)进一步有针对性地增强基础产业生产能力,不同地区有选择性地构建相关产业的生产配套体系,抓住发展机遇提升在全国市场供应中的支撑作用;(3)对制造业的专业化分工深化,可进行适度的国家战略干预、吸引高质量劳动要素,对服务业的专业化分工深化,可营造更自由开放的市场环境。

第十一章

成渝城市群区域分工与资源配置

"一带一路"与长江经济带的交汇点涵盖长三角、中游、成渝三大城市群以及云南省,前文已经从高水平开放、中部崛起的视角相继重点考察了长三角与中游地区,本章将从"一带一路"向西开放的视角考察长江经济带的重要西部战略支撑——成渝城市群的产业分工问题。

成渝城市群是长江经济带重要的西部战略支撑,总面积18.5万平方公里,2018年常住人口9 500万人,地区生产总值5.7万亿元,分别占全国的6.8%和6.4%。从"一带一路"的视角看,成渝城市群向东可以到达上海,以及韩国、日本等地,向西可以到达中亚、西亚、中东,向南可以到达东南亚,向北则可以到达俄罗斯。因此,成渝城市群虽处于中国的西部,却是"一带一路"亚欧地区的中心。

根据前文的分析,重庆对内对外开放的程度相对较高,四川的生产体系较为健全。在"一带一路"、长江经济带、新一轮西部大开发多重战略的共同推进下,成渝城市群的功能分工水平呈现怎样的发展趋势,与外部的经济联系呈现怎样的特征,不同类型的产业分工深化与产业资源的向西倾斜是否存在双向促进作用,能否增强区域产业承载能力,为向西开放经济新格局奠定产业发展基础,成为本章的研究重点。

11.1 城市群相关文献评述

在纯地理学意义上,城市群本是指一定地域内城市分布较为密集的地区。从地理学角度研究城市群,主要关注的是城市群内城市的等级体系、空间相互作用等。经过长期的研究,学界对城市群的部分认识趋于统一:一是,城市群存在核心城市,其内部等级分明、联系紧密,一体化趋势明显。二是,最终形成的城市群利益共同体决定大区域发展格局(姚士谋,1992;宁越敏、

2011；顾朝林，2011；FANG C L，2015）。但是对城市地域范围的确定即城市群适度规模的讨论与规划一直存在争议（方创琳，2015）；另一方面，城市群空间范围的定量化实证研究也未形成统一的标准体系，现有文献主要以经典引力（重力）模型及其衍生模式为研究方法，测算经济关联程度及演化规律（李国平等，2001；张旭亮，宁越敏，2011；孙晶，许崇正，2011）。在网络社会背景下，也出现了利用现代理论、信息技术进行城市群识别的研究：如将城市视为"流空间"，以交通信息流划分长江三角洲城市群空间范围（王丽等，2013）；利用城市稳定夜灯的亮度阈值划分全球、中国等区域的城市边界范围等（黄金川，陈守强，2015）。

伴随城市群集聚功能的增强、现代交通工具与信息技术的发展，经济活动空间的运行方式从根本上被改变。这为城市群赋予了经济学内涵。从经济学视角讲，学者们主要是将城市群作为研究区域经济学与产业经济学交叉的一个落脚点，对城市群的功能分工水平（Duranton，Puga，2005；苏红键，赵坚，2011；赵勇，白永秀，2012）、城市群与经济增长的关系（Bertinelli，Black，2004；吴福象，2008；张云飞，2014；张治栋，王亭亭，2019）、城市群的空间溢出效应（毕秀晶，宁越敏，2013；陈明华等，2016），特别是科技创新的溢出效应（刘鉴等，2018；叶堂林，李国梁，2019），城市群发展与环境的关系（崔木花，2015；熊曦等，2019；张国俊等，2020）都进行了较为深入的定性与定量分析。在对城市群经济增长的影响因素研究方面，已有文献较多地从中心城市发展、城市群集聚程度、技术进步、产业结构、政府支持等方面进行了有益的分析（丁嵩，孙斌栋，2016；邵明伟等，2018；王青，金春，2018；郝永敬，程思宁，2019；吴福象，2008；韩晶等，2019）。在对长江经济带的研究中，对东部城市群的研究成果较为成熟（徐康宁，2005；吴康，2015），对中西部地区城市群的研究较少（白洁，2012）。徐康宁（2005）认为长三角城市群内部既有提升经济地位、利用外资、争取上海经济辐射、南京与杭州第二区域中心争夺的竞争关系，也有基础设施、信息共享、环境治理、产业分工的合作机制，合作的难点在于产业分工和真正的市场一体化；白洁（2012）指出长江中游城市群一定程度上存在结构趋同现象，但是并没有造成严重的产业同构。但是已有文献仍然缺乏对造成分工水平差异的原因分析，也未系统考察分工水平的变化是否是由于产业资源在城市群内部的流动造成。

综上，虽然从地理学、经济学、经济地理学视角研究城市群的成果很丰富，为城市群的建设发展提供了颇有实践意义的理论指导与政策建议，但已有的文献多是从不同视角研究城市群的发展现状，或者不同因素对城市群自身经济增长的影响,较少从国家层面、包含数个城市群的经济区域层面考察不同城市群之间的产业分工协调问题,而这一点恰好是当前实现高质量经济发展过程中更为重要的关注点。因此,本章将以长江经济带成渝城市群为研究对象,考察东出西进的产业内向化转移进程中,成渝两地的功能分工变化,承接中间品生产的程度、类型,以及由此引发的产业资源流动对城市群功能分工的影响,以期对构建长江经济带向西开放格局提供一些产业发展思路。

本章余下部分安排如下:第二节对成渝城市群承接外部中间投入、产业专业化水平进行测算与分析;第三节从产业转移的视角分析城市群产业专业化分工的动因与机制;第四节构建计量模型,分析产业资源分配与城市群产业专业化水平的双向促进作用;第五节对计量回归结果进行分析;第六节为总结与政策建议。

11.2 分工视角下成渝城市群相关指标测算与分析

第四章中已经系统测算了成渝城市群的功能分工水平,本章将运用过程性数据测算、分析成渝城市群与外部地区间各产业的中间品贸易流动,最后运用结果性数据测算、分析成渝城市群的产业专业化水平。

11.2.1 成渝两地的功能分工演化

利用成渝城市群的相关数据继续测算重庆与四川功能分工,绘于图 11-1。由图 11-1 可知,重庆在 2007—2010 年期间经历了先上升后下降的波动,并且在 2003—2010 年期间重庆的功能分工均高于四川,而四川自 2011 年开始至 2017 年,不断提升并超过重庆,至 2018 年四川略有下降、重庆略有上升。结果在一定程度上说明在 2010 年以前,由于重庆与四川 6 个城市相邻,其依据自身城市的综合优势在西部成渝地区具有较强的中高端服务业聚集能力,但是 2010 年以后,四川开始有目的地追赶,加之省内所受到的劳动力市场分割影响相比重庆更小,四川省内中高端服务业人才的流动优势逐渐体现。伴随"一带一路"和长江经济带战略推动,2016 年《成渝城市群发展规划》的出台,以及 2014 年底开通的成绵乐城际铁路、2015 年底设计时速 300 公里/小时的成渝高铁开通,重庆在城市群中的聚集能力再次逐渐体现。重庆与四川呈现出此消彼长的竞争关系,说明整个经济带的产业资源在成渝城市群不断聚集,并且仍在城市群内部不断流动。

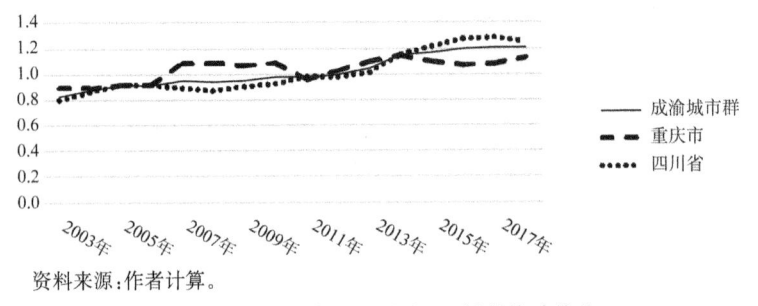

图 11-1 成渝城市群及重庆、四川整体功能分工

11.2.2 成渝城市群与外部地区中间品贸易往来

利用 2012 年重庆、四川投入产出表中报告的数据,计算两地 31 个部门总产出、国内省外流入、国内省外流出、中间使用占各产业中间使用与最终使用总和,得到各产业的自产比例、国内省外流入比例、国内省外流出比例以及中间产品比例,将结果列于表 11-1。

由表 11-1 可知,重庆 31 部门产业中,中间投入超过 50% 的有 17 个,其中资源型产业 6 个,劳动密集型产业 2 个,资本密集型产业 4 个,技术密集型产业 1 个,生产性服务业 2 个,传统服务业 1 个;四川 31 部门产业中,中间投入超过 50% 的有 22 个,其中资源型产业 5 个,劳动密集型产业 5 个,资本密集型产业 4 个,技术密集型产业 3 个,生产性服务业 5 个,传统服务业 1 个。接受省外流入占比超过 40% 的产业,重庆有 9 个、四川有 2 个;向省外流出占比超过 40% 的产业,重庆有 5 个,四川没有。由于重庆市外流入的相对多于市外流出的,说明重庆产业多处于国内价值链中高端,并且参与国内价值链的程度要远高于四川。四川省内产业链相对完整,对外部的依赖较少,但产业多处于国内价值链的中低端,同时也意味着参与国内价值链分工的程度相对较弱。

刘志彪和吴福象(2018)将 GVCs 中的中间品贸易分为资源型、工业型和精细型三种类型。资源型中间品具有战略性、稀缺性、短期替代弹性低、受政府严格管制等特点;工业型中间品具有非同质性和不完全替代性,能够促进产业内贸易;精细型中间品具有适度技术势能,具有出口质量效应、价值增值效应和产业升级功能。因此,本章将中间品比例超过 50% 的资源型产业(表中 C1)定义为资源型中间品,劳动密集型和资本密集型产业(表中 C2、C3)定义为工业型中间品,技术密集型产业(表中 C4)定义为精细型中间品,当中间品的省外流出高于省外流入时,说明该产业具有中间品贸易比较优势。结合前文的分析,可知在长江经济带中,四川拥有资源型中间品贸易的绝对优势,工业型和精细型中间品贸易中,重庆和四川各自具有部分产业的比较优势,以★、※符号标注于表 11-1。

11.2.3 成渝城市群 31 个产业部门专业化水平

针对某个区域的特定产业,反映该产业的相对专业化程度一般采用区位熵衡量,公式为 $LQ_{ij} = \dfrac{y_{ij}/y_i}{Y_j/Y}$,其中,$LQ_{ij}$ 为地区 j 的产业 i 的区位熵,y_{ij} 为地区 j 产业 i 的产值,y_i 为长江经济带产业 i 的产值,Y_j 为地区 j 的 GDP,Y 为长江经济带整体的 GDP。当某个产业的区位熵大于 1,表明该产业的生产专业化水平高于其所在区域的平均水平,具备比较优势。区位熵的值越大,表明该产业在其所在区域的比较优势越明显,专业化水平越高,反之,则缺乏优势。

本节核算的产业范围包括工业与服务业,产业划分标准采用《国民经济行业分类(GB/T 4754—2002)》,并且为保持统计口径的一致性,对 2012—2016 年产业数据按 2002 年标准合并或剔除,最终确定本节核算的制造业 27 个、服务业 5 个,并借鉴相关研究的产业分类标准按要素密集度将产业分为 4 类(罗良文,赵凡,2019),具体见表 11-2。考虑到所涉数据的可得性,本节研究的数据范围为 2005—2016 年。制造业销售产值数据来源于《中国工业统计年鉴(2006—2017)》,服务业增加值数据来源于各地区统计年鉴(2006—2017)。

现选取 2005、2010、2015 年重庆与四川的测算结果列于表 11-2,由表 11-2 可知,在包含工业与服务业的 32 个细分产业中,2015 年重庆的专业化产业只有 9 个,其中资源型、劳动密集型、技术密集型产业分别为 3、1、1 个,资本/技术密集型产业 2 个,劳动/技术密集型产业 2 个;2005—2015 年期间重庆产业专业化水平在稳步提升的有 9 个,其中资源型、劳动密集型、资本密集型分别为 1、3、3 个,资本/技术密集型产业 2 个。2015 年四川的专业化产业有 12 个,其中资源型、劳动密集型、资本密集型、技术密集型产业分别为 5、4、2、1 个;2005—2015 年期间四川产业专业化水平在稳步提升的有 8 个,其中资源型、劳动密集型、资本密集型、技术密集型制造业分别为 2、1、3、1 个,资本/技术密集型产业 1 个。上述结果说明 2005—2015 年,四川、重庆产业发展的重心在逐渐向资本、技术密集型等价值链更高端的产业转移,并在部分产业取得了一定的专业化分工,此外,重庆的生产性服务业发展专业化分工已经显现,四川也在追赶。

表 11-1 成渝与省外 31 部门的中间品流动(%)

产业类型	产业	重庆 自产比例	重庆 省外流入比例	重庆 流出省外比例	重庆 中间产品比例	四川 自产比例	四川 省外流入比例	四川 流出省外比例	四川 中间产品比例
C1	煤炭采选产品★※	102.12	1.18	33.89	65.3	97.17	5.24	9.96	86.86
C1	石油和天然气开采产品	6.33	93.97	2.86	97.11	78.59	19.02	0.32	98.98
C1	金属矿采选产品※	21.14	74.83	22.54	77.94	89.35	5.78	22.21	77.61
C1	非金属矿和其他矿采选产品	50.25	49.12	0.94	97.61	92.69	5.89	3.16	96.72
C1	化学产品★	66.02	30.75	37.83	54.62	97.61	4.71	26.51	39.85
C1	金属冶炼和压延加工品※	40.4	59.59	22.23	76.65	97.49	5.98	17.62	59.29
C2	食品和烟草	77.09	21.35	42.71	24.9	64.93	33.43	1.8	33.67
C2	纺织品	51.42	47.06	34.64	25.92	89.95	9.87	5.47	62.42
C2	纺织服装鞋帽皮革羽绒及其制品	71.1	28.33	11.94	27.24	83.17	15.08	0.96	85.68
C2	木材加工品和家具	63.49	37.33	22.62	51.35	54.63	43.1	0.79	94.88
C2	造纸印刷和文教体育用品	70.16	29.71	11.97	72.03	87.44	10.67	9.29	80.23
C2	批发和零售★	99.91	0.4	22.13	51.05	96.44	0	0	84.47
C2	住宿和餐饮	77.14	26.4	4.29	38.62	95.96	0	0	45.71
C3	石油、炼焦产品和核燃料加工品※	15.53	83.74	6.29	81.05	94.47	6.02	8.37	82.28
C3	非金属矿物制品	55.52	45.26	14.92	78.62	78.88	17.04	3.27	93.69
C3	金属制品	69.84	30.93	12.4	77.12	81.71	13.32	0.36	77.06

续表

产业类型	产业	重庆 自产比例	重庆 省外流入比例	重庆 流出省外比例	重庆 中间产品比例	四川 自产比例	四川 省外流入比例	四川 流出省外比例	四川 中间产品比例
C3	电力、热力的生产和供应	58.81	38.84	2.58	88.71	81.84	13.29	2.18	50.07
C3	燃气生产和供应	73.86	29.48	32.95	25.64	71.89	22.6	2.82	28.68
C3	水的生产和供应	19.01	81.92	20.92	45.92	95.95	4.01	2.69	48.33
C4	信息传输、软件和信息技术服务	80.26	22.54	29.37	26.88	94.51	4.08	1.07	69.17
C4	金融	101.5	3.49	39.32	46.17	103.67	0.14	7.4	52.92
C4	租赁和商务服务	57.44	44.39	32.39	57.18	101.33	1.94	0	77.84
C4	科学研究和技术服务	85.77	12.03	63.41	26.53	97.7	0	0	23.6
C2/C4	交通运输、仓储和邮政★	82.46	20.51	22.51	64.55	94.82	5.7	3.27	63.57
C2/C4	房地产业	73.56	26.41	11.51	16.91	102.61	0.05	10.04	50.04
C3/C4	通用设备	63.28	33.85	15.98	66.46	70.71	25.63	3.06	56.87
C3/C4	专用设备	93.57	4.38	29.01	29.49	66.96	16.27	7.72	45.9
C3/C4	交通运输设备	92.42	7.59	64.48	29.48	34.51	49.39	0.51	47.62
C3/C4	电气机械和器材	89.14	9.17	48.02	26.77	101.23	0.07	0.49	91.62
C3/C4	通信设备、计算机和其他电子设备★	93.08	7.5	20.51	70.6	102.14	0.1	34.5	26.97
C3/C4	仪器仪表	102.98	1.55	42.71	44.58	97.76	0	0	76.65

资料来源：作者计算。

注：C1—C4分别表示资源型、劳动密集型、资本密集型、技术密集型制造业，其中C2/C4、C3/C4表示该产业可能是两种产业类型的结合或是其中一种。

★、※分别表示重庆、四川的产业具有中间品贸易比较优势。

175

表 11-2　成渝城市群产业专业化水平

产业类型	产业	产业序号	重庆 2005	重庆 2010	重庆 2015	四川 2005	四川 2010	四川 2015
C1	煤炭开采和洗选业★/※	i1	1.3403	1.6440	1.4589	1.6737	2.4846	1.8045
C1	石油和天然气开采业★/※	i2	0.3352	1.9047	1.7155	5.8833	6.2464	7.9404
C1	黑色金属矿采选业※	i3	0.6280	0.3655	0.1153	1.4868	2.3896	2.9326
C1	有色金属矿采选业※	i4	0.0063	0.1057	0.0754	0.8635	1.8482	1.6501
C1	非金属矿采选业★/※	i5	0.6317	1.3099	1.0036	0.9572	1.8143	1.3790
C1	化学原料及化学制品制造业	i6	0.4935	0.5040	0.4204	0.7442	0.6953	0.6268
C1	黑色金属冶炼及压延加工业	i7	0.4085	0.5492	0.5827	0.9087	0.8480	0.9418
C1	有色金属冶炼及压延加工业	i8	0.7676	0.6696	0.7047	0.5353	0.4444	0.3220
C2	农副食品加工业※	i9	0.6903	0.7364	0.7486	1.9346	1.7649	1.1941
C2	食品制造业※	i10	0.5304	0.7067	0.6409	1.0551	1.4326	1.4026
C2	饮料制造业	i11	0.5560	0.5700	0.4217	2.9373	3.2321	2.9862
C2	烟草制品业	i12	0.5434	0.5806	0.4692	0.4247	0.4612	0.3958
C2	纺织业	i13	0.1478	0.2492	0.1932	0.2603	0.4276	0.4755
C2	纺织服装、鞋、帽制造业	i14	0.0457	0.1375	0.2108	0.0642	0.2001	0.1997
C2	造纸及纸制品业	i15	0.3067	0.7496	0.8950	0.6267	0.9585	0.7611
C2	住宿和餐饮业	i16	0.9638	0.8371	0.9081	1.5055	0.6283	0.6607
C2	批发和零售业★/※	i17	0.8992	0.8753	1.0346	0.7225	1.3590	1.3072

176

第十一章 成渝城市群区域分工与资源配置

续表

产业类型	产业	产业序号	重庆 2005	重庆 2010	重庆 2015	四川 2005	四川 2010	四川 2015
C3	石油加工、炼焦及核燃料加工业	i18	0.075 3	0.144 3	0.160 3	0.267 3	0.653 6	0.966 1
C3	非金属矿物制品业※	i19	0.912 4	0.902 6	0.926 6	1.039 3	1.508 3	1.198 2
C3	金属制品业	i20	0.256 6	0.403 6	0.712 1	0.286 5	0.627 2	0.673 5
C3	电力、热力的生产和供应业※	i21	0.594 3	0.629 0	0.699 1	0.857 3	0.879 8	1.074 9
C4	医药制造业※	i22	0.903 1	0.762 9	0.889 5	1.000 0	1.232 0	1.062 0
C4	化学纤维制造业	i23	0.016 3	0.040 3	0.037 0	0.244 8	0.261 7	0.364 1
C4	金融业★	i24	1.431 1	1.131 6	1.207 0	0.951 7	0.688 1	0.985 8
C2/C4	交通运输、仓储和邮政业★	i25	1.220 3	1.105 1	1.160 6	0.995 5	0.750 6	0.972 5
C2/C4	房地产业★	i26	0.900 1	0.716 1	1.199 1	0.840 8	0.692 5	0.926 3
C3/C4	通用设备制造业	i27	0.416 8	0.565 1	0.539 8	0.585 3	0.905 8	0.827 6
C3/C4	专用设备制造业	i28	0.655 5	0.498 4	0.474 4	0.672 5	0.831 9	0.782 3
C3/C4	交通运输设备制造业	i29	2.711 2	2.480 9	2.637 6	0.695 8	0.492 6	0.674 0
C3/C4	电气机械及器材制造业	i30	0.458 3	0.521 0	0.563 3	0.366 9	0.371 5	0.346 8
C3/C4	通信设备、计算机及其他电子设备制造业★	i31	0.065 6	0.201 0	1.542 6	0.317 6	0.527 8	0.967 1
C3/C4	仪器仪表及文化、办公用机械制造业	i32	0.806 1	0.740 2	0.570 6	0.146 4	0.188 9	0.143 9

资料来源：作者计算。

注：★、※分别表示重庆、四川的产业具有专业化分工。

将表 11-1 与表 11-2 结合后比较,可知在重庆 9 个具有专业化分工的产业中,煤炭开采和洗选业(煤炭采选产品)、批发和零售、金融业、交通运输、仓储和邮政业、房地产业、交通运输设备制造业、通信设备、计算机及其他电子设备制造业共 7 个产业的自产比例超过 70%,在四川 11 个具有专业化分工的产业中,煤炭开采和洗选业、石油和天然气开采业、黑色金属矿采选业、有色金属矿采选业、非金属矿采选业、批发和零售业、非金属矿物制品业共 7 个产业的自产比例超过 70%,说明上述产业形成的专业化分工并非受益于参与国内分工,而是地区自主发展形成的。其中,重庆的煤炭开采和洗选业、金融业、交通运输设备制造业 3 个产业省外流出比超过了 30%,而四川没有。

11.3 城市群分工深化的动因与机制:产业内迁视角

根据前文的分析,成渝城市群在长江经济带中的功能分工水平逐步提升,在此过程中,成渝两地不仅承接了来自下游东部的中间品投入,而且形成了各自的专业化分工产业与中间品贸易比较优势,说明在下游东部的产业,包括中间品产业,已经在向上游西部进行产业内向化转移。产业内向化转移不仅会造成产业发展的区域化倾斜,而且促进了国内价值链在西部延伸与国内分工新格局的形成。同时,产业内向化转移的过程也很可能是产业发展资源转移与倾斜的过程,包括人才、资金、技术等,进而更有力地促进西部城市群的建设与发展。产业专业化分工的形成主要有两种途径,一种是原发型,即由地区长期自身发展或具有丰富的资源禀赋所形成;另一种是嵌入型,即由政府或外部区域、企业有意识的主导推动所形成。根据前文的分析,成渝城市群已经形成专业化分工的产业以及正在不断聚集发展的产业,既有原发型也有嵌入型。本节将分析不同因素形成的区域产业专业化分工与产业资源分配之间的互动机理。

11.3.1 原发型产业

基于固定资产投资、区域间投入产出表、中国工业企业等多种数据,学者们发现中国当前产业转移的路径主要是自东向北(魏后凯,2008;刘红光等,2011)、自东向西(魏后凯,2008;RUAN 等,2010;刘红光等,2011;洪俊杰等,2014)、就近转移(张跃等,2018),制造业转移以劳动密集型和资本密集型为主(陈建军,2002;原源等,2015)。产业转移不局限于低端价值链的制造环节,已经涉及技术研发和服务环节,并且出现了主要围绕产品价值链的产业转移(张跃等,2018)。在长江经济带范围内,中上游地区承接下游的产业转移以加工制造业为主(彭继增等,2017),其中四川为西部地区主要的制造业转入地,并以劳动和技术密集型行业最为显著(孙晓华等,2018)。产业的内向化转移在具体操作层面上,常常以投资、贸易以及技术转移活动等形式表现出来(陈建军,2002),也就是各种类型的产业资源要素。刘红光等(2011)选取基于区域间投入产出表的区际贸易数据、史恩义和王娜(2018)选取外商直接投资和实际利用境内省外资金的投资数据衡量了产业转移程度。

驱动产业转移的因素有很多(陈建军,2002;张少军,刘志彪,2009),本节关注的是追求经营资源的边际效益最大化这一因素,即产业经营资源和技术资源等要素,从边际生产率相对较低的地区,向边际生产率相对较高的地区的转移,是企业家资源的"溢出"(陈建军,2002)。在不同区域(城市群)之间,一些产业要素起初处于游离状态,由于每选择一次落脚点,就会产生一定的沉没成本,游离的产业要素在选择落脚点时会进行缜密的评估。只有当游离的产业要素认为,在某个区域落地后所带来的收益要大于沉没成本时,才会选择落地。其中,备选区域如果已经形成专业化分工产业,意味着该产业已经具备基本健全的生产网络、交通生活配套、政策支持等产业长期发展所需的基础条件,这些条件不仅是产业发展要素选择区域时考量收益的重要因素,也是产业发展要素长期稳定停留的重要因素。

基于上述分析,提出本章假设1:城市群拥有的不同产业分工深化对不同性质的产业要素集聚有促进作用。

11.3.2 嵌入型产业

孙文远(2006)指出在一个国家内,基于价值链的分工生产同样可以为企业带来竞争优势,直至引导产业实现结构升级。根据国际分工和贸易理论,GVC的中间品上游度位置越高、生产工序越是细分,积累增值效应越明显,并优先扩张到符合自身要素禀赋的贸易部门,边际收益越高(刘志彪,吴福象,2018)。近年来,国际贸易保护主义重新抬头,中国中间产品进口呈现出持续下降的趋势,当出口企业面临中间品外部供给能力下降的局面时,一个可能的选择是转向国内市场采购更多的国内中间品,中间品向国内市场转移,即内向化发展趋势已是不争的事实(Duan等,2018;王雅琦等,2018),并且已有研究结果表明国内中间品供给可以对外部负面供给冲击形成缓冲(王雅琦等,2018)。随着国内技术进步、经济发展和要素禀赋结构升级,学者们认为中国应重塑国内外分工体系,建立基于内生能力的国内专业化分工(Duan等,

2018;黎峰,2017;彭支伟,张伯伟,2018)。

  国内分工体系的构建需要明确不同区域在分工体系中的职能与定位,在产业资源有限的条件下,避免出现产业同构与重复建设。这便与城市群内不同城市的功能分工定位研究存在一定相似性。城市群在整个体系中的职能与定位除了与城市群自身拥有的产业发展要素有关,也与要素在区域间的流动性有关。交通的便捷度、工资水平的差异、政府的产业支持政策等因素都可能激发要素在区域间的流动,进而促进不同城市群形成不同的专业化产业,促进整体区域的产业与经济发展。长江经济带沿线拥有3个国家级城市群,但城市群之间的经济发展水平与资源禀赋都存在较大的差异。长期以来,东部沿海地区集聚了更多更高级的产业发展资源,造成了城市群之间产业资源不平衡。在"一带一路"与长江经济带战略的双重作用下,国家出台并落实了多项措施以引导产业资源向西部城市群流动,例如成渝高铁的开通,交通的快速畅达能够加速区域内人才、资本的流通,打破原本产业的发展瓶颈,促进形成更多的专业化产业。但是当把长江经济带看作为一个独立的经济体时,假设经济体内部既定的产业资源是不变的,那么,产业资源的流动必定会导致产业资源在经济带内部发生倾斜。由于不同类型产业在发展过程中所需的产业资源存在差异,所以产业资源的流动对不同类型的产业发展作用不同,但相对而言,产业资源的聚集更有利于产业分工深化。

  基于上述分析,提出本章假设2:长江经济带内部不同类型产业的资源倾斜对成渝城市群产业分工深化有不同程度的促进作用。

11.4 资源配置与分工深化双向促进作用实证

  下面将通过构建计量模型,考察长江经济带产业资源配置与成渝城市群产业分工深化的双向关系。

11.4.1 变量设定

  产业专业化变量:根据前文分析,在32个研究的产业中,成渝共有16个产业经过十几年的发展形成了一定的专业化水平,为使结论具有可靠性,现主要针对上述16个产业考察相应的产业资源配置与产业分工深化的双向关系。产业专业化变量以成渝城市群、重庆、四川、经济带中游、经济带下游共5个区域的区位熵来衡量。

  产业资源变量:对照产业类型选取相应的产业资源。针对资源型产业,选取地区矿产资源(mr)作变量,以地区石油、天然气、煤炭、铁矿、锰矿、铬矿、钒矿、原生钛铁矿储量之和在经济带中的比重与地区GDP在经济带中的比重之熵来衡量;劳动密集型业产业分别选取就业人员人数($labor$)、户籍人口数(pop)作变量,分别以地区城镇单位就业人员总数、户籍人口总数在经济带中的比重与地区GDP在经济带中的比重之熵来衡量,当考察产业资源对产业分工深化的影响时选用自变量户籍人口数(pop),当考察产业分工深化对产业资源聚集的作用时选用就业人员人数($labor$);资本密集型产业分别选取新增固定资产(nfa)、资本存量(sok)作变量,以地区当年价格计算的新增固定资产总额、2005年价格计算的资本存量在经济带中的比重与地区GDP在经济带中的比重之熵来衡量,其中资本存量根据张军等(2004)提出的"永续盘存法"估算可比价格的每年资本存量,计算公式为 $K_{i,t} = I_{i,t} + (1-\delta)K_{i-1,t-1}$,使用以2005年不变价格计算的各省历年固定资本形成总额作为新增投资 $I_{i,t}$,δ 为经济折旧率,设定为9.6%;技术密集型产业选取研发水平(rl)、技术进步率(tfp)作变量,研发水平(rl)以地区发明专利申请授权量在经济带中的比重与地区GDP在经济带中的比重之熵来衡量,技术进步率(tfp)以第四章相同方法测算;生产性服务业选取管理人员数(mq)作变量,以地区交通运输、仓储和邮政业及前文5个中高端服务业城镇单位就业人员总数在经济带中的比重与地区GDP在经济带中的比重之熵来衡量;传统服务业选取服务人员数(tsq)作变量,以地区批发和零售业、住宿和餐饮业城镇单位就业人员总数在经济带中的比重与地区GDP在经济带中的比重之熵来衡量。

控制变量:考虑到城市群与产业的发展一定程度会受区域交通网建设、政府政策的影响,本节将对上述特征加以控制。①交通设施指标,根据城市群经济发展所需的物流、人流城际交通网建设,选取地区货物周转量($gtran$)、旅客周转量($ptran$)作变量,分别以地区货物周转量、旅客周转量在经济带中的比重与地区GDP在经济带中的比重之熵来衡量。②政府经济干预指标,选取财政预算支出($govs$)、公有制经济工资($govi$)作变量,分别以地区财政预算支出、国有与集体所有制企业工资总额在经济带中的比重与地区GDP在经济带中的比重之熵来衡量。

变量数据来源于《中国统计年鉴》(2006—2017)、长江经济带所含各地区统计年鉴(2006—2017),以及中国国家统计局网站(www.stats.gov.cn)的"分省年度数据库",表11-4是产业资源变量与控制变量的描述性统计结果。

表 11-4 描述性统计

变量	平均值	标准差	最小值	最大值	样本量
mr	3.736 6	3.343 1	0.007 2	8.331 0	N=60
pop	1.283 0	0.480 5	0.399 5	1.931 1	N=60
$labor$	1.131 7	0.265 2	0.651 1	1.576 7	N=60
nfa	1.181 4	0.234 4	0.783 6	1.660 8	N=60
sok	0.996 6	0.075 1	0.883 7	1.216 4	N=60
rl	0.836 4	0.239 9	0.507 1	1.399 9	N=60
tfp	0.998 9	0.031 7	0.887 8	1.062 0	N=60
mq	1.092 6	0.149 3	0.814 8	1.329 1	N=60
tsq	1.013 5	0.166 3	0.658 7	1.427 7	N=60
$gtran$	0.723 6	0.336 9	0.319 1	1.347 8	N=60
$ptran$	1.051 5	0.233 9	0.734 6	1.553 4	N=60
$govs$	1.105 4	0.184 6	0.801 0	1.494 0	N=60
$govi$	1.111 2	0.199 8	0.732 7	1.442 5	N=60

资料来源:作者利用STATA计算。

11.4.2 模型筛选与检验

由于模型为长面板,需要考虑可能存在的异方差与自相关,故首先对模型分别进行组间异方差、组内自相关与同期自相关检验。检验结果可知,在考察资源配置对产业分工深化影响的模型、产业分工深化对资源配置影响的模型中,各产业模型均存在组间异方差、组内自相关与同期自相关,为使估计结果更加稳健,先使用OLS估计,再使用面板校正标准误差(PCSE),在估计过程中,对于可能存在的固定效应,加入了个体虚拟变量(id),对可能存在的时间效应,加上了时间趋势项(t),具体回归结果见表11-5、表11-6。

11.5 结果分析

11.5.1 资源配置对分工深化的影响

首先,分析各产业对应的产业资源对产业分工深化的影响。由表11-5可知,5个资源型产业的回归结果表明,成渝地区在经济带中所拥有的天然丰富的矿产资源禀赋,对该区域资源型产业分工深化具有显著的促进作用,特别是煤炭、石油、天然气、非金属采选业;4个劳动密集型产业的回归结果表明,成渝地区拥有的丰富劳动力资源禀赋,只对该区域传统服务业分工深化的形成具有推动作用,对劳动密集型制造业分工深化的影响不大;非金属矿物制品业的回归结果表明,成渝地区新增固定资本与资本存量,对非金属物质矿物制品业分工深化有促进作用;医药制造业、金融业2个技术(知识)密集型产业的回归结果表明,成渝地区技术进步率与技术资源的聚集,尚未显著影响两个产业分工深化。此外,管理人员对金融业产生了正向影响,但不显著,说明成渝地区在经济带中社会管理人员比例的提升,未对专业化从业要求更高的金融业有显著促进。交通运输、仓储和邮政业,房地产业2个劳动与知识密集待确定产业的回归结果表明,两个产业具有一定的知识密集型产业特征,但是技术资源聚集的上升会阻碍交通运输、仓储和邮政产业发展。交通运输设备制造业,通信设备、计算机及其他电子设备制造业2个资本与技术密集待确定产业的回归结果表明,资本存量的聚集会促进交通运输设备制造业,并阻碍通信设备、计算机及其他电子设备制造产业比较优势的形成,技术资源聚集会阻碍、但技术进步率会促进两个产业分工深化。即交通运输设备制造业具有更强的资本密集型产业特征,两个产业一定程度也具有技术密集型产业特征。

其次,分析各类型产业资源对不同类型产业分工深化的影响,同样由表11-5可知,变量mr的回归结果表明,成渝地区矿产资源禀赋能够带动部分劳动密集型产业分工深化,但会抑制技术密集型、生产性服务业等价值链中高端产业分工深化;变量pop的回归结果表明,成渝地区劳动力资源禀赋能够带动资源型产业分工深化,但对资本、技术密集型产业以及高端生产性服务业分工深化有抑制作用;变量nfa的回归结果表明,成渝地区新增资本对有些资源型、劳动密集型产业产生了促进作用,对有些资源型、劳动密集型产业、服务业具有抑制作用;变量sok的回归结果表明,成渝地区积累的资本禀赋对部分资源型、劳动密集型、技术密集型产业分工深化有促进作用,对部分资源型、劳动密集型服务业有抑制作用;变量rl的回归结果表明,成渝地区技术禀赋对资源型产业有促进作用,对劳动、资本密集型产业有抑制作用;变量tfp的回归结果表明,成渝地区技术进步率对部分资源型制造业、资本密集业有促进作用,对部分资源型产业有抑制作用;变量mq的回归结果表明,成渝地区中高端人力资源禀赋对资源型、技术(知识)密集型产业有促进作用,对部分劳动密集型产业有抑制作用;变量tsq的回归结果表明,成渝地区中低端人力资源禀赋对技术(知识)密集型产业有促进作用,对资源型、劳动密集型产业有抑制作用。

表 11-5 资源配置对产业分工深化影响的回归结果

因变量	i1	i2	i3	i4	i5	i9	i10	i11
mr	0.118*** (0.041 6)	0.656*** (0.142)	0.005 4 (0.078 1)	−0.114*** (0.036 2)	0.203* (0.115)	−0.008 1 (0.041 4)	0.0426 (0.037 6)	0.0118 (0.036 1)
pop	0.478 (0.556)	4.621** (1.982)	1.04 (1.285)	1.707*** (0.519)	1.587* (0.86)	0.012 3 (0.452)	−0.345 (0.343)	−0.15 (0.355)
nfa	−0.104 (0.279)	−2.210** (1.029)	0.124 (0.277)	0.439* (0.245)	0.145 (0.274)	−0.371*** (0.131)	0.007 2 (0.108)	0.112 (0.093 1)
sok	1.166** (0.588)	−4.246** (1.961)	2.685** (1.182)	−1.025* (0.525)	−2.002* (1.082)	0.647 (0.467)	0.664 (0.421)	0.701* (0.408)
rl	0.173 (0.267)	1.765** (0.899)	−0.097 3 (0.457)	1.619*** (0.241)	1.009** (0.481)	−1.235*** (0.222)	−0.0852 (0.201)	0.052 (0.192)
tfp	1.002 (0.814)	5.397** (2.168)	−0.382 (0.545)	−1.794*** (0.598)	−0.162 (0.672)	0.503 (0.317)	0.401 (0.287)	0.239 (0.275)
mq	0.755 (0.566)	6.178*** (2.234)	3.401*** (0.672)	−0.727 (0.525)	0.0249 (0.72)	−1.268*** (0.329)	0.112 (0.289)	−0.862*** (0.295)
tsq	−1.539** (0.647)	−9.666*** (2.451)	−2.429*** (0.645)	−0.929 (0.594)	−2.217*** (0.678)	0.107 (0.313)	−0.659** (0.277)	−0.186 (0.239)
控制变量	是	是	是	是	是	是	是	是
时间效应	不存在	不存在	0.013 8* (0.007 9)	不存在	不存在	不存在	不存在	−0.009 4*** (0.003 4)
固定效应(2/3)	不存在	不存在	存在	不存在	存在	不存在	存在	存在

续表

因变量	i1	i2	i3	i4	i5	i9	i10	i11
常数项	−1.618 (1.418)	−7.785* (4.725)	−7.875*** (1.425)	−1.231 (1.308)	−2.118 (1.297)	6.142*** (0.621)	−0.0403 (0.491)	2.591*** (0.507)
组间异方差	2263.66***	12.59**	37.44***	25.18***	283.48***	445.96***	15.73**	782.43***
组内自相关	34.05***	40.967***	101.287***	133.776***	24.908***	8.704**	10.537**	15.475**
同期自相关	16.673*	51.308***	22.866**	2..945**	15.226	19.95**	21.681**	29.152**
R^2	0.943	0.959	0.976	0.978	0.931	0.977	0.972	0.998
因变量	i17	i19	i22	i24	i25	i26	i29	i31
mr	0.143** (0.060 4)	−0.024 8 (0.034 2)	0.0038 5 (0.016 9)	−0.009 1 (0.020 3)	−0.016 9 (0.018 3)	−0.142** (0.060 3)	−0.186*** (0.043 5)	−0.269*** (0.026 8)
pop	2.644*** (0.737)	−0.640*** (0.246)	0.450* (0.236)	−1.192*** (0.325)	0.196 (0.206)	−1.645*** (0.427)	−0.238 (0.317)	−3.944*** (0.549)
nfa	0.311* (0.16)	0.0714 (0.09)	−0.262** (0.124)	0.179 (0.171)	−0.212** (0.097 8)	0.034 4 (0.123)	0.019 5 (0.080 9)	−0.146 (0.089 2)
sok	−3.473*** (0.722)	1.202*** (0.35)	0.756*** (0.268)	0.305 (0.325)	0.052 3 (0.25)	−0.088 8 (0.491)	1.785*** (0.325)	−2.415*** (0.388)
rl	−1.373*** (0.309)	−0.375** (0.175)	0.069 7 (0.109)	−0.194 (0.147)	−0.494*** (0.104)	−0.252 (0.207)	−0.457*** (0.118)	−0.278* (0.154)
tfp	−0.119 (0.391)	0.609** (0.272)	−0.451 (0.294)	0.185 (0.381)	0.439** (0.201)	0.386* (0.234)	0.480*** (0.155)	0.491** (0.211)

续表

因变量	i17	i19	i22	i24	i25	i26	i29	i31
mq	−0.793* (0.472)	−0.0171 (0.263)	−0.277 (0.233)	0.285 (0.348)	0.621*** (0.194)	0.956**** (0.315)	0.585*** (0.191)	1.189*** (0.212)
tsq	0.764* (0.408)	−0.648*** (0.23)	−0.783*** (0.287)	0.747* (0.405)	−0.0042 (0.209)	0.375 (0.297)	0.363** (0.179)	0.305* (0.175)
控制变量	是	是	是	是	是	是	是	是
时间效应	0.0244*** (0.006)	不存在	0.0043** (0.0021)	不存在	不存在	不存在	不存在	−0.0135*** (0.0038)
固定效应(2/3)	存在	存在	不存在	不存在	不存在	存在	存在	存在
常数项	−0.85 (0.781)	1.446*** (0.465)	1.509*** (0.536)	0.989 (0.703)	0.673 (0.531)	2.401*** (0.615)	−0.114 (0.395)	6.077*** (0.534)
组间异方差	112.73***	18.05***	253.57***	165.69***	18.44***	48.97***	21.45***	63.94***
组内自相关	142.481***	32.387**	7.107*	929.05***	12.861**	66.438***	27.593***	9.755**
同期自相关	27.573***	19.352**	25.719***	25.926***	30.642***	23.975***	19.117**	27.074***
R^2	0.83	0.95	0.799	0.9	0.839	0.914	0.997	0.992
N	60	60	60	60	60	60	60	60

注：*、**、***分别表示检验中10%、5%、1%的显著性水平。
资料来源：作者利用STATA软件计算。

表 11-6 产业分工深化对资源配置影响的回归结果

产业类型	因变量	labor	tsq	nfa	sok	rl	tfp	mq
C2	i9	0.066 1*** (id***) (0.942 5)						
C2	i10	0.528 3*** (t***) (0.404 1)						
C2	i11	0.200 3*** (t***) (0.617 1)						
C2	i17	1.020 8*** (t***) (0.529 4)	−0.284 7*** (t***) (0.144 1)					
C3	i19			0.503 2*** (id***) (0.804 8)	0.091 4*** (id,t***) (0.711 0)			
C4	i22					−0.548 4*** (id***) (0.916 0)	−0.078 3*** (0.111 9)	
C4	i24					0.452 7*** (0.235 2)	0.065 6*** (0.282 4)	0.083 (id,t***) (0.705 3)

续表

产业类型	因变量	labor	tsq	nfa	sok	rl	tfp	mq
C2/C4	i25	0.273 1*** (id,t***) (0.976 3)	0.386 9*** (id,t***) (0.707 2)				0.045 2** (0.037 0)	
C2/C4	i26	−0.988 3*** (0.588 7)	0.156 8 (id,t***) (0.682 1)				0.040 3* (0.068 4)	
C3/C4	i29			−0.067*** (id***) (0.724 2)	0.220 9*** (id,t***) (0.776 7)	−0.524 3*** (0.086 9)	0.073 1*** (id***) (0.411 5)	
C3/C4	i29					0.805 7*** (0.478 2)		
C3/C4	i31			−0.332 7*** (t***) (0.454 7)	−0.100 1*** (id,t***) (0.812 2)	−0.044 2** (0.017 2)	0.000 3 (id***) (0.355 3)	
C3/C4	i31					0.362 7*** (t***) (0.507 1)		
	N	60	60	60	60	60	60	60

注：*、**、***分别表示检验中10%、5%、1%的显著性水平。括号内id表示存在固定效应，t表示存在时间效应，数字为采用PCSE时报告的R^2。
资料来源：作者利用STATA软件计算。

11.5.2 分工深化对资源配置的影响

由于地区矿产资源禀赋主要是经过长期天然内生形成的,本节主要考虑成渝地区的产业分工深化对劳动力、资本、技术、中高端人才、中低端人才产业资源在经济带中分配的影响。

首先考虑四个劳动密集型产业分工深化对区域整体劳动力资源分配的影响,由表11-6回归结果表明,四个产业的发展有利于促进经济带的劳动力向成渝地区聚集,但批发零售业的分工深化,对区域内的中低端服务人员数量有显著的负向影响,说明批发零售业的分工深化,会抑制经济带中的中低端服务人员向成渝地区聚集,可能的原因是,批发零售业的发展规模,一定程度反映了地区的经济发展水平与综合消费能力,地区的人力资源综合水平在向中高端攀升。

非金属矿物制品业作为资本密集型产业,回归结果表明,该产业的分工深化可以促进经济带的资本要素向成渝地区聚集。技术(知识)密集型产业中,金融业的分工深化能够促进成渝地区技术资源、管理人员的聚集,但医药制造业的分工深化,会阻碍成渝地区技术资源的聚集。同时基于回归结果本节认为,成渝地区的医药制造业并非技术密集型产业,更倾向属于劳动与资本密集型产业。

交通运输、仓储和邮政业,房地产业,这两个产业具有一定的知识密集型产业特征,同时,交通运输、仓储和邮政业也具有一些劳动密集型产业特征。回归结果表明,两个产业分工深化,能够一定程度促进成渝地区中低端劳动力资源的聚集和社会技术进步率的提升,但只有交通运输、仓储和邮政业分工深化能够促进经济带中全部劳动力资源的聚集。房地产业不仅无法促进,还具有抑制作用。房地产业分工深化,能够促进经济带中的技术资源向成渝地区聚集,交通运输、仓储和邮政业分工深化具有抑制作用。基于上述结论,本节认为成渝地区的交通运输、仓储和邮政业仍属于劳动和知识密集型产业,房地产业属于知识密集型产业。

交通运输设备制造业,通信设备、计算机及其他电子设备制造业,这两个产业在一定程度上具有技术密集型产业特征,交通运输设备制造业同时也具有更强的资本密集型产业特征。回归结果表明,交通运输设备制造业分工深化对经济带中资本要素向成渝地区聚集、社会技术进步率提升,具有显著促进作用,但对固定资产的新增、技术资源要素的聚集,有一定抑制作用,通信设备、计算机及其他电子设备制造业分工深化,对经济带中技术资源向成渝地区聚集有促进作用,但不利于资本存量的聚集。基于上述结论,本节认为成渝地区的交通运输设备制造业属于资本和技术密集型产业,通信设备、计算机及其他电子设备制造业属于技术密集型产业。

11.6　总结与政策建议

本章在考察成渝两地功能分工水平、产业专业化水平基础上,利用经济带区域间2005—2016年的面板数据重点考察成渝地区不同类型产业的专业化水平与经济带中产业资源的分配相互关系。

通过深入考察重庆与四川两地的功能分工水平及动态演化,可知重庆与四川存在此消彼长的竞争关系,产业资源在城市群内部仍处于流动状态。

通过考察成渝城市群与外部地区间各产业的中间品贸易流动,可知重庆产业多处于国内分工中高端,参与国内分工的程度要远高于四川。四川省内产业多处于国内分工的中低端,产业链相对完整,参与国内分工的程度相对较弱。四川拥有资源型中间品贸易的绝对优势,成渝两地各自具有部分工业型和精细型中间品产业的专业化。

通过考察成渝城市群的产业专业化水平,可知成渝两地的产业发展重心在逐渐向劳动、资本、技术密集型等价值链更高端的产业转移,已经在部分产业形成了比较优势。重庆的生产性服务业发展专业化已经显现。

通过考察产业资源对各产业分工深化的影响,可知天然丰富的矿产资源禀赋能够促进区域资源型产业分工深化;丰富劳动力资源禀赋能够促进区域传统服务业分工深化,对劳动密集型制造业的影响不大;新增固定资本与资本存量能够促进非金属物质矿物制品业分工深化,资本存量能够促进交通运输设备制造业分工深化;技术进步率能够促进交通运输设备制造业,通信设备、计算机及其他电子设备制造两个产业专分工深化。

通过考察产业资源对其他产业分工深化的影响,可知矿产资源禀赋能够带动部分劳动密集型产业分工深化,但会抑制技术密集型、生产性服务业等价值链中高端产业分工深化;劳动力资源禀赋能够带动资源型产业分工深化,但对资本、技术密集型产业以及高端生产性服务业分工深化有抑制作用;新增资本、积累的资本存量能够促进部分资源型、劳动密集型产业分工深化,资本存量还对技术密集型产业分工深化有促进作用。技术资源、技术进步率能够促进部分资源型产业分工深化,其中技术进步率能够促进资本密集型产业分工深化。中高端、中低端人力资源禀赋能够促进技术(知识)密集型产业分工深化，中高端人力资源禀赋能够促进资源型产业分工深化。

通过考察产业分工深化对产业资源分配的影响，可知四个劳动密集型产业，交通运输、仓储和邮政业能够促进劳动力资源的聚集，其中交通运输、仓储和邮政业，房地产业两个产业均能够促进中低端劳动力资源的聚集，金融业能够促进成渝地区管理人员的聚集；非金属矿物制品业，交通运输设备制造业发展能够促进经济带的资本要素向成渝地区聚集；金融业，房地产业，通信设备、计算机及其他电子设备制造业发展能够促进成渝地区技术资源，交通运输、仓储和邮政业，房地产业，交通运输设备制造业能够促进社会技术进步率的提升。

综合前文的分析，可知成渝地区的金融业属于知识密集型产业，医药制造业更倾向属于劳动与资本密集型产业，交通运输、仓储和邮政业仍属于劳动和知识密集型产业，房地产业属于知识密集型产业，交通运输设备制造业属于资本和技术密集型产业，通信设备、计算机及其他电子设备制造业属于技术密集型产业。

在"一带一路"、长江经济带、新一轮西部大开发三重国家战略背景下，为构建陆路向西的对外开放格局，进一步增强成渝城市群的国际竞争力，实现由国家级城市群向世界级城市群的历史性跨越，本章的启示有：(1)协调好重庆与成都两个中心城市在区域的功能分工，致力于吸引产业资源与要素，避免因资源争夺错失城市群发展良机；(2)资源禀赋、创新能力对不同产业的专业化水平提升作用不同，不同地区应该根据自身的禀赋条件因地制宜、重点突出的进行产业规划与发展，建议可以大力发展的产业见表11-7；(3)提升医药制造业、交通运输、仓储和邮政业的高质量要素集聚水平，逐渐摆脱两个产业的劳动密集型属性，助推实现高质量发展。

表11-7 成渝未来产业发展建议

产业类型	产业部门	重庆	四川
C1	煤炭开采和洗选业	Y	Y
C1	石油和天然气开采业	Y	Y
C1	黑色金属矿采选业		Y
C1	有色金属矿采选业		Y
C1	非金属矿采选业	Y	Y
C1	黑色金属冶炼及压延加工业		Y
C2	农副食品加工业		Y

续表

产业类型	产业部门	重庆	四川
C2	食品制造业		Y
C2	饮料制造业		Y
C2	纺织业		Y
C2	纺织服装、鞋、帽制造业	Y	
C2	造纸及纸制品业	Y	
C2	住宿和餐饮业	Y	
C2	批发和零售业	Y	Y
C3	石油加工、炼焦及核燃料加工业		Y
C3	非金属矿物制品业	Y	Y
C3	金属制品业	Y	
C3	电力、热力的生产和供应业	Y	Y
C2/C3	医药制造业	Y	Y
C4	金融业	Y	Y
C2/C4	交通运输、仓储和邮政业	Y	Y
C4	房地产业	Y	Y
C3/C4	通用设备制造业		Y
C3/C4	专用设备制造业		Y
C3/C4	交通运输设备制造业	Y	
C3/C4	电气机械及器材制造业	Y	
C4	通信设备、计算机及其他电子设备制造业	Y	Y

第十二章

研究结论与政策建议

长江经济带战略不仅是推动"一带一路"倡议实施的强大引擎,而且是协同长江三角洲一体化战略、中部崛起战略和新一轮的西部大开发战略发展的重要纽带。以一体化视角推动长江经济带高质量发展,正确处理长江经济带产业分工与发展的关系,关键抓手、突破点在于树立"一盘棋"的新发展理念,加快构建区域产业协同分工体系。本章从这一目标出发,在分析长江经济带区域产业分工、功能分工的现状与变化趋势基础上,探究长江经济带区域产业分工与创新发展、协调发展、开放发展、绿色发展四大发展目标的关系,为相关政策制定提供相对科学的现实与理论依据。

12.1 主要结论

12.1.1 长江经济带有关分工水平及演化的结论

经济带内各地区的工业分工水平除四川外,上中下游间仍然存在鲜明的梯度差异,上海、江苏的工业分工水平在加深,其余地区在以不同程度减弱,其中安徽、湖南的弱化程度较大。部分资源密集型、技术密集型产业趋于在特定地区集聚、分工不断深化,部分劳动密集性、资本密集型产业趋于在不同地区扩散、分工不断弱化。

相比工业分工水平,经济带内各地区的服务业分工水平不存在显著的上中下游间梯度差异,且整体较低,分工深化和弱化分地区同时存在,所有6个产业部门的地方化水平均在下降。

与工业分工水平的变化趋势不同,除江苏、安徽、江西和云南外,其他地区的功能分工水平都在提升。按三大城市群分析,长三角的功能分工水平始终处于三个城市群中的最低水平,成渝城市群至2010年成为三大城市群中功能分工水平最高的区域,并从2013年开始进入快速提升阶段。在成渝城市群内部,重庆与四川存在此消彼长的竞争关系,产业资源在城市群内部流动。

与工业专业化水平相似,除四川外,长江上游地区的重化工业专业化水平普遍高于长江下游地区。除上海、江苏外的长江经济带地区重化工业分工水平均在弱化,各重化工业均不同程度地从下游沿海向经济带内陆地区转移,接近一半的重化工细分产业地方化水平在弱化。经济带的中部地区不断向东部沿海地区靠近,呈现不同程度的向价值链高端攀升趋势。这一过程中,"污染转移"并未随着经济带内重化工产业的转移而发生。

12.1.2 长江经济带区域分工与发展的关系结论

区域分工与创新、协调发展的关系:东部地区的服务业、功能分工弱化不利于提升地区创新水平,中西部地区的功能分工深化也不利于提升地区创新水平,但其工业、服务业分工弱化可以提升地区创新水平。东部地区的工业分工深化会加剧地区间经济差距,中西部的功能分工深化会缩小经济差距。但是,区域创新水平的提升会加剧地区间经济差距。

要素流动与产业分工的关系:劳动力流动的规模与质量会阻碍内需型制造业分工深化,会促进内需型其他产业分工深化,劳动力流动规模对外需型产业分工深化也有制约作用。国外资本流动、产业基础会促进外需型产业分工深化,但产业基础会阻碍内需型其他产业的分工深化。地理区位会促进因劳动力流动质量而形成,但会抑制因劳动力流动规模形成的内需型制造业分工深化,会促进因劳动力流动规模而形成的其他内需型和外需型产业分工深化,会抑制因劳动力流动质量形成的其他内需型、因劳动力成本和国外资本流动而形成的外需型产业的分工深化。

区域分工与对外开放的关系:工业分工水平的弱化能够加深地区对外开放程度、提升地区对外开放水平,服务业分工水平对地区对外开放水平的影响确实呈现显著的"倒U形"关系。地处边境对该地区对外开放程度提升有利,并且对周边地区的开放程度与水平具有显著正向的空间溢出效应。此外,减少人力资本、降低工业结构、削弱市场分割、增加市场需求有利于提升区域开放程度,增加物质资本、提升创新水平有利于提升区域开放水平。

区域分工与绿色发展的关系:重化工业分工弱化有利于地区工业废水、工业废气、固体废弃物以及碳排放水平、能源消耗水平的下降,区域绿色发展水平的提升。提升经济发展水平、城市化水平、工业结构,扩大对外贸易与外商投资规模能够提升产业发展的能源消耗效率,不会造成更大规模、更严重的环境污染与碳排放。但大量的石化工业在促进经济增长的同时,造成了水生态环境破坏的后果;城市化水平的提升,加剧了城市能源消耗的负担,导致能源消耗水平上升。

基于区域分工与四个发展间的单向关系,考虑到高素质劳动力有利于提升中西部地区的区域创新水平,外资流入不利于中西部地区,但会间接促进东部地区提升区域创新水平。进而得出本章分工与四个发展间的相互作用关系:要素流动通过区域分工效应影响区域创新,区域分工通过区域创新效应影响区域开放发展水平与协调发展,区域分工通过开放程度效应与区域创新效应进一步影响区域绿色发展。

12.1.3　国家战略对长江经济带区域分工与发展的影响结论

国家战略对经济欠发达地区的工业、服务业分工程度影响产生成效的时滞性都相对更长,对经济较发达地区的功能分工程度影响产生成效的时滞性相对更长。相比东部地区,国家战略对中部地区工业与服务业分工的影响程度相对更深。国家战略的出台与实施制约了地区工业、东部地区功能分工的深化,但促进了其他地区的功能分工、中部地区服务业分工的深化。

国家战略对区域的技术创新与协调发展都具有显著推进作用,但对区域对外开放水平和绿色发展的提升具有显著的阻碍作用,对区域对外开放程度的提升没有显著作用,对周边地区的开放程度与水平具有显著正向的空间溢出效应。

12.2　政策建议

12.2.1　长江经济带整体的政策建议

根据前文的分析,长江经济带在实现多重国家战略目标中存在的问题,主要有两点原因,一是分工与发展的关系尚未理顺,相互间既有促进作用,也有制约作用;二是国家战略对分工与发展的影响并非都是促进,在个别领域也存在制约作用。因此,在多重国家战略的目标导向下,为促进长江经济带各区域实现区域分工与发展的协同并进,本节提出如下政策建议:

(1)结合区域自身情况,协调处理好分工与发展的关系。

鉴于区域创新水平的提升会加剧地区间经济差距,即区域创新与协调发展本身存在着一定的矛盾关系。不同区域需要结合自身的情况,正确处理好两者间的关系:对于下游经济较发达的地区,可以通过提升服务业与功能分工的专业化水平,弱化区域间的工业分工水平,进而提升区域的创新水平;对于中下游经济欠发达的地区,可以通过深化区域间的工业分工水平,缩小与下游间的经济差距,实现区域经济协调发展。

鉴于长江流域聚集的大量石化工业,在促进中上游地区经济增长的同时,会加剧水生态环境破坏。可以优化重化工产业的区域布局,增强环境规制,扭转经济发展水平与绿色发展背道而驰的趋势。鉴于城市化水平的提升,会加剧城市能源消耗的负担,导致能源消耗水平上升。可以通过扩大城市生活的外径,降低人口聚集的密度,倡导绿色环保消费理念,从而提高能源消耗效率,降低社会能源消耗水平。

(2) 依据战略异质性,制定以目标为导向的产业发展方案。

在战略时效上,若期望各区域在战略规划期内能够达到一致的目标,可以首先对西部地区进行重点战略布局与实施,间隔3~5年后向中部地区进行战略延伸,最终延伸至东部地区。通过自西向东递进式地实施跨区域性国家战略,不仅能够在有限的时间区间内集中有限的产业资源,确保不同区域顺利达成战略目标,而且能够拉长经济后发地区的战略实施期限,为地区经济与产业发展提供长期稳定的动力引擎;若期望各区域根据自身条件进行差异化发展,可以同时对各区域出台国家发展战略。在战略力度上,若期望各区域的战略实施成效基本相当,可以增加对东部地区的扶持力度;若期望经济欠发达地区的战略实施成效更显著,可以对各区域提供相同程度的产业扶持。在战略方向上,若期望能够促进区域内服务业的分工深化,可以将促进服务业发展作为战略实施的重点;若期望能够促进区域内工业的分工深化,可以减少战略对区域工业产业发展的干预。

原先以经济发展为导向的区域性国家战略,将区域经济规模与增长速度放在首位,一方面牺牲了生态环境,导致绿色发展水平下降。为解决这一矛盾,将长江流域生态环境保护问题提升至国家战略目标,可以引导地区政府在吸引新项目、区域产业转移与布局中将生态保护放在首位,加速提升区域绿色发展水平。另一方面忽略了自主创新与向西开放,为解决这一矛盾,将创新与东西双向开放发展纳入长江经济带国家战略目标之中,可以引导中西部地区扩大对外开放,提升开放程度与水平,提高区域产业发展的国际竞争力。

12.2.2 不同区域的政策建议

1. 下游地区

(1) 转出中低端产能,聚力现代服务业专业化。

事实分析显示:上海、浙江本身地域空间有限,地区内部经济发展水平相对均衡,产业多属于输入型,产业内向化转移的可实施性更强;江苏的产业链最为完整,产业多属于自给自足型;安徽是长三角中发展水平相对落后的区域,产业多属于发展起步型,现阶段已经对周边区域商贸、交通等基础产业呈现出一定的支撑作用。实证分析显示:浙江的工业分工弱化能够促进相对经济与贸易规模的提升,上海的服务业分工深化、上海与浙江的功能分工深化能够促进相对经济与贸易规模及新技术数量的提升。可以将上海与浙江作为经济带中实施产业梯度转移与提供结对帮扶的重点目标区域,江苏可以与临近的安徽建立密切的经济联系,将安徽作为产业资源的中转站,逐渐向西进行产业转移与技术输出,带动周边区域的发展。浙江应积极推进将本地劳动密集型、资源密集型的产业转移至中上游地区;上海、浙江应积极推进现代服务业,特别是科学研究业的发展,尽早形成全国与区域性功能中心。

需要说明的是,长三角地区推进工业的内向化转移,看似对长三角的经济发展不利,但实质上是鼓励长三角地区更加果断、坚决地度过经济发展阵痛期,为区域实现高质量发展腾挪出空间。

(2) 立足中高端产业,推动实现更高水平开放。

基于多年发展奠定的产业基础,长三角地区承担着长江经济带向东高水平开放格局构建的重要使命。事实分析显示:浙江、安徽的工业专业化分工呈弱化趋势,上海、江苏的工业专业化分工呈深化趋势。实证研究显示:工业专业化分工弱化能够促进地区对外开放程度的提升,抑制地区对外开放水平的提升。浙江、安徽的对外开放程度虽有可能持续提升,但在对外开放水平的提升方面,工业专业化分工的作用是反向的。为扭转浙江、安徽两地工业专业化分工的反向作用,应以牺牲地区对外开放程度为代价,将中低端外向型制造业逐步转移至中上游地区,着重选择具有比较优势禀赋、技术(知识)密集型、符合绿色发展理念的产业,进行专业化发展,促进区域创新水平的持续提升向全球中高端价值链攀升,与上海、江苏共同推进向东更高水平的开放发展。同时,需要警惕因工业分工深化可能造成的经济差距扩大。

事实分析显示:上海的服务业专业化分工呈深化趋势,其余地区的服务业专业化分工均呈弱化趋势。实证研究显示:从长期看,服务业的专业化分工深化不仅能够促进地区对外开放程度的提升，也会促进对外开放水平的提升。浙江、江苏与安徽的服务业专业化分工演变趋势，对地区对外开放程度与水平均不利，应依据自身产业资源禀赋，着力发展互联网产业、智能产业、金融产业、商务服务业、科学研究业等现代服务业与生产性服务业，通过积极孵化、吸收大量新鲜企业细胞，吸引大型公司总部落地等途径，不断深化重点产业的专业化分工程度，为向东更高水平的对外开放提供产业配套服务支撑，逐步构建全球服务贸易供应体系。

2. 中游地区

（1）加强内外部经济联系，借助战略导向发展内需型产业。

事实分析显示：中游地区的工业、重化工业专业化分工程度在不断弱化，产业发展属于起步型。区域重化工业已经摆脱了与上游基本重合的区域分工角色，不断向下游沿海地区靠近，同时中游地区绿色发展水平在不断提升。中游向所选区域供应最终产品规模比重更高，市场供应更偏向长三角、中游以南与以北地区，是中游以南更重要的最终品输出市场，是中游以北、区域内部更重要的中间品输出市场，对国内市场的供应主要涉及 7 个产业。实证分析显示：中游地区的工业专业化分工程度弱化，可以促进区域经济质量的提升。其中，政府干预与要素质量对内需型制造业发展的作用显著，优越的地理位置能促进产业基础、统一市场所形成的内需型制造业产业比较优势的增强，也容易虹吸周边区域因要素质量形成的内需型制造业优势。产业效率与规模的提升有助于清洁生产技术的引进和传播，进而有助于地区环境的改善。

因此，应首先加强内部区域的经济联系，借助承接长三角地区产业转移的发展机遇，利用自身的资源禀赋比较优势与靠近国内超大规模市场的区位优势，与相近区域共同加深参与国内价值链的程度，形成专业化、规模化的内需型产业集群；其后利用区域产业的比较优势，逐渐取代上游地区对下游地区内需型产品的需求依赖，形成辐射周边，最终能够辐射全国的内需型产品生产与供应基地；此外，在"大保护"背景下，仍然可以继续推进重化工产业融入国内分工体系，坚持引进来和走出去并重发展。

事实分析显示：湖南的服务业与功能专业化分工程度在不断深化，江西的服务业与功能专业化分工程度在不断弱化，湖北的服务业专业化分工程度在不断弱化，功能分工程度在不断深化。实证分析显示：内需型服务业的发展更需要市场经济自由调节的空间，也需要吸纳规模化以及高质量的劳动要素，独特的地理位置也容易虹吸周边区域因要素规模形成的内需型服务业。江西、湖北的服务业专业分工弱化可以促进地区新技术数量的增加。因此，发展内需型服务业,中游城市群应提供更加宽松的营商环境,减少过多的政府干预;同时充分利用区域内丰富的高等教育资源,培养适应区域经济发展的不同层次人才,人性化推进人才安居保障工作,避免人才的流失。

(2)巩固与培育双向并举,依靠地理区位发展外需型产业。

事实分析显示:虽然2012年江西、湖南参与全球价值链的程度较低,但是2005—2016年间中游对外开放程度与水平在不断提升。中游向国际市场供应的产业主要涉及7个,因产业基础较为薄弱,现阶段难以向国际市场大规模供应的产业主要有11个。实证分析显示:中游的工业专业化分工程度弱化,可以促进区域对外开放程度加深,但会抑制对外开放水平的提升;产业基础对外需型产业比较优势具有更强的促进作用,优越的地理位置能够增强产业基础上述的促进作用,其他区域仅依靠地理区位难以从沿海地区顺利承接外向型产业的转移,但周边区域容易虹吸因要素成本形成的外需型产业比较优势。

中游地区首先要巩固已有的7个外向型产业基础,利用优越的地理位置积极引入产业相关的上下游企业,在区域内尽力拉长产业链,加深产业的专业化分工程度,增强产业的集聚规模与区域黏性。同时警惕因要素成本的提升而造成的外需型产业资源流失,可以采用降低税费、土地补偿等措施补偿因要素成本上升而产生的资源流失可能。也要警惕重商轻工的产业发展趋势,警惕因外资流入形成的工业规模快速增长的假象,积极发展自主可控的制造业,促进区域创新水平的提升。在长期发展中,可以结合自身情况,从11个现阶段发展较为薄弱的外向型产业中,选取部分产业进行布局,逐渐形成有特色的外向型产业生产网络体系。

3. 上游地区

(1)错位分工,避免成渝间的资源竞争。

事实分析显示:成渝两地的工业(重化工业)专业化分工程度均在弱化,绿色发展水平在不断提升。两地产业发展重心逐渐向资本、技术密集型等价值链更高端转移,已经具有部分工业型和精细型中间品比较优势,四川还拥有资源型中间品贸易的绝对优势。四川对外开放程度也较低,但成渝两地对外开放程度与水平均在提升。城市群的功能分工水平提升幅度较大,在经济带三大城市群中水平最高。重庆的服务业专业化分工程度在加深,生产性服务业比较优势已经显现。实证分析显示:成渝地区工业专业化程度的弱化、功能分工程度的加深都在抑制贸易规模的上升,重化工分工程度的弱化有利于绿色发展水平的提升。

四川可以利用资源比较优势禀赋,将相关产业的专业化分工向下游产业链延伸,逐步打造成特色产业集群,增强部分制造业的比较优势;依托丰富的矿产资源禀赋,不遗余力地推进重化工产业融入国际国内分工体系,提升地区的对外开放程度与水平。成渝两地尽早形成现代服务业错位分工发展的产业格局,通过各种途径增强高质量产业资源要素在区域内的汇集,以优质的产业资源比较优势带动区域产业的高质量发展,形成1+1>2的经济发展良性循环,助力产业向西深入推进。

(2) 内联外通,提升云贵地区工业化水平。

事实分析显示:云贵的工业(重化工业)专业化分工程度均在弱化,绿色发展水平也在降低,两地产业体系主要属于依赖型。云贵对外开放程度均较低,其中贵州在经济带中最低,但是两地对外开放水平均在提升,并且云南对外开放程度也在提升。两地服务业专业化分工程度在加深,贵州功能分工水平提升幅度较大。实证分析显示:云贵地区工业专业化程度的弱化、功能分工程度的加深都在抑制贸易规模的上升。

云贵两地首先应该在国家政策的扶持下推进长江经济带中游产业继续向西延伸,积极进行工业化建设,包括完善工业基础设施、大力培养专业化人才、引进外向劳动密集型的重点产业项目等,促使云贵地区走清洁能源发展模式下的工业化道路;其次,积极鼓励云贵地区发展边境贸易,相比发展工业,服务业的发展所需要的时间积淀较短,可借鉴国际国内成功发展经验,由边境贸易逐渐带动当地的外向型制造业发展,打通西南外向型经济发展的动脉。

参考文献

[1] Aiginger K, Pfaffermayr M. The Single Market and Geographic Concentration in Europe[J]. Review of International Economics, 2004, 12(01):1-11.

[2] Andersson R, Quigley J M, Wilhelmsson M. Agglomeration and the Spatial Distribution of Creativity[J]. Working Paper Series in Economics and Institutions of Innovation, 2005, 84(03):445-464.

[3] Arce G, Cadarso M A, López L A, et al. Indirect Pollution Haven Hypothesis in a context of Global Value Chain [R]. Final WIOD Conference: Causes and Consequences of Globalization, Groningen, The Netherlands, 2012.

[4] Arndt S W. Globalization and the Open Economy[J]. North American Journal of Economic and Finance, 1997, 8(01):71-79.

[5] Athukorala P-C, Nasir S. Global Production Sharing and South-South Trade[J]. Indian Growth & Development Review, 2012, 5(02):173-202.

[6] Audretsch D, Falck O, Heblich S. Who's Got the Aces Up His Sleeve? Functional Specialization of Cities and Entrepreneurship [J]. Annals of Regional Science, 2011, 46(03):621-636.

[7] Bade F J, Leaser C-F, Soltwedel R. Urban Specialization in the Internet Age—Empirical Findings for Germany [R]. Kiel Working Paper, 2004.

[8] Baldwin R, Forslid R, MartinP, et al. Economic Geography and Public Policy[J]. Université Paris1 Panthéon-Sorbonne(Post-Print and Working Papers), 2003.

[9] Bertinelli L, Black D. Urbanization and Growth[J]. Journal of Urban Economics, 2004(56): 80-96.

[10] Freeman C. The Economics of Industrial Innovation(2nd edn.)[M]. London: Frances Pinter, 1982.

[11] Catin M, Luo X, Christophe V H. Openness, Industrialization and Geographic Concentration of Activities in China[J]. World Bank Policy Research Working Paper, 2005.

[12] Combes P P, Duranton G, Gobillon L. Spatial Wage Disparities: Sorting Matters!

[J]. Cepr Discussion Papers, 2008, 63(02):723-742.
[13] Copeland B R, Taylor M S. Trade and the Environment: Theory andevidence[M]. Princeton Univ. Press: Princeton, 2003.
[14] Dean J M, Lovely M E. China's Growing Role in World Trade, Production Fragmentation, and China's Environment[R]. NBER Working Paper,2008.
[15] Desmet K M. Fachamps, Changes in the Spatial Concentration of Employment across US Counties: a Sectoral Analysis 1972—2000[J]. Journal of Economic Geography, 2005, 5(03):261-284.
[16] Dixit A K, Grossman G M. Trade and Protection with Multistage Production[J]. Society for Economic Analysis Limited,1982,49(04).
[17] Duan Y, Dietzenbacher E, Jiang X, et al. Why Has China's Vertical Specialization Declined[J]. Economic Systems Research, 2018, 30(02):178-200.
[18] Dumais G, Ellison G, Glaeser E L. Geographic Concentration as a Dynamic Process [J]. Review of Economics and Statistics, 2002, 84(02): 193-204.
[19] Duranton G, Puga D. From Sectoral to Functional Urban Specialisation [J]. Journal of Urban Economics, 2005, 57(02):343-370.
[20] Ethier W J. National and International Returns to Scale in the Modern Theory of International Trade[J]. Journal of Yanbian University, 1982, 72(03):389-405.
[21] Ezcurra R, Pascual P, Cooke P, et al. The Dynamics of Regional Disparities in Central and Eastern Europe during Transition[J]. 2006.
[22] Fang C L. Important Progress and Future Direction of Studies on China's Urban Agglomerations[J]. Journal of Geographical Sciences, 2015, 25(08):1003-1024.
[23] Feenstra R. Integration of Trade and Disintegration of Production in the Global Economy[J]. Journal of Economic Perspectives, 1998(12): 31-50.
[24] Feldman M P, Audretsch D B. Innovation in Cities[J]. European Economic Review, 1999, 43(02):409-429.
[25] Finger J. Tariff Provisions for Offshore Assembly and the Exports of Developing Countries[J]. Economic Journal, 1975, 85: 365-371.
[26] Frobel F, Heinrichs J, Kreye O. The New International Division of Labour: Structural Unemployment in Industrialised Countries and Industridisation in Developing Countries[M]. Cambrige: Cambrige University Press, 1980.
[27] Fujita M, Krugman P, Venables A. The Spatial Economy: Cities, Regions and International Trade[M]. Cambridge: Mass. MIT Press, 1999.
[28] Fujita M, Krugman P. The New Economic Geography: Past, Present and the Future[J]. Regional Science, 2004(83):139-164.
[29] Fujita M, Thisse J F. Economies of Agglomeration[J]. Journal of Japanese and

International Economies, 1996(10): 339-378.

[30] Ge Y. Regional Inequality, Industry Agglomeration and Foreign Trade, the Case of China[J]. Working Papers, University of International Business and Economics, China, 2003.

[31] Gordon I R, McCann P. Industrial Clusters: Complexes, Agglomeration and/or Social Networks? [J]. Urban Studies, 2000, 37.

[32] Greunz L. Interregional Knowledge Spillovers in Europe[J]. ULB Institutional Repository, 2004.

[33] Helleiner G K. Manufactured Exports from Less Developed Countries and Multinations Firms[J]. The Economic Journal, 1973,83(329):21-47.

[34] Hu D. Trade, Rural-Urban Migration, and Regional Income Disparity in Developing Countries: A Spatial General Equilibrium Model Inspired by the Case of China[J]. Regional Science and Urban Economics, 2002(32):311-338.

[35] Hummels D, Ishii J, Yi K M. The Nature and Growth of Vertical Specialization in World Trade[J]. Journal of International Economics, 2001, 54(01):75-96.

[36] Iara A, Traistaru I. Integration, Regional Specialization and Growth Differentials in EU Acceding Countries: Evidence from Hungary [R]. Center for European Integration Studies, University of Bonn, Germany, 2004.

[37] Imbs J, Wacziarg R. Stages of Diversification [J]. The American Economic Review, 2003, 93(01):63-86.

[38] Jones R W, Kierzkowski H. The Role of Services in Production and International Trade: A Theoretical Framework//R. W. Jones and A. Krueger (eds.) The Political Economy of International Trade, Oxford: Blackwell, 1990: 31-48.

[39] KAM A J Y. Fragmentation of Production, International Production Networks and Host Country Productivity: Evidence from Malaysia[J]. Asian-Pacific Economic Literature, 2013(01):127-146.

[40] Kim S. Expansion of Markets and the Geographic Distribution of Economic Activities: The Trends in U. S. Regional Manufacturing Structure, 1860—1987 [J]. Quarterly Journal of Economics, 1995,110(04):881-908.

[41] Kim S. Economic Integration and Convergence: U. S. Regions, 1840—1987[J]. Journal of Economic History, 1998, 58(03):659-683.

[42] Koopman R, Wang Z, Wei S. How Much of Chinese Exports is Really Made in China? Assessing Domestic Value -added with Processing Trade is Pervasive[J]. NBER Working Paper, 2008.

[43] Krugman P, Venables A J. Globalization and the Inequality of Nations[J]. Quarterly Journal of Economics, 1995, 110(04):857-880.

[44] Krugman P. History Versus Expectations[J]. Quarterly Journal of Economics, 1991c, 106(02):651-667.

[45] Krugman P. Increasing Returns and Economic Geography[J]. Journal of Political Economy, 1991a, 99(03):483-499.

[46] Lall S, Weiss J, Zhang J, et al. Working Paper Number 123 The 'Sophistication' of Exports: A New Measure of Product Characteristics[J]. 2005.

[47] Lall, Weiss S, Hang J J K. Regional and Country Sophistication Performance[J]. Asian Development Bank Institute Discussion Paper, 2005.

[48] Li A X. State-Society Synergy and Export Sophistication[J]. Economics and Politics, 2015(03):433-458.

[49] Marshall A. Principles of Economics[M]. New York: Mac Millan, 1920.

[50] Memedovic O. Inserting Local Industries into Global Value Chains and Global Production Networks: Opportunities and Challenges for Upgrading[J]. UNIDO Working Paper, 2004.

[51] Midelfart-Knarvik K H, Overman H G, Venables A J. Comparative Advantage and Economic Geography: Estimating the Location of Production in the EU[J]. CEPR Discussion Paper, 2000a:2618.

[52] Midelfart-Knarvik K H, Overman H G, Redding S J, et al. The Location of European Industry[J]. Report Prepared for the Directorate General for Economic and Financial Affairs, European Commission, 2000b:1-68.

[53] Midelfart-Knarvik K H, Overman H G, Redding S J, et al. Integration and Industrial Specialisation in the European Union[J]. Revue Economique, 2002, 53(03):469-481.

[54] NEXT10. 2012 California Green Innovation Index[R]. 2012.

[55] OECD. Towards Green Growth: Monitoring Progress OECD Indicator[R]. 2011.

[56] OECD. 弗拉斯卡蒂丛书技术创新调查手册[M]. 北京:新华出版社,2000.

[57] Ohlin B. Interregional and InternationalTrade[M]. Cambridge: Harvard University Press, 1933.

[58] Paci R, Usai S. The Role of Specialisation and Diversity Externalities in the Agglomeration of Innovative Activities[J]. Rivista Italiana Degli Economisti, 2000a.

[59] Paci R, Usai S. Externalities, Knowledge Spillovers and the Spatial Distribution of Innovation[C]//ERSA Conference Papers. European Regional Science Association, 2000b.

[60] Puga D, Venables A J. The Spread of Industry: Spatial Agglomeration in Economic Development[J]. Journal of the Japanese and International Economics, 1996, 10:

440-464.

［61］Mueser R. Identifying Technical Innovations[J]. IEEE Transactions on Engineering Management. 1985:95-98.

［62］Richard S. Division of Labor: History of the Concept[A]. James D. W: International Encyclopedia of the Social & Behavioral Sciences(Second Edition) [J]. Elsevier, 2015:601-605.

［63］Romer P M. Endogenous Technical Change[J]. Journal of Political Economy, 1990, 98(05):71-102.

［64］Ruan J, Zhang X. Do Geese Migrate Domestically? —Evidence from the Chinese Textile and Apparel Industry[R]. IFPRI Discussion Paper, 2010.

［65］Schiller D, Burger M J, Karreman B. The Functional and Sectoral Division of Labour between Hong Kong and the Pearl River Delta: From Complementarities in Production to Competition in Producer Services?[J]. Statistical Science, 2015, 47(01):71-103.

［66］UNESCAP. Eco-efficiency Indicators: Measuring Resource-use Efficiency and the Impact of Economic Activitieson the Environment[R]. 2009.

［67］Wilson A. Entropy in Urban and Regional Modelling: Retrospect and Prospect[J]. Geographical Analysis, 2010, 42(04):364-394.

［68］Yale Center for Environmental Law and Policy. EPI 2012: Environmental Performance Index and Pilot Trend Environmental Performance Index[R]. 2012.

［69］Yeats A J. Just How Big is Global Production Sharing?[J]. World Bank Policy Research Working Paper, 2001.

［70］Zhang X B, Kanbur R. What Difference do Polarisation Measures Make? An Application to China[J]. Journal of Development Studies, 2001, 37(03):85-98.

［71］白洁.长江中游城市群产业分工协作的基础条件分析[J].湖北社会科学,2012(06):61-64.

［72］白重恩,杜颖娟,陶志刚,等.地方保护主义及产业地区集中度的决定因素和变动趋势[J].经济研究,2004(04):29-40.

［73］薄贵利.论国家战略的科学内涵[J].中国行政管理,2015(07):70-75.

［74］贝蒂尔·奥林.地区间贸易和国际贸易[M].北京:首都经济贸易大学出版社,2001.

［75］毕秀晶,宁越敏.长三角大都市区空间溢出与城市群集聚扩散的空间计量分析[J].经济地理,2013,33(01):46-53.

［76］毕学成,谷人旭,苏勤.制造业区域产业专业化、竞合关系与分工——基于江苏省市域面板数据的计量分析[J].长江流域资源与环境,2018,27(10):2201-2213.

［77］布雷克曼,盖瑞森,马勒惠克.地理经济学[M].成都:西南财经大学出版社,2004.

［78］曾冰,邱志萍.长江经济带省际贸易网络结构时空特征及其影响因素研究[J].上海

经济研究,2017(09):69-77.
[79] 曾鹏,李洪涛.中国十大城市群产业结构及分工比较研究[J].科技进步与对策,2017,34(06):39-46.
[80] 陈家海.地区工业化进程中的省际贸易格局及政策倾向[A].周振华.中国经济分析1995:地区发展[C].上海:上海人民出版社,1996.
[81] 陈建军,胡晨光.产业集聚的集聚效应——以长江三角洲次区域为例的理论和实证分析[J].管理世界,2008(06):68-83.
[82] 陈建军.中国现阶段产业区域转移的实证研究——结合浙江105家企业的问卷调查报告的分析[J].管理世界,2002(06):64-74.
[83] 陈建军.中国现阶段的产业区域转移及其动力机制[J].中国工业经济,2002(08):37-44.
[84] 陈健,刘海燕.产品内国际分工与区域经济增长效率——专业化视角的研究[J].中国经济问题,2013(02):76-82.
[85] 陈明华,刘华军,孙亚男,等.中国五大城市群经济发展的空间差异及溢出效应[J].城市发展研究,2016,23(03):57-63.
[86] 陈启斐,楚明钦.扩大内需、工资上涨与对外出口——来自中国228个城市的面板数据[J].经济理论与经济管理,2013(11):18-29.
[87] 陈启斐,李平华.扩大内需会抑制出口吗?——来自长三角的数据[J].财贸研究,2013,24(03):38-46.
[88] 陈启斐,王晶晶,岳中刚.扩大内需战略能否扭转我国服务贸易逆差——来我国和23个OECD国家的面板数据分析[J].国际贸易问题,2014(02):86-95.
[89] 陈雯,苗双有.中间品贸易自由化与中国制造业企业生产技术选择[J].经济研究,2016,51(08):72-85.
[90] 陈晓峰,周晶晶.生产性服务业集聚、空间溢出与城市绿色全要素生产率——来自长三角城市群的经验证据[J].经济经纬,2020,37(04):89-98.
[91] 陈晓雪,徐楠楠.长江经济带绿色发展水平测度与时空演化研究——基于11省市2007—2017年数据[J].河海大学学报(哲学社会科学版),2019,21(06):100-108,112.
[92] 陈雁云,邓华强.长江经济带制造业产业集聚与经济增长关系研究[J].江西社会科学,2016,36(06):68-72.
[93] 成艾华,喻婉.长江经济带产业转移、产业分工与一体化发展[J].中南民族大学学报(人文社会科学版),2018,38(06):128-133.
[94] 程大中,黄雯.中国服务业的区位分布与地区专业化[J].财贸经济,2005(07):73-81,97.
[95] 楚明钦.长三角产业区域分工与合作——基于生产性服务业与装备制造业融合的研究[J].云南财经大学学报,2016,32(01):132-140.

[96] 崔广怀.国际分工深化与世界市场的发展[J].国外社会科学情况,1996(03):10-13.

[97] 崔木花.中原城市群9市城镇化与生态环境耦合协调关系[J].经济地理,2015,35(07):72-78.

[98] 戴翔,金碚.产品内分工、制度质量与出口技术复杂度[J].经济研究,2014,49(07):4-17,43.

[99] 戴翔,张二震.中间产品进口、出口多样化与贸易顺差——理论模型及对中国的经验分析[J].国际经贸探索,2010,26(07):25-30.

[100] 戴翔,郑岚.制度质量如何影响中国攀升全球价值链[J].国际贸易问题,2015(12):51-63,132.

[101] 戴翔.产品内分工、出口增长与环境福利效应——理论及对中国的经验分析[J].国际贸易问题,2010(10):57-63.

[102] 邓慧慧.贸易自由化、要素分布和制造业集聚[J].经济研究,2009,44(11):118-129.

[103] 丁嵩,孙斌栋.空间相互作用与城市经济增长——来自长三角的证据[J].人口与经济,2016(04):71-81.

[104] 樊福卓.地区专业化的度量[J].经济研究,2007(09):71-83.

[105] 樊福卓.区域分工:理论、度量与实证研究[D].上海:上海社会科学院,2009.

[106] 樊福卓.长江经济带工业分工演进[J].上海经济,2017(05):5-12.

[107] 范剑勇.土地市场亟待政府角色调适[J].人民论坛,2013(04):33.

[108] 范剑勇.长三角一体化、地区专业化与制造业空间转移[J].管理世界,2004(11):77-84,96.

[109] 高凌云.内需压力、经济规模与中国出口的可持续增长[J].经济与管理评论,2018,34(01):31-44.

[110] 顾朝林.城市群研究进展与展望[J].地理研究,2011,30(05):771-784.

[111] 郭庆旺,赵志耘,贾俊雪.中国省份经济的全要素生产率分析[J].世界经济,2005(05):46-53,80.

[112] 韩晶,高铭,孙雅雯.城市群的经济增长效应测度与影响因素分析[J].城市与环境研究,2019(03):19-36.

[113] 郝大江,张荣.要素禀赋、集聚效应与经济增长动力转换[J].经济学家,2018(01):41-49.

[114] 郝永敬,程思宁.长江中游城市群产业集聚、技术创新与经济增长——基于异质产业集聚与协同集聚视角[J].工业技术经济,2019,38(01):41-48.

[115] 何剑,王欣爱.区域协同视角下长江经济带产业绿色发展研究[J].科技进步与对策,2017(11):41-46.

[116] 洪俊杰,刘志强,黄薇.区域振兴战略与中国工业空间结构变动——对中国工业企业调查数据的实证分析[J].经济研究,2014,49(08):28-40.

[117] 侯杰,张梅青.城市群功能分工对区域协调发展的影响研究——以京津冀城市群为

例[J].经济学家,2020(06):77-86.

[118] 胡鞍钢.全球气候变化与中国绿色发展[J].中共中央党校学报,2010,14(02):5-10.

[119] 胡彩梅.产业集聚结构对创新活动空间差异影响的实证研究[J].科技进步与对策,2012,29(15):61-66.

[120] 胡飞.制造业全球价值链分工的环境效应及中国的对策[J].经济问题探索,2016(03):151-155.

[121] 黄金川,陈守强.中国城市群等级类型综合划分[J].地理科学进展,2015,34(03):290-301.

[122] 黄玖立,李坤望.对外贸易、地方保护和中国的产业布局[J].经济学(季刊),2006,5(03):733-760.

[123] 黄玖立.对外贸易、区域间贸易与地区专业化[J].南方经济,2011(06):7-22.

[124] 黄磊,吴传清.长江经济带城市工业绿色发展效率及其空间驱动机制研究[J].中国人口·资源与环境,2019,29(08):40-49.

[125] 黄利春.欧盟一体化对珠三角一体化的启示[J].广东经济,2010(07):34-39.

[126] 黄庆华,时培豪,胡江峰.产业集聚与经济高质量发展:长江经济带107个地级市例证[J].改革,2020(01):87-99.

[127] 黄庆华,周志波,刘晗.长江经济带产业结构演变及政策取向[J].经济理论与经济管理,2014(06):92-101.

[128] 黄先海,余骁."一带一路"建设如何提升中国全球价值链分工地位?——基于GTAP模型的实证检验[J].社会科学战线,2018(07):58-69,281-282.

[129] 黄赜琳,姚婷婷.市场分割与地区生产率:作用机制与经验证据[J].财经研究,2020,46(01):96-110.

[130] 季书涵,朱英明,张鑫.产业集聚对资源错配的改善效果研究[J].中国工业经济,2016(06):73-90.

[131] 蒋媛媛.中国地区专业化促进经济增长的实证研究:1990—2007年[J].数量经济技术经济研究,2011,28(10):3-20.

[132] 金煜,陈钊,陆铭.中国的地区工业集聚:经济地理、新经济地理与经济政策[J].经济研究,2006(04):79-89.

[133] 克利斯·弗里曼,罗克·苏特.工业创新经济学[M].华宏勋,华宏慈,等,译.北京:北京大学出版社,2004.

[134] 保罗·克鲁格曼.地理和贸易(中译本)[M].北京:北京大学出版社,2002.

[135] 雷振丹,陈子真.区域创新:生产性服务业层级分工专业化抑或多样化集聚?[J].现代经济探讨,2019(10):99-107.

[136] 黎峰.国内专业化分工是否促进了区域协调发展?[J].数量经济技术经济研究,2018,35(12):81-99.

[137] 黎峰.进口贸易、本土关联与国内价值链重塑[J].中国工业经济,2017(09):25-43.

[138] 黎峰.增加值视角下的中国国家价值链分工——基于改进的区域投入产出模型[J].中国工业经济,2016(03):52-67.

[139] 黎文勇,杨上广.市场一体化、城市功能专业化与经济发展质量——长三角地区的实证研究[J].软科学,2019,33(09):7-12.

[140] 李跟强,潘文卿.国内价值链如何嵌入全球价值链:增加值的视角[J].管理世界,2016(07):10-22,187.

[141] 李国平,王立明,杨开忠.深圳与珠江三角洲区域经济联系的测度及分析[J].经济地理,2001(01):33-37.

[142] 李华旭,孔凡斌,陈胜东.长江经济带沿江地区绿色发展水平评价及其影响因素分析——基于沿江11省(市)2010—2014年的相关统计数据[J].湖北社会科学,2017(08):68-76.

[143] 李建军,孙慧,田原.产品内分工如何影响发展中国家全球价值链攀升——以"丝绸之路经济带"沿线国家为例[J].国际贸易问题,2019(12):91-105.

[144] 李建军,孙慧.制度质量对丝绸之路经济带沿线国家经济增长作用——基于全球价值链视角的实证分析[J].国际经贸探索,2016,32(10):44-56.

[145] 李磊,刘斌,郑昭阳,等.地区专业化能否提高我国的出口贸易技术复杂度?[J].世界经济研究,2012(06):30-37,88.

[146] 李强,郑江淮.基于产品内分工的我国制造业价值链攀升:理论假设与实证分析[J].财贸经济,2013(09):95-102.

[147] 李秀芳,施炳展.中间品进口多元化与中国企业出口产品质量[J].国际贸易问题,2016(03):106-116.

[148] 李永盛,张祥建.长江经济带生产性服务业集聚的创新效应研究[J].现代经济探讨,2019(10):90-98.

[149] 李子明.分布式创新、区域创新体系与区域分工[J].科技进步与对策,2010,27(07):25-28.

[150] 梁琦.中国制造业分工、地方专业化及其国际比较[J].世界经济,2004(12):32-40.

[151] 林理升,王晔倩.运输成本、劳动力流动与制造业区域分布[J].经济研究,2006(03):115-125.

[152] 林玲,陈姝,赵素萍.产品内分工、要素禀赋与出口技术复杂度[J].经济问题探索,2015(10):117-124.

[153] 林正静.中间品贸易自由化与中国制造业企业出口产品质量升级[J].国际经贸探索,2019,35(02):32-53.

[154] 刘传江,吕力.长江三角洲地区产业结构趋同、制造业空间扩散与区域经济发展[J].管理世界,2005(04):35-39.

[155] 刘海洋,林令涛,高璐.进口中间品与出口产品质量升级:来自微观企业的证据[J].国际贸易问题,2017(02):39-49.

[156] 刘恒江,陈继祥.要素、动力机制与竞争优势:产业集群的发展逻辑[J].中国软科学, 2005(02):125-130.

[157] 刘红光,刘卫东,刘志高.区域间产业转移定量测度研究——基于区域间投入产出表分析[J].中国工业经济,2011(06):79-88.

[158] 刘鉴,杨青山,江孝君,等.长三角城市群城市创新产出的空间集聚及其溢出效应[J].长江流域资源与环境,2018,27(02):225-234.

[159] 刘培青.我国国际分工地位衡量指标的重构与测算[J].统计与决策,2017(12):5-9.

[160] 刘庆林,高越,韩军伟.国际生产分割的生产率效应[J].经济研究,2010,45(02):32-43,108.

[161] 刘胜.城市群空间功能分工带来了资源配置效率提升吗?——基于中国城市面板数据经验研究[J].云南财经大学学报,2019,35(02):12-21.

[162] 刘云强,权泉,朱佳玲,等.绿色技术创新、产业集聚与生态效率——以长江经济带城市群为例[J].长江流域资源与环境,2018,27(11):2395-2406.

[163] 刘镇,邱志萍.长江经济带省际贸易的源汇地效应研究——基于铁路货运视角[J].华东经济管理,2017,31(10):77-83.

[164] 刘志彪,吴福象."一带一路"倡议下全球价值链的双重嵌入[J].中国社会科学,2018(08):17-32.

[165] 刘志彪,吴福象.全球化经济中的生产非一体化——基于江苏投入产出表的实证研究[J].中国工业经济,2005(07):12-19.

[166] 刘志彪,张少军.中国地区差距及其纠偏:全球价值链和国内价值链的视角[J].学术月刊,2008(05):49-55.

[167] 刘志彪.建设高质量发展的黄金经济带[N].光明日报,2019-01-29(6b).

[168] 刘志彪.攀升全球价值链与培育世界级先进制造业集群——学习十九大报告关于加快建设制造强国的体会[J].南京社会科学,2018(01):13-20.

[169] 刘志彪.现代化经济体系建设中的重要瓶颈和政策重点[J].中国经济问题,2019(02):19-26.

[170] 刘志彪.运输带变黄金带:长江经济带高质量发展新定位[J].南通大学学报(社会科学版),2019,35(01):27-33.

[171] 刘志彪,等.产业经济学(第2版)[M].北京:机械工业出版社,2020.

[172] 刘忠生.中国的地区专业化与全要素生产率——基于省级面板数据的分析[J].科技进步与对策,2010,27(10):32-37.

[173] 卢锋.产品内分工[J].经济学(季刊),2004(04):59-86.

[174] 卢福财,罗瑞荣.全球价值链分工条件下产业高度与人力资源的关系——以中国第二产业为例[J].中国工业经济,2010(08):76-86.

[175] 卢丽文,宋德勇,黄璨.长江经济带城市绿色全要素生产率测度——以长江经济带的108个城市为例[J].城市问题,2017(01):61-67.

[176] 卢丽文,宋德勇,李小帆.长江经济带城市发展绿色效率研究[J].中国人口·资源与环境,2016,26(06):35-42.

[177] 陆旸.从开放宏观的视角看环境污染问题:一个综述[J].经济研究,2012,47(02):146-158.

[178] 路江涌,陶志刚.中国制造业区域聚集及国际比较[J].经济研究,2006(03):103-114.

[179] 路江涌,陶志刚.我国制造业区域集聚程度决定因素的研究[J].经济学(季刊),2007(03):801-816.

[180] 罗良文,赵凡.工业布局优化与长江经济带高质量发展:基于区域间产业转移视角[J].改革,2019(02):27-36.

[181] 骆玲,史敦友.单中心城市群产业分工的演化规律与实证研究——以长三角城市群与珠三角城市群为例[J].南方经济,2015(03):120-128.

[182] 吕康娟,蔡大霞.城市群功能分工、工业技术进步与工业污染——来自长三角城市群的数据检验[J].科技进步与对策,2020,37(14):47-55.

[183] 吕越,盛斌,吕云龙.中国的市场分割会导致企业出口国内附加值率下降吗[J].中国工业经济,2018(05):5-23.

[184] 苗建军,郭红娇.产业协同集聚对环境污染的影响机制——基于长三角城市群面板数据的实证研究[J].管理现代化,2019,39(03):70-76.

[185] 苗长青.中国地区专业化与经济增长关系的实证研究——基于工业两位数数据上的分析[J].产业经济研究,2007(06):8-14.

[186] 倪晓馥,俞顺洪.美国服务贸易出口的环境效应分析:以商业存在为例[J].国际商务(对外经济贸易大学学报),2011(04):12-18.

[187] 宁越敏.中国都市区和大城市群的界定——兼论大城市群在区域经济发展中的作用[J].地理科学,2011(03):257-263.

[188] 彭继增,邓梨红,曾荣平.长江中上游地区承接东部地区产业转移的实证分析[J].经济地理,2017,37(01):129-133,141.

[189] 彭支伟,张伯伟.中国国际分工收益的演变及其决定因素分解[J].中国工业经济,2018(06):62-80.

[190] 齐俊妍,吕建辉.进口中间品对中国出口净技术复杂度的影响分析——基于不同技术水平中间品的视角[J].财贸经济,2016(02):114-126.

[191] 祁飞,李慧中.扩大内需与中国制造业出口结构优化:基于"母市场效应"理论的研究[J].国际贸易问题,2012(10):3-16.

[192] 钱学锋,梁琦.本地市场效应:理论和经验研究的新近进展[J].经济学(季刊),2007(03):969-990.

[193] 丘兆逸.国际垂直专业化对中国 CO_2 排放的影响[J].生态经济,2012(01):28-32.

[194] 邱斌,叶龙凤,孙少勤.参与全球生产网络对我国制造业价值链提升影响的实证研

究——基于出口复杂度的分析[J].中国工业经济,2012(01):57-67.

[195] 邵朝对,苏丹妮.国内价值链与技术差距——来自中国省际的经验证据[J].中国工业经济,2019(06):98-116.

[196] 邵明伟,金钟范,张军伟.中国城市群全要素生产率测算与分析——基于2000—2014年数据的DEA-Malmquist指数法[J].经济问题探索,2018(05):110-118.

[197] 申伟宁,柴泽阳,张舒.产业协同集聚的工业污染减排效应研究——基于长三角城市群的实证分析[J].华东经济管理,2020,34(08):84-94.

[198] 沈剑飞.流通活动、市场分割与国内价值链分工深度[J].财贸经济,2018,39(09):89-104,121.

[199] 盛斌,毛其淋.贸易开放、国内市场一体化与中国省际经济增长:1985—2008年[J].世界经济,2011(11):44-66.

[200] 苏红键,赵坚.产业专业化、职能专业化与城市经济增长[J].中国工业经济,2011(04):25-34.

[201] 孙慧文.技术转移、区域分工与经济收敛[J].河南师范大学学报(哲学社会科学版),2014,41(02):70-73.

[202] 孙晶,许崇正.空间经济学视角下"经济引力"模型的构建与运用——以2010年长三角地区经济数据为例[J].经济学家,2011(07):37-44.

[203] 孙军,高彦彦,宣昌勇."一带一路"倡议下的中国省际贸易演变特征与流向蜕变[J].财贸经济,2018,39(08):81-95.

[204] 孙克,聂坚,游细斌,等.长江中游城市群生产性服务业的分工特征及空间效应分析[J].经济地理,2018,38(02):123-132.

[205] 孙文远.产品内价值链分工视角下的产业升级[J].管理世界,2006(10):156-157.

[206] 孙晓华,郭旭,王昀.产业转移、要素集聚与地区经济发展[J].管理世界,2018,34(05):47-62,179-180.

[207] 覃成林,张华,毛超.区域经济协调发展:概念辨析、判断标准与评价方法[J].经济体制改革,2011(04):34-38.

[208] 唐海燕,张会清.产品内国际分工与发展中国家的价值链提升[J].经济研究,2009,44(09):81-93.

[209] 田巍,余淼杰.企业出口强度与进口中间品贸易自由化:来自中国企业的实证研究[J].管理世界,2013(01):28-44.

[210] 汪斌,董赟.从古典到新兴古典经济学的专业化分工理论与当代产业集群的演进[J].学术月刊,2005(02):29-36,52.

[211] 汪聪聪,王益澄,马仁锋,等.经济集聚对雾霾污染影响的空间计量研究——以长江三角洲地区为例[J].长江流域资源与环境,2019,28(01):1-11.

[212] 汪克亮,孟祥瑞,杨宝臣,等.基于环境压力的长江经济带工业生态效率研究[J].资源科学,2015,37(07):1491-1501.

[213] 王爱虎,钟雨晨.中国吸引跨国外包的经济环境和政策研究[J].经济研究,2006(08):81-92.

[214] 王春晖.区域异质性、产业集聚与人力资本积累:中国区域面板数据的实证[J].经济经纬,2019,36(01):87-94.

[215] 王春萌,谷人旭,高士博,等.长三角经济圈产业分工及经济合作潜力研究[J].上海经济研究,2016(05):84-93.

[216] 王岚.融入全球价值链对中国制造业国际分工地位的影响[J].统计研究,2014,31(05):17-23.

[217] 王丽,邓羽,牛文元.城市群的界定与识别研究[J].地理学报,2013,68(08):1059-1070.

[218] 王玲玲,张艳国."绿色发展"内涵探微[J].社会主义研究,2012(05):143-146.

[219] 王勤,黄光锋.基于产品内国际分工视角下中国与东盟、美国的贸易失衡[J].经济问题探索,2015(03):148-154.

[220] 王青,金春.中国城市群经济发展水平不平衡的定量测度[J].数量经济技术经济研究,2018,35(11):77-94.

[221] 王庆喜,徐维祥.多维距离下中国省际贸易空间面板互动模型分析[J].中国工业经济,2014(03):31-43.

[222] 王三兴,董文静.中国制造业的分工地位和国际竞争力研究——基于行业上游度和RCA指数的测算[J].南京财经大学学报,2018(04):44-52.

[223] 王雅琦,张文魁,洪圣杰.出口产品质量与中间品供给[J].管理世界,2018,34(08):30-40.

[224] 王艳华,苗长虹,胡志强,等.专业化、多样性与中国省域工业污染排放的关系[J].自然资源学报,2019,34(03):586-599.

[225] 王颖,马风涛.出口贸易、国内能源含量与垂直专业化[J].国际贸易问题,2011(10):25-33.

[226] 王永培.内需规模、集聚效应与出口二元边际——来自我国267个地级市制造业企业的微观证据[J].国际商务(对外经济贸易大学学报),2016(02):18-28.

[227] 王玉燕,汪玲.长江经济带产业分工变化及其影响因素研究[J].商业研究,2018(03):123-131.

[228] 王玉燕,王建秀,阎俊爱.全球价值链嵌入的节能减排双重效应——来自中国工业面板数据的经验研究[J].中国软科学,2015(08):148-162.

[229] 王媛,王文琴,方修琦,等.基于国际分工角度的中国贸易碳转移估算[J].资源科学,2011,33(07):1331-1337.

[230] 魏后凯.改革开放30年中国区域经济的变迁——从不平衡发展到相对均衡发展[J].经济学动态,2008(05):9-16.

[231] 魏守华,汤丹宁,孙修远.本地经济结构、外部空间溢出与制造业增长:以长三角为例

[J].产业经济研究,2015(01):71-82.

[232] 魏玮,周晓博,牛林祥.产业多样化、职能专业化与城市经济发展——基于长三角和中原城市群面板数据的分析[J].财经论丛,2015(11):3-9.

[233] 吴传清,邓明亮.科技创新、对外开放与长江经济带高质量发展[J].科技进步与对策,2019,36(03):33-41.

[234] 吴传清,宋筱筱.长江经济带城市绿色发展影响因素及效率评估[J].学习与实践,2018(04):5-13.

[235] 舒扬,孔凡邦.内生视角下环境规制、产业集聚与城市绿色全要素生产率——以长江经济带城市为例[J].工业技术经济,2019,38(10):49-57.

[236] 吴福象,刘志彪.城市化群落驱动经济增长的机制研究——来自长三角16个城市的经验证据[J].经济研究,2008,43(11):126-136.

[237] 吴福象,沈浩平.新型城镇化、基础设施空间溢出与地区产业结构升级——基于长三角城市群16个核心城市的实证分析[J].财经科学,2013(07):89-98.

[238] 吴福象.经济全球化中制造业垂直分离的研究[J].财经科学,2005(03):113-120.

[239] 吴康.京津冀城市群职能分工演进与产业网络的互补性分析[J].经济与管理研究,2015,36(03):63-72.

[240] 吴玉鸣.中国区域研发、知识溢出与创新的空间计量经济研究[M].北京:人民出版社,2007.

[241] 武晓静,杜德斌,肖刚,等.长江经济带城市创新能力差异的时空格局演变[J].长江流域资源与环境,2017,26(04):490-499.

[242] 夏光."绿色经济"新解[J].环境保护,2010(07):8-10.

[243] 冼国明,文东伟.FDI、地区专业化与产业集聚[J].管理世界,2006(12):18-31.

[244] 肖汉平.加快推进长江经济带一体化,打造高质量发展经济带[EB/OL].[2019-08-31].http://www.qstheory.cn/2019-08/31/c_1124944607.htm.

[245] 谢莉娟,王诗桪.贸易的技术创新效应——国内外贸易联动与部门间分工的权衡[J].经济理论与经济管理,2017(04):97-112.

[246] 熊曦,张陶,段宜嘉,等.长江中游城市群绿色化发展水平测度及其差异[J].经济地理,2019,39(12):96-102.

[247] 徐博,杨来科,钱志权.全球价值链分工地位对于碳排放水平的影响[J].资源科学,2020,42(03):527-535.

[248] 徐康宁,王剑.要素禀赋、地理因素与新国际分工[J].中国社会科学,2006(06):65-77,204-205.

[249] 徐康宁,赵波,王绮.长三角城市群:形成、竞争与合作[J].南京社会科学,2005(05):1-9.

[250] 徐毅,张二震.FDI、外包与技术创新:基于投入产出表数据的经验研究[J].世界经济,2008(09):41-48.

[251] 徐长乐,徐廷廷,孟越男.长江经济带产业分工合作现状、问题及发展对策[J].长江流域资源与环境,2015,24(10):1633-1638.

[252] 许德友.以内需市场培育出口竞争新优势:基于市场规模的视角[J].学术研究,2015(05):92-98.

[253] 许冬兰,于发辉,张敏.全球价值链嵌入能否提升中国工业的低碳全要素生产率?[J].世界经济研究,2019(08):60-72,135.

[254] 许家云,毛其淋,胡鞍钢.中间品进口与企业出口产品质量升级:基于中国证据的研究[J].世界经济,2017,40(03):52-75.

[255] 亚当·斯密.国民财富的性质和原因的研究[M].北京:商务印书馆,1972.

[256] 杨春,李箐,孙莉莉.中国代工企业突破"低端锁定"途径研究[J].商学研究,2018,25(05):23-28.

[257] 杨小凯,黄有光.专业化与经济组织[M].北京:经济科学出版社,1999.

[258] 杨小凯,张永生.新兴古典经济学与超边际分析[M].北京:社会科学文献出版社,2019.

[259] 姚士谋.我国城市群的特征、类型与空间布局[J].城市问题,1992(01):10-15,66.

[260] 叶堂林,李国梁.京津冀创新扩散机制及扩散成效研究——基于京津冀、长三角两大城市群对比[J].经济社会体制比较,2019(06):166-177.

[261] 易淼.流域分工视角下长江经济带高质量发展初探——一个马克思主义政治经济学的解读[J].经济学家,2019(07):51-59.

[262] 易先忠,高凌云.融入全球产品内分工为何不应脱离本土需求[J].世界经济,2018,41(06):53-76.

[263] 余娟娟.全球价值链嵌入影响了企业排污强度吗——基于PSM匹配及倍差法的微观分析[J].国际贸易问题,2017(12):59-69.

[264] 余子鹏,袁玲丽.要素质量、经营环境与我国制造业国际竞争力[J].经济与管理,2019,33(05):54-60.

[265] 原嫄,李国平,孙铁山,等.中国制造业各行业大类的区域转移特征与聚类研究[J].经济地理,2015,35(10):94-102.

[266] 张二震.国际贸易分工理论演变与发展述评[J].南京大学学报(哲学.人文科学.社会科学版),2003(01):65-73.

[267] 张国俊,王珏晗,吴坤津,等.中国三大城市群经济与环境协调度时空特征及影响因素[J].地理研究,2020,39(02):272-288.

[268] 张杰,张培丽,黄泰岩.市场分割推动了中国企业出口吗?[J].经济研究,2010,45(08):29-41.

[269] 张军,吴桂英,张吉鹏.中国省际物质资本存量估算:1952—2000[J].经济研究,2004(10):35-44.

[270] 张可,汪东芳.经济集聚与环境污染的交互影响及空间溢出[J].中国工业经济,

2014(06):70-82.

[271] 张若雪.从产品分工走向功能分工:经济圈分工形式演变与长期增长[J].南方经济,2009(09):37-48.

[272] 张少军,李东方.生产非一体化与能源利用效率——来自中国行业面板数据的经验研究[J].中国工业经济,2009(02):66-75.

[273] 张少军,刘志彪.全球价值链模式的产业转移——动力、影响与对中国产业升级和区域协调发展的启示[J].中国工业经济,2009(11):5-15.

[274] 张少军.全球价值链与国内价值链——基于投入产出表的新方法[J].国际贸易问题,2009(04):108-113.

[275] 张小蒂,孙景蔚.基于垂直专业化分工的中国产业国际竞争力分析[J].世界经济,2006(05):12-21.

[276] 张旭亮,宁越敏.长三角城市群城市经济联系及国际化空间发展战略[J].经济地理,2011,31(03):353-359.

[277] 张玉,胡昭玲.制度质量、研发创新与价值链分工地位——基于中国制造业面板数据的经验研究[J].经济问题探索,2016(06):21-27.

[278] 张跃,王图展,刘莉.比较优势、竞争优势与区域制造业转移[J].当代经济科学,2018,40(06):107-118,130.

[279] 张治栋,秦淑悦.产业集聚对城市绿色效率的影响——以长江经济带108个城市为例[J].城市问题,2018(07):48-54.

[280] 张治栋,王亭亭.产业集群、城市群及其互动对区域经济增长的影响——以长江经济带城市群为例[J].城市问题,2019(01):55-62.

[281] 张治栋,吴迪.区域融合、对外开放与产业集聚发展——以长江经济带为例[J].科技进步与对策,2018,35(15):39-46.

[282] 张宗庆,张寅.产业集聚、知识溢出与区域增长——基于长三角区域的实证研究[J].东南大学学报(哲学社会科学版),2012,14(01):37-43,123.

[283] 赵祥.产业集聚、区域分工与区域经济差距——基于我国经验数据的实证分析[J].江汉论坛,2013(12):71-78.

[284] 赵永亮,才国伟.市场潜力的边界效应与内外部市场一体化[J].经济研究,2009,44(07):119-130.

[285] 赵勇,白永秀.中国城市群功能分工测度与分析[J].中国工业经济,2012(11):18-30.

[286] 中共中央 国务院关于新时代推进西部大开发形成新格局的指导意见[EB/OL].[2020-05-17].https://www.gov.cn/zhengce/2020-05/17/content_5512456.htm.

[287] 中科院可持续发展战略研究组.2006中国可持续发展战略报告——建设资源节约型和环境友好型社会[M].北京:科学出版社,2006.

[288] 钟昌标.国内区际分工和贸易与国际竞争力[J].中国社会科学,2002(01):94-100,207.

附表

表1 长江经济带地区产业整体生产非一体化指数

	上海	江苏	浙江	安徽	江西	湖南	重庆	四川	贵州	云南	湖北
VDI	13.4951	7.4316	21.2609	2.0664	0.9020	0.7503	13.0907	0.5285	16.2506	22.8080	
VDIw	3.2705	1.7208	1.9182	0.0835	0.1210	0.0269	0.3107	0.1041	0.6023	1.1210	1.8450
VDId	10.2216	5.2015	19.3323	1.9725	0.7792	0.7112	12.7800	0.4086	12.1215	21.5238	

数据来源：作者计算。

表2 长江经济带地区细分产业生产非一体化指数

产业名称	产业序号	第一梯队 上海	浙江	重庆	贵州	云南	第二梯队 江苏	安徽	第三梯队 江西	湖南	四川	其他 湖北
农林牧渔产品和服务	i1	0.730 8*	0.259 7	0.086 1	0.030 6	0.049 7	0.128 5	0.159 7	0.068 6	0.026 3	0.026 4	0.000 3
煤炭采选产品	i2	0.000 0	194.307 3**	0.011 5	0.009 9	0.032 7	7.595 1**	1.280 4**	1.002 2**	0.536 6*	0.053 3	0.000 0
石油和天然气开采产品	i3	159.651 2**	0.000 0	14.792 2**	0.000 0	0.000 0	16.959 0**	0.000 0	0.000 0	0.000 0	0.246 2	2.934 1**
金属矿采选产品	i4	0.000 0	14.159 6**	3.755 1	4.467 9**	0.596 0*	13.123 9**	0.946 4*	0.115 7	0.400 9	0.122 5	0.000 0
非金属矿和其他矿采选产品	i5	0.000 0	1.441 5*	0.972 4*	0.760 4*	0.372 8	8.291 5**	1.414 2*	0.136 9	0.714 1*	0.073 0	0.000 0
食品和烟草	i6	0.373 5	0.123 1	0.123 9	0.091 1	0.052 5	0.118 4	0.108 7	0.103 7	0.034 7	0.026 5	0.016 0
纺织品	i7	1.707 5**	0.096 2	0.378 8	5.837 1**	1.148 4**	0.068 4	0.320 3	0.061 0	0.083 8	0.047 0	0.003 0
纺织、服装、鞋帽、皮革制品羽绒制品	i8	0.392 3	0.044 5	0.124 4	2.882 1**	7.281 0**	0.008 0	0.091 9	0.149 1	0.064 5	0.233 7	0.118 9
木材加工品和家具	i9	0.889 7*	0.122 9	0.386 4	0.951 1**	0.913 7*	0.165 0	0.268 9	0.035 6	0.048 2	0.080 4	0.000 6
造纸印刷和文教体育用品	i10	0.312 8	0.080 8	0.349 5	3.798 1**	1.012 7**	0.307 8	0.635 2*	0.065 0	0.282 7	0.182 2	0.601 0
石油、炼焦产品和核燃料加工品	i11	1.613 4**	0.814 9*	4.699 4*	2.926 2**	1.870 2**	0.285 1	2.334 5**	0.086 4	0.930 4*	0.777 2*	0.747 9*
化学产品	i12	0.675 0**	0.300 5	0.437 9	0.336 6	0.330 0	0.219 2	0.557 8*	0.114 6	0.209 4	0.132 3	0.038 7
非金属矿物制品	i13	1.869 0**	0.465 9	0.748 2*	0.410 7	0.777 3*	0.617 9*	0.121 2	0.113 6	0.320 7	0.059 0	0.140 8
金属冶炼和压延加工品	i14	1.798 7**	1.200 7**	1.454 8**	0.363 3	0.066 0	0.643 6*	1.287 3**	0.103 6	0.344 0	0.250 0	0.151 9
金属制品	i15	0.289 1	0.036 0	0.393 3	1.715 8**	1.864 0**	0.028 5	0.130 6	0.133 0	0.016 1	0.158 9	0.000 3
通用设备	i16	0.515 9	0.067 4	0.445 4	2.442 9**	3.755 9**	0.224 3	0.321 7	0.082 3	0.207 8	0.117 4	0.031 4

218

续表

产业名称	产业序号	第一梯队 上海	浙江	重庆	贵州	第二梯队 云南	江苏	安徽	第三梯队 江西	湖南	四川	其他 湖北
专用设备	i17	0.406 5	0.067 2	0.020 3	1.073 4**	1.679 1**	0.119 3	0.145 6	0.234 5	0.021 7	0.114 1	0.013 8
交通运输设备	i18	0.322 3	0.051 4	0.070 8	0.745 6**	0.560 7*	0.007 9	0.077 8	0.222 9	0.158 5	0.037 1	0.005 5
电气机械和器材	i19	0.613 1	0.074 8	0.057 0	2.131 0**	4.165 5**	0.039 4	0.048 3	0.053 3	0.108 5	0.252 7	0.025 1
通信设备、计算机和其他电子设备	i20	0.912 2*	0.159 9	0.089 6	1.621 9**	8.214 2**	0.260 4	0.233 1	0.564 7*	0.093 7	0.334 8	0.117 7
仪器仪表	i21	1.645 3**	0.295 2	0.012 0	3.365 0**	3.386 6**	0.167 5	0.269 6	0.168 1	0.078 0	0.994 6*	0.174 7
其他制造产品	i22	3.507 8*	0.274 3	0.000 4	0.062 3	9.624 4**	0.892 8*	0.025 2	0.071 3	0.097 5	0.551 9*	0.324 0
废品废料	i23	10.616 2**	1.489 2**	6.515 6**	15.838 6**	0.000 0	0.000 0	0.526 9**	0.394 3	1.702 5**	0.594 4**	0.270 1
金属制品、机械和设备修理服务	i24	4.798 6**	0.488 4	64.719 9**	78.343 2**	125.330 5**	9.864 6**	14.730 9**	0.164 6	0.026 5	0.000 0	0.011 3
电力、热力的生产和供应	i25	0.098 0	0.029 5	0.616 2*	0.000 0	0.001 1	0.000 0	0.020 0	0.428 1	0.018 6	0.000 6	0.335 7
燃气生产和供应	i26	0.079 8	0.000 0	0.145 4	0.371 2	0.775 0*	0.333 9	0.355 5	0.027 3	0.002 0	0.000 4	0.340 0
水的生产和供应	i27	1.027 8**	0.000 0	2.472 6**	0.000 0	0.000 0	0.000 0	1.867 3**	0.085 0	0.000 0	0.000 0	1.247 8**
建筑	i28	0.004 8	0.000 0	0.004 2	0.021 3	0.051 5	0.014 3	0.008 6	0.000 5	0.013 4	0.000 1	0.000 0
批发和零售	i29	0.012 3	0.177 0	0.002 6	0.032 3	0.067 8	0.000 0	1.622 2##	0.093 2	0.055 1	0.039 3	0.000 0
交通运输、仓储和邮政	i30	0.850 1##	0.157 6	0.200 0	0.082 0	0.228 6#	0.180 1##	0.696 7##	0.493 2#	0.052 4	0.030 6	0.000 0
住宿和餐饮	i31	0.346 5#	0.159 5	0.133 2	0.102 2	0.057 0	0.000 9	0.154 3	0.293 3#	0.003 6	0.000 8	0.000 0
信息传输、软件和信息技术服务	i32	0.232 8#	0.014 6	0.102 9	0.026 9	0.074 1	0.094 2	0.063 0	0.011 8	0.003 9	0.000 3	0.000 0

219

续表

产业名称	产业序号	第一梯队 上海	第一梯队 浙江	第一梯队 重庆	第一梯队 贵州	第二梯队 云南	第二梯队 江苏	第二梯队 安徽	第三梯队 江西	第三梯队 湖南	四川	其他	湖北
金融	i33	0.097 9	0.002 9	0.024 2	0.149 6#	0.027 1	0.012 3	0.309 4	0.069 2	0.034 2	0.014 4	0.000 0	0.000 0
房地产	i34	0.282 6#	0.000 0	0.068 6	0.041 4	0.000 4	0.003 0	0.001 9	0.011 5	0.030 6	0.000 0	0.000 0	0.000 0
租赁和商务服务	i35	0.252 7#	0.149 7#	0.642 6##	0.183 4#	0.060 9	0.178 9#	0.985 7##	0.162 8#	0.035 1	0.000 0	0.000 0	0.000 0
科学研究和技术服务	i36	0.043 4	0.000 0	0.108 2#	0.150 0#	0.033 8	0.026 6	0.013 5	0.135 3#	0.003 2	0.000 0	0.000 0	0.000 0
水利、环境和公共设施管理	i37	0.000 0	0.100 1	0.024 8	0.215 6#	0.018 1	0.001 2	0.015 0	0.140 7#	0.000 0	0.000 0	0.000 0	0.000 0
居民服务、修理和其他服务	i38	0.305 9#	0.015 8	0.222 0#	0.006 8	0.028 9	0.009 4	0.476 4#	0.040 9	0.004 1	0.000 0	0.000 0	0.000 0
教育	i39	0.085 3	0.005 3	0.064 5	0.100 2#	0.024 5	0.002 6	0.062 0	0.008 4	0.002 5	0.000 0	0.000 0	0.000 0
卫生和社会工作	i40	0.001 3	0.001 0	0.000 2	0.049 7	0.001 1	0.000 8	0.000 0	0.000 0	0.002 5	0.000 0	0.000 0	0.000 7
文化、体育和娱乐	i41	0.100 2#	0.215 2#	0.102 8#	0.092 5	0.037 5	0.004 2	0.219 5#	0.035 6	0.005 9	0.010 9	0.000 0	0.000 0
公共管理、社会保障和社会组织	i42	0.000 0	0.000 0	0.016 0	0.000 0	0.000 0	0.000 0	0.000 0	0.000 0	0.000 0	0.000 0	0.000 0	0.000 0

数据来源：作者计算。

注：制造业 0.50—0.99 标记*，1.00 以上标记**；服务业 0.10—0.49 标记#，0.5 以上标记##。

表 3 长江经济带地区参与国际价值链程度

产业名称	产业序号	下游 上海	下游 江苏	下游 浙江	中游 安徽	中游 江西	中游 湖北	中游 湖南	上游 重庆	上游 四川	上游 贵州	上游 云南
农林牧渔产品和服务	i1	0.171 7*	0.080 6	0.033 0	0.007 7	0.000 5	0.000 3	0.001 2	0.001 2	0.000 9	0.002 2	0.026 1
煤炭采选产品	i2	0.000 0	0.254 3*	0.966 0*	0.012 9	0.003 0	0.000 0	0.010 4	0.000 6	0.002 8	0.001 1	0.011 4
石油和天然气开采产品	i3	3.324 3**	0.000 5	0.000 0	0.000 0	0.000 0	2.934 1*	0.000 0	0.000 0	0.000 0	0.000 0	0.000 0
金属矿采选产品	i4	0.000 0	5.928 2**	10.226 1**	0.563 2*	0.076 7	0.000 0	0.194 3*	0.167 7*	0.058 3	1.781 6*	0.442 4*
非金属矿和其他矿采选产品	i5	0.000 0	0.192 6*	0.027 3	0.010 2	0.000 3	0.000 0	0.001 7	0.005 8	0.009 1	0.230 6*	0.014 9
食品和烟草	i6	0.077 7	0.021 9	0.022 6	0.006 0	0.001 6	0.016 0	0.002 1	0.000 1	0.001 1	0.000 1	0.005 5
纺织品	i7	0.347 9*	0.021 6	0.016 0	0.013 8	0.001 6	0.003 0	0.002 7	0.000 8	0.001 5	0.025 6	0.002 3
纺织、服装、鞋帽、皮革制品羽绒制品	i8	0.135 2*	0.006 1	0.003 6	0.000 3	0.000 6	0.118 9*	0.001 9	0.000 4	0.004 9	0.000 9	0.000 6
木材加工品和家具	i9	0.205 4*	0.017 2	0.043 8	0.002 8	0.000 2	0.000 6	0.002 8	0.000 4	0.002 3	0.000 1	0.053 8
造纸印刷和文教体育用品	i10	0.196 4*	0.078 9	0.032 9	0.023 7	0.003 6	0.601 0*	0.010 6	0.002 8	0.013 0	0.004 9	0.007 5
石油、炼焦产品和核燃料加工品	i11	0.212 6*	0.042 8	0.156 8*	0.005 9	0.000 6	0.747 9*	0.000 0	0.002 8	0.009 0	0.056 6	0.000 0
化学产品	i12	0.465 3*	0.118 3*	0.128 9*	0.019 9	0.003 5	0.038 7	0.004 3	0.009 5	0.019 7	0.009 7	0.018 2
非金属矿物制品	i13	0.151 7*	0.026 7	0.006 1	0.008 7	0.000 4	0.140 8*	0.009 0	0.000 5	0.000 0	0.000 2	0.000 4
金属冶炼和压延加工品	i14	0.609 3**	0.036 0	0.074 6	0.010 2	0.025 0	0.151 9*	0.005 7	0.001 3	0.030 3	0.002 2	0.001 0
金属制品	i15	0.123 2*	0.028 5	0.008 2	0.003 4	0.000 7	0.000 3	0.004 3	0.003 9	0.015 4	0.002 2	0.006 4

续表

产业名称	产业序号	上海	江苏	浙江	安徽	江西	湖北	湖南	重庆	四川	贵州	云南
			下游				中游			上游		
通用设备	i16	0.325 3*	0.099 3	0.027 2	0.027 2	0.006 0	0.031 4	0.016 4	0.005 4	0.028 9	0.027 8	0.078 7
专用设备	i17	0.331 2*	0.070 0	0.027 2	0.021 3	0.009 8	0.013 8	0.002 5	0.000 2	0.012 8	0.038 0	0.069 2
交通运输设备	i18	0.148 9*	0.007 7	0.003 0	0.000 6	0.002 1	0.005 5	0.025 1	0.002 9	0.016 4	0.002 8	0.008 2
电气机械和器材	i19	0.223 9*	0.031 3	0.031 8	0.003 1	0.009 1	0.025 0	0.008 9	0.002 4	0.022 7	0.007 1	0.009 5
通信设备、计算机和其他电子设备	i20	0.563 0**	0.247 4*	0.013 2	0.026 5	0.224 1*	0.117 7*	0.013 5	0.018 1	0.165 5*	0.002 1	0.268 9*
仪器仪表	i21	1.317 0**	0.167 5*	0.255 3*	0.130 8*	0.009 4	0.174 7*	0.004 7	0.001 0	0.230 4*	0.219 6*	0.240 6*
其他制造产品	i22	0.074 4	0.022 1	0.072 9	0.000 8	0.000 3	0.324 0*	0.000 3	0.000 2	0.000 5	0.000 0	0.000 4
废品废料	i23	1.678 8**	0.000 0	1.388 6*	0.052 8	0.024 8	0.270 1*	0.284 1*	0.079 1	0.016 4	0.000 1	0.000 0
金属制品、机械和设备修理服务	i24	0.000 0	0.000 0	0.000 0	0.000 0	0.000 0	0.011 3	0.000 0	0.000 0	0.000 0	0.000 0	0.000 0
电力、热力的生产和供应	i25	0.000 0	0.000 0	0.000 0	0.000 0	0.000 0	0.335 7*	0.000 0	0.000 0	0.000 0	0.000 0	0.000 0
燃气生产和供应	i26	0.000 0	0.000 0	0.000 0	0.000 0	0.000 0	0.340 0*	0.000 0	0.000 0	0.000 0	0.000 0	0.000 0
水的生产和供应	i27	0.000 0	0.000 0	0.000 0	0.000 0	0.000 0	1.247 8*	0.000 0	0.000 0	0.000 0	0.000 0	0.000 0
建筑	i28	0.000 2	0.000 1	0.000 0	0.000 0	0.003 7	0.000 0	0.000 0	0.000 0	0.000 0	0.000 0	0.000 0
批发和零售	i29	0.010 5	0.000 0	0.000 0	0.000 0	0.003 0	0.000 0	0.000 2	0.000 1	0.000 0	0.000 0	0.000 0
交通运输、仓储和邮政	i30	0.430 3##	0.000 0	0.034 0#	0.000 0	0.000 0	0.000 0	0.000 0	0.000 0	0.000 0	0.000 0	0.000 0
住宿和餐饮	i31	0.296 6##	0.000 0	0.035 4#	0.000 0	0.000 0	0.000 0	0.000 0	0.000 0	0.000 0	0.000 0	0.000 0

续表

产业名称	产业序号	下游 上海	下游 江苏	下游 浙江	下游 安徽	中游 江西	中游 湖北	中游 湖南	上游 重庆	上游 四川	上游 贵州	上游 云南
信息传输、软件和信息技术服务	i32	0.063 6#	0.000 0	0.001 5	0.000 0	0.000 0	0.000 0	0.000 2	0.000 1	0.000 0	0.000 0	0.000 0
金融	i33	0.064 1#	0.000 0	0.000 3	0.000 0	0.000 0	0.000 0	0.001 6	0.000 0	0.000 0	0.000 0	0.000 0
租赁和商务服务	i35	0.109 4##	0.008 0	0.149 7##	0.000 0	0.000 0	0.000 0	0.007 4	0.009 2	0.000 0	0.000 0	0.000 0
科学研究和技术服务	i36	0.030 3#	0.000 0	0.000 0	0.000 0	0.000 0	0.000 0	0.000 1	0.000 1	0.000 0	0.000 0	0.000 0
教育	i39	0.078 2#	0.002 6	0.002 5	0.000 0	0.000 0	0.000 0	0.000 0	0.000 0	0.000 0	0.000 0	0.000 2
卫生和社会工作	i40	0.001 1	0.000 0	0.001 0	0.001 0	0.000 0	0.000 7	0.000 2	0.000 0	0.001 4	0.000 0	0.000 0
文化、体育和娱乐	i41	0.066 0#	0.003 4	0.039 7#	0.000 0	0.000 0	0.000 0	0.000 0	0.000 0	0.000 0	0.000 3	0.000 0
公共管理、社会保障和社会组织	i42	0.000 0	0.000 0	0.000 0	0.000 0	0.000 0	0.000 0	0.000 0	0.000 0	0.000 0	0.000 0	0.000 0

数据来源：作者计算。

注：制造业 0.10—0.99 标记*，1.00 以上标记**；服务业 0.01—0.99 标记#，0.10 以上标记##。